语言学与汉语国际教育研究丛书 丛书主编 黄南津

面向东南亚的汉语教学手段
与方法探索

Studies on Methods of Teaching Chinese as a Second
Language in the Southeast Asia

汉语国际教育硕士论文选（二）

The Thesis Collection of MTCSL(Vol.2)

吕军伟 主编

潘立慧 副主编

社会科学文献出版社
SOCIAL SCIENCES ACADEMIC PRESS (CHINA)

图书在版编目（CIP）数据

面向东南亚的汉语教学手段与方法探索：汉语国际
教育硕士论文选. 二 / 吕军伟主编. -- 北京：社会科
学文献出版社，2017.12
（语言学与汉语国际教育研究丛书）
ISBN 978 - 7 - 5201 - 1637 - 4

Ⅰ. ①面… Ⅱ. ①吕… Ⅲ. ①汉语 - 对外汉语教学 -
教学研究 - 东南亚 - 文集 Ⅳ. ①H195 - 53

中国版本图书馆 CIP 数据核字（2017）第 260890 号

语言学与汉语国际教育研究丛书
面向东南亚的汉语教学手段与方法探索
——汉语国际教育硕士论文选（二）

主　　编／吕军伟
副 主 编／潘立慧

出 版 人／谢寿光
项目统筹／刘　荣　岳　璘
责任编辑／刘　荣　刘　翠

出　　版／社会科学文献出版社·独立编辑工作室（010）59367011
　　　　　地址：北京市北三环中路甲 29 号院华龙大厦　邮编：100029
　　　　　网址：www. ssap. com. cn
发　　行／市场营销中心（010）59367081　59367018
印　　装／三河市尚艺印装有限公司

规　　格／开　本：787mm × 1092mm　1/16
　　　　　印　张：20.75　字　数：327 千字
版　　次／2017 年 12 月第 1 版　2017 年 12 月第 1 次印刷
书　　号／ISBN 978 - 7 - 5201 - 1637 - 4
定　　价／98.00 元

总　序

国家的综合国力，既包括由经济、科技、军事实力等所体现出来的硬实力，也包括以文化和价值观念、社会制度、发展模式、生活方式、意识形态等的吸引力所体现出来的软实力。软实力最大的来源就是文化。中国语言、文字等方面的成就，对中华文明的发展和进步做出了重要贡献，也是人类文化宝库的重要组成部分。

广西地处我国西南边陲，南濒北部湾，东北接湖南，东连广东，西北靠贵州，西接云南，西南与越南毗邻，是中国5个少数民族自治区之一。其发展历史十分久远。

广西的语言资源丰富多样，使用情况非常复杂，双语及多语现象十分普遍。一方面，在广西境内存在不同的民族共同使用一种语言的现象，也存在一个民族同时使用多种语言的现象；另一方面，广西的双语现象十分普遍，许多地方多种语言或方言交叉覆盖，许多广西居民都是双语或多语能力者，同时会说两种或两种以上的语言或方言，各种语言和方言相互借用混合，语言使用情况十分复杂。

广西毗邻东南亚，是中国与东南亚联系与交往的重要前沿和枢纽，在中国－东盟自由贸易区中具有特殊的地位和作用。两者在地缘文化、语言、生活习俗上有一定的接近性。在面向东南亚的国际化战略中，经济贸易国际化是核心，高等教育国际化是动力，其关键都是人才培养国际化，使人才构成国际化、人才素质国际化和人才活动空间国际化。

为配合国家和自治区的战略部署，配合广西大学努力建设高水平区域特色研究型大学的定位，深入研究中国与东南亚人文关系的规律性，整理、开发与利用广西及东南亚丰富的语言文化资源，传播中国语言与文化，实现国家北部湾经济区域发展战略，广西大学汉语国际教育中心以人才培养目标为引领，强调专业特质，体现专业主体性，在语言学研究和汉语国际教育教学与研究两个方面齐头并进，师生合力，取得了丰硕成果。

这套丛书就是近年成果的呈现，其中包含广西语言状况调查研究、《尚书孔传》虚词研究、"当代中国语言学的回顾与展望学术研讨会"会议论文集等语言学研究著作，又精选数年来所培养的汉语国际教育硕士的优秀论文，整理成三辑，以展示培养成果。

广西大学汉语国际教育专业 2008 年首次招收本科生，2009 年首次招收汉语国际教育专业硕士研究生，2015 年被评为广西壮族自治区优势特色专业。经过近 10 年的建设，目前汉语国际教育专业本科和硕士毕业生已达到 600 余人，其中汉语国际教育硕士 318 人。多年来，我们在专业性观照下，强化基础理论知识与基本能力，多元化配置教学模式、方法、基地、师资等要素，在实践教学过程中强化教师与学生、理论与实践、学校与企业的互动，实现人才培养、科学研究、服务社会与传承文化功能。在教学、科研、学生管理等方面，都有了长足的进展，为广西的经济文化建设培养了大批优秀人才。

此套丛书力求兼顾语言学与汉语国际教育两方面的面与点，有助于充实对语言本体及使用情况、面向东南亚的汉语教学探索及研究的认知，分享广西大学培养汉语国际教育专业硕士的经验。我们深知，还有诸多问题尚待我们进一步探索，但因能力、实践时间和条件等有限，丛书难免有错漏之处，诚请学界同仁和专家不吝指正、赐教。

黄南津　吕军伟

2017 年 6 月 18 日

目　录
CONTENTS

对外汉语高级阶段口语课
话轮转换策略研究

陈宇婷（2016 届汉语国际教育专业硕士）

导师：李静峰

摘　要：对外汉语口语课是一门培养学生汉语交际能力的技能训练课，其教学方法和教学目标非常明确，就是运用交际法的教学原则在课堂上交流互动，精讲多练，培养学生的汉语交际能力，提高其口语表达水平。尤其是在高级阶段，学生希望能够准确得体地使用汉语表达自己的思想感情，能有成篇的语言表达能力，因此培养目标就是使他们能够灵活地使用交际策略进行得体的语言交际活动，而话轮转换策略的使用就是互动交际能力最直接的表现。话轮转换的能力是汉语学习者口语交际能力的重要构成因素之一。因此本研究从话轮转换的角度聚焦对外汉语口语课课堂，结合高级阶段留学生的口语课教学要求，分析师生话轮转换的规律和话轮转换的策略，提高汉语口语课的教学效率和学生的口语水平，进而推动对外汉语教学的发展。

　　本文包括五个部分。第一，绪论部分。首先介绍选题的缘由，并对话轮转换相关的研究进行梳理，对话轮转换机制、话轮转换的应用包括话轮在课堂中的应用进行综述，总结前人的研究成果。其次对研究内容、研究方法、研究意义进行简单的介绍。最后交代本文的结构内容。第二，调查研究部分。对研究涉及的会话分析理论和话轮转换理论进行阐述，介绍调查的目的、调查对象，并对调查课型和教材以及数据收集和转写进行说明。第三，调查分析部分。对课堂上师生话轮转换规则进行描述，分析课堂上师生在话轮转换过程中使用的话轮转换策略，建立统计数据，并对数据进行分析和解释，得出研究结论。第四，教学建议部分。总结口语课话轮转换存在的问题，并针对存在的问题从教师和学生两个方面入手，提出相应的教学建议。第五，结语部分。总结本文研究的主要内容和成果，并概述本文的创新点以及存在的一些不足和局限，为笔者以后的研究指明方向。

关键词： 对外汉语　话轮转换　高级汉语口语课

绪　论

（一）选题缘起

话轮转换是话语分析的重要内容之一，多体现在日常的口语交流中。外国学生学习汉语的目的是能够运用汉语进行交流，而汉语口语课作为一门专项技能训练课，其教学方法和教学目标非常明确，就是运用交际法的教学原则，在课堂上交流互动，精讲多练，以培养学生的汉语交流能力，提高口语表达水平。但有调查显示，在实际的教学过程中，汉语口语课一直未能有效地满足学生口语训练的需求。因此本研究从话轮转换的角度分析高级阶段的汉语口语课，探讨话轮转换的规律和师生话轮转换的使用策略，以求在实际的汉语口语课堂交流中获得更好的效果。

（二）相关研究综述

首先会话分析是话语分析的一个分支，而话语分析是在 20 世纪六七十年代发展起来的一门新的学科。话轮转换理论是从会话分析理论中发展出来的，是由 Sacks、Schegloff 和 Jefferson 等人在分析了大量真实录音材料之后提出的理论概念。目前国外对于话轮的研究已经非常普遍，而且已经从研究话轮的本身发展到研究话轮的具体应用。而国内直到 20 世纪 80 年代，研究者们才开始重点关注话轮转换的研究。如今经过 30 多年的发展，话轮转换理论在国内也取得了不少研究成果，研究的领域越来越广。下面将从三个方面对话轮转换的研究成果进行简要的综述。

1. **话轮转换机制的研究**

在话轮转换理论初入国内时，此一领域的研究者主要是对话轮转换机制进行分析阐述。专著主要有：李悦娥和范宏雅的《话语分析》（2002 年），刘虹的《会话结构分析》（2004 年），刘运同的《会话分析概要》（2007 年），于国栋的《会话分析》（2008 年）等。论文主要有：苗兴伟的《话轮转换及其对外语会话教学的启示》（1995 年），该文阐述了什么是话轮转换的机制以及在外语教学中如何利用话轮转换的技巧来提高学生的交际能力；（2003 年）张廷国的《话轮及话轮转换的交际技巧》，该文提出怎样在会话过程中使用话轮转换的技巧来达到顺利交际的目的；计道宏的《话轮转换技巧剖析》（2005 年）一文从话轮转换的过程分析话轮转换的技巧和规则；陈志国的《论话轮转换的潜规则》（2005 年）一文分析了话轮转换的规则并进一步探究在言语交际中普遍存在的却又是隐含的话轮转换的潜规则；何慧英的《话轮转换及其语用策略》（2009 年）从话轮转换的角度揭示日常会话的规律和特点，探讨并提出话轮转换的语用策略。这些专著和论文为国内的话轮转换理论研究奠定了坚实的基础。

2. **话轮转换的应用研究**

随着话轮转换机制研究的深入及其知识的普及，研究者的目光开始发生转向，他们纷纷聚焦话轮转换的应用。因为随着科技的进步，在电视访谈、娱乐节目以及电影、文学作品和网络聊天中越来越需要借助话轮转换。

在电视访谈和娱乐节目方面，此类文章比较多，主要是对主持人和嘉宾的话轮进行分析，研究他们会话的规律，进而使主持人可以对话轮进行合理的分配，避免在节目中出现冷场和尴尬的情况。文章主要有董敏的《主持人话轮转换分析——2007 年春晚主持人话语的个案研究》（2008 年），李雪的《电视对播新闻节目主持人话轮转换的特点》（2008 年），党辉的《试论电视访谈的话轮转换特点》（2009 年），梁萍的《电视访谈中的话轮转换——以〈杨澜访谈录〉为例》（2010 年），汪婷婷的《电视脱口秀节目〈天天向上〉中的话轮转换分析》（2011 年），杜中香的《从话轮角度分析电视新闻访谈——以〈与媒体见面〉为例》（2012 年），唐卓的《谈话节目主持人的话轮转换》(2013 年), 王杰的《央视主持人话轮转换分析——2013 年春晚的个案研究》(2014 年), 王晓的《婚恋交友类电视节目的话轮转换分析——以〈非诚勿扰〉为例》(2014 年), 方庆华、黄丹、秦雯的《〈非你莫属〉中话轮转换技巧研究——从求职者的角度》(2014 年), 等等。这些文章都对电视访谈和娱乐节目中的话轮转换进行了研究。

在影视文学作品方面,运用话轮转换理论分析影视文学作品中的人物形象是近年来比较常用的方法,有利于对人物形象的把握和对作品的理解。如刘振、暴丽颖的《〈我爱我家〉话轮转换中幽默的关联研究》(2011 年), 刘沙沙、潘琪的《从话轮转换探析〈推销员之死〉主人公威利·洛曼的性格悲剧——〈推销员之死〉会话的个案分析》(2011 年), 赵丽丽、王桂玲的《话轮转换下的电影对白浅析》(2012 年), 严丽霞的《话轮中的人物形象——〈雷雨〉选段中的话轮分析》(2012 年), 徐小凤的《〈围城〉的话轮转换分析》(2013 年), 刘馨林的《以〈生活大爆炸〉为例分析话轮转换的幽默效果》(2014 年), 滕晗冰、王晓丽的《话轮转换中话语标记在〈摩登家庭〉中的应用》(2014 年), 司莉巍、刘超男的《〈老友记〉中幽默的话轮控制策略》(2015 年), 等等, 这些文章都是运用话轮转换理论分析作品中的人物形象。

在网络聊天方面,运用话轮转换的理论对网络上的语言进行分析,主要是想了解话轮转换规则在网络会话中是否起作用。这类文章主要有秦俊红、张德禄的《网上会话中的话轮转换》(2005 年), 周乐乐的《QQ 聊天中话轮转换的跨文化分析》(2006 年), 孟国华的《网络聊天室会话话轮和话轮转换的语用分析》(2008 年), 秦德娟、袁毅敏的《从会话结构和话轮转换分析 BBS 会话》(2009 年), 徐小球的《聊天室里的话轮转换》(2009 年), 杨英敏的《网络语言话轮的特点》(2012 年), 卢晓静的《微博的会话结构和话轮转换研究》(2014 年), 等等。这些研究为话轮转换理论开辟了新的道路,促进了话轮转换理论的发展。

3. 话轮转换在课堂教学方面的研究

话轮转换在课堂教学方面的研究主要是在英语教学方面,把话轮转换的技巧和策略运用到英语的教学课堂中,提高学生的英语交际能力。如贾砚萍的《话轮转换中的技巧与英语口语教学》(1995 年)一文分析了话轮转换中学生面临的困难，进而提出英语口语教学中不可忽视的技巧训练。何辉英的《话轮转换技巧与大学英语听力教学》（2001年）分析了话轮转换理论和技巧在英语口语中的运用。杨连瑞的《话轮转换机制与英语会话能力》（2002年）一文则从话轮、话轮转换、相邻语对等角度探讨了英语会话中的话轮表达方法。白杨的《话轮转换与大学生英语交际能力的提高》（2010年）一文阐述了话轮、话轮构建单位、话轮转换规则，分析了话轮转换与交际能力之间的关系。张元元的《话轮转换理论与高职英语课堂教学》（2013年）则把话轮转换理论运用到高职英语课堂中。郑艳和罗大珍的《英语课堂小组讨论中的话轮转换探析》（2014年）一文指出小组讨论中的话轮转换在话轮的获取、话轮的把持及话轮的让出等不同环节存在相应的技巧。

目前，在国内运用话轮转换相关理论研究汉语教学的文章比较少，只有几篇，如豆丽玲的《对外汉语初级口语课堂话语结构模式研究》（2009年），借鉴辛克莱·库尔特哈德的课堂话语分析模式和李悦娥对英语课堂的话语模式分析对外汉语初级口语课堂的话语，总结出了对外汉语初级口语课堂师生话语结构模式。何山燕的《留学生汉语口语话轮转换研究》（2010年）运用话语分析理论对留学生汉语口语话轮转换能力及其存在的问题进行探讨，总结出提高留学生汉语口语话轮转换能力的教学对策。马宁的《对外汉语课堂话轮转换中的语用标记研究》（2010年）以对外汉语课堂的教学语言为研究对象，对教学语言中话轮的语用标记出现的条件、作用、功能进行研究。阮春海燕的《汉语口语课堂训练小组活动形式运用》（2011年）以河内大学附属人文社会科学大学的汉语口语课堂为研究对象，分析在汉语口语训练课堂上小组活动存在的一些问题并提出了建议。高阳的《对外汉语课堂话轮分析》（2012年）以初级汉语口语课为研究对象，分析对外汉语课堂话轮放弃与接续情况，总结教师在预示话轮结束，暗示学生接续话轮时，常会采用话轮最后一个音节元音拖长、出现重复语义问句、使用固定套语以及利用肢体语言等方式。刘杰的《对外汉语精读课堂中话轮转换的调查研究》（2012年）把话轮转换的理论和伯明翰学派的课堂三段式的理论相结合，分析对外汉语精读课中师生话轮转换的问题。朱志夫的《基于话轮转换理论的韩国中级汉语口语课堂交际活动研究》（2012年）从话轮转换的角度分析韩国中级口语课话轮转换的机制和相关因素的作用和影响。范丹的《对外汉语口语教材话轮转换的理据性研究》（2012 年）将话轮转换分为话轮的获得、话轮的保持、话轮的放弃三个方面，总结规律，与汉语现实交际中的话轮转换做比较，提出对外汉语口语教材的编写建议。

综上所述，从话轮转换理论引进国内到发展到研究汉语课堂，从描述话轮转换理论规则到应用话轮转换理论分析日常会话、文学影视作品、电视节目、网络用语和课堂会话，话轮转换理论不断丰富和发展。但是我们也可以看到对话轮转换的研究还存在一些局限，比如研究英语课堂的比较多，而研究汉语课堂的相对较少，所以话轮转换运用到汉语教学中还有很大的空间可以研究，尤其是在汉语口语课堂中，目前只有三篇相关文献，而针对高级阶段的留学生进行研究的目前还没有。

（三）研究内容

本文基于会话分析和话轮转换理论，针对对外汉语高级口语课收集会话语料，分析口语课上教师与学生的话轮转换规则及在此过程中使用的策略，探讨其转换规律，并指出对外汉语高级阶段师生话轮转换过程中存在的问题，最后提出具有针对性的教学建议。

（四）研究方法

针对课堂教学的研究方法主要有实验研究法、行动研究法和自然调查法。[①] 由于本文研究的是对外汉语高级阶段口语课堂上师生话轮转换的策略，所以运用自然调查法中的课堂录音法、课堂观察法和访谈法对高级口语课进行真实全面的研究。

1. 课堂录音法

课堂录音法是研究课堂会话语料最直接有效的方法，该方法可以记录完整的课堂过程，并且通过对录音材料的转写可以对课堂上的会话进行逐段逐句的分析。在收集课堂语料的过程中，研究者事先与授课教师协商把录音设备放在教室内，且不告知学生，让学生在自然的条件下说出真实的语料，保证调查的客观性。

---

① 周星，周韵. 大学英语课堂教师话语的调查与分析 [J]. 外语教学与研究，2002（1）：61.

2. 课堂观察法

课堂教学会受到各种环境因素的影响，为了更加全面地分析课堂师生话轮转换策略的使用情况还应该对课堂进行观察和记录。观察和记录主要是针对教师和学生课堂互动中会话的情况和课堂上师生的一些动作和表情等，力求更好地展示师生课堂会话的情况。

3. 访谈法

本文采用随机访谈的方式对教授高级汉语口语课的王玮老师和该班学生进行课后访谈，访谈比较随机，灵活性比较大，没有固定的题目。对于教师的访谈主要围绕该班高级汉语口语课的设置和实施情况以及课堂活动中一些不明白的地方的补充，对于学生的访谈主要是了解其课堂上教师提问时不回答的原因和对汉语口语课的看法等。并且在课后也及时针对当时出现在课堂上的某些话轮转换行为进行了访谈，获得了教师和学生较为及时、真实的反馈意见。最后笔者将这些访谈记录进行归纳整理，在分析语料时会参考课堂观察的记录。

（五）研究意义

话轮转换理论对外语口语能力的培养具有重要的作用，但是这一理论从国外引入之后更多的是运用在英语作为外语的学习上，而运用在对外汉语课堂上的研究很少，所以本文从话轮转换的角度分析对外汉语口语课堂，结合高级阶段学生的口语课教学要求，分析师生话轮转换的规律和使用的话轮转换策略，以此提高高级口语课的教学效率和学生的汉语口语水平，进而推动对外汉语教学的发展，也可为今后对外汉语高级口语课的教材编写提供一定参考。

一 对外汉语高级阶段口语课话轮转换调查

（一）理论依据

1. 会话分析理论

"会话"（conversation）一词在英语中指无拘无束或非正式的谈话。会话是最普通的日常现象，表面看来，会话是杂乱无章的，是琐碎的。在语言学领域，研究者长期以书面语作为研究的对象，认为口语是书面语的一种退化形式，口语或者会话中的一些现象被当作人们的言语表现，所以长期以来会话被排除在语言研究之外。[①] 直到 20 世纪 60 年代，Harvey Sacks 和 Emmanuel Schegloff 这两位学者才提出会话分析的研究方法，他们基于对人类学、语言学和精神病学等领域的研究提出了会话分析方法。1963 ~ 1964 年，Sacks 在自杀研究科学中心收集自杀防治中心的电话录音带，通过对这些电话录音带进行分析和研究创立了会话分析方法；而 Schegloff 则是分析了灾难中心的电话录音材料，后来两人合作开始研究日常的会话。随着会话分析理论的不断发展，出现了各种各样的理解。比如 2005 年 Roberts E. Sanders 把会话分析分为两种类型：一种强调会话中那些比较固定的成分，如话轮转换机制和电话交流的开始等；另一种则是关心会话过程中出现的行为和具体做法，如会话中的发笑和恭维及恭维反馈等。[②] 会话分析绝对是一种经验性的科学，因为研究者首先要观察和记录（包括录音和录像）交际者在自然发生的会话中的做法和行为，然后再依据这些行为来建立研究者对那些行为的理解。尽管之前的会话分析主要是社会学的一种研究手段，但经过 40 多年的发展，它已经从社会学领域发展到语言学、交际学、人类学等领域，现在会话分析作为一门学科逐渐完善，这些领域也促进了会话分析的发展并丰富了它的内涵。

2. 话轮转换理论

（1）话轮

人们日常会话的基本结构单位是话轮（turn）。话轮是美国社会学家 Sacks 等人提出的理论概念。[③] 但是不同的学者对话轮有不同的理解和定义。比如 1951 年哈里斯认为话轮是说话人连续的谈话，在其说话之前之后都以沉默为标志。1977 年古德温认为如果人们把话轮当作有固定界限的隐形单位，就不能够确切地描述话轮的内部结构，因此他主张话轮应该被视为有时间限制的过程，人们要从回答 "What is turn?" 转向回答 "When is

---

① 刘运同. 会话分析概要 [M]. 上海：学林出版社，2007：1.
② 王杰. 国内会话策略研究综述 [J]. 语文学刊，2014（6）：15.
③ 崔磊. 新闻类电视谈话节目的话语分析研究 [D]. 河北大学硕士学位论文，2008.

a turn?"。但他并没有给话轮下一个很确切的定义。① 1981 年 W. Edmondson 用这个术语来表达两方面的意义：一是指在会话过程中的某一时刻成为说话者的机会；二是指一个人作为讲话者时所说的话。② 李悦娥和范宏雅在《话语分析》中认为话轮指的是在会话过程中说话者在任意时间内连续说的话语，其结尾以说话者和听话者的角色互换或各方的沉默等放弃话轮信号为标志。③ 而刘虹在《会话结构分析》中对话轮的定义基本和李悦娥、范宏雅相同。他们对于话轮的界定被国内众多学者采用，因此本文也采用这一定义。

（2）话轮系统及其转换

Sacks、Schegloff 和 Jefferson 在 1974 年提出会话中存在一种控制话轮交接的机制，他们把这个控制话论交接的机制称为话轮转换系统。这个系统存在于一切会话中并且包括话轮构造部分、话轮分配部分、话轮转换规则。话轮的构造可以由不同的语言单位构成，在英语中，单词、短语、从句、句子、句子组合等都可以充当话轮。④ 2002 年李悦娥和范宏雅提出话轮不仅可以由单词、短语、从句、句子、句子组合构成，还可以由语言性反馈项目构成。2004 年刘虹在研究汉语的日常会话中指出话轮只能由单句、复句或者句群构成。话轮的分配说明话轮的转换是如何实现。话轮的转换经常出现在会话的"转换关联位置"（transition relevance place，TRP）上，"转换关联位置"指的是一个话轮单位（turn unit）中受话者认为可以发生话轮转换的位置，如句子和分句的结尾处。⑤ 因此他们提出了一套话轮转换的规则，描述了日常会话发话人和接话人如何完成话轮的转换。假定 C 为发话人，N 为接话人。

规则 1：应用于第一个 TRP

（a）如果 C 在当前话轮中选择 N，那么 C 应停止说话，N 应接着说话，话轮转换出现在选择 N 后的第一个 TRP；

① 董敏，王冰. 主持人话轮转换和话轮重叠现象分析 [J].北京第二外国语学院学报，2009（10）：10.

② 何丽艳. 话轮转换与外语教学 [J].佳木斯大学社会科学学报，2004（4）：7.

③ 李悦娥，范宏雅. 话语分析 [M].上海：上海外语教育出版社，2002：22.

④ 李悦娥，范宏雅. 话语分析 [M].上海：上海外语教育出版社，2002：22.

⑤ 李悦娥，范宏雅. 话语分析 [M].上海：上海外语教育出版社，2002：24.

（b）如果 C 没有选择 N，那么任何一个其他参与者都可以自我选择，谁先发话谁就获得下一个话轮权；

（c）如果 C 没有选择 N，也没有其他参与者按照（b）自我选择，那么 C 可以（不是必须）继续发话（即获得接续另外的话轮构成单位的权力）。

规则 2：应用于以后的每一个 TRP

C 应用了规则 1（c）后，规则 1（a）～（c）适用于其后的每一个 TRP；并且可以反复使用，直到话轮发生转移为止。[①]

（二）调查目的

为了更加科学地研究高级汉语口语课当中的师生话轮转换规则，本文以广西大学国际教育学院大学三年级汉语言文学专业留学生的高级汉语口语课为研究对象，进行为期一个多月的课堂语料收集，观察汉语口语课堂上师生会话的形式和话轮转换过程，并从话轮转换的角度分析师生话轮转换策略的使用情况，总结对外汉语口语课上师生话轮转换的规则，并针对师生话轮转换策略的使用情况，提出相应的教学建议。

（三）调查对象

本文调查对象为广西大学国际教育学院大学三年级汉语言文学专业的留学生，总共有 10 个人，其中韩国学生 3 人，泰国学生 2 人，越南学生 2 人，法国、印度尼西亚、伊朗学生各 1 人。该班学生学习汉语的时间均在三年以上，汉语能力属于高级。由于广西大学对留学生的毕业要求是一定要有 BCT 证书，而不一定要有 HSK 证书，所以该班学生都考了 BCT，只有部分人考了 HSK，具体情况如表 1 所示。

表 1 调查班级的基本情况

姓名	性别	国别	语言水平
龙大志	男	法国	HSK – 6 级、BCT（A）
叶霜霜	女	印度尼西亚	BCT（A）

---

① 刘运同. 会话分析概要［M］. 上海：学林出版社，2007：49.

姓名	性别	国别	语言水平
梁恩荣	女	韩国	HSK－6级、BCT（A）
金根慧	女	韩国	HSK－5级、BCT（A）
赖世忠	男	越南	BCT（A）
阮文松	男	越南	BCT（A）
林美玲	女	泰国	BCT（A）
陈佳怡	女	泰国	BCT（A）
玛雅	女	伊朗	BCT（A）
宣景植	男	韩国	BCT（A）

注：HSK即汉语水平考试（hànyǔ shuǐpíng kǎoshì，缩写为HSK），是一项国际汉语能力标准化考试，重点考查汉语为非第一语言的考生在生活、学习和工作中运用汉语进行交际的能力。BCT即商务汉语考试（Business Chinese Test，缩写为BCT），由BCT（A）、BCT（B）和BCT（口语）三个独立的考试组成。其中BCT（A）面向商务汉语初学者，考查考生运用汉语完成日常交际和基本商务交际任务的能力。参见孔子学院总部/国家汉办官网：http://www.hanban.org/tests/node_7484.htm。

（四）课型与教材说明

对外汉语口语课是一门培养学生汉语交际能力的训练课，其教学方法和教学目标非常明确，就是运用交际法教学原则，课堂上交际互动，精讲多练，以培养学生的汉语交际能力，提高其口语表达水平。尤其是高级口语课，其培养目标应是能够灵活地使用交际策略，能够进行得体的语言交际活动。《高等学校外国留学生汉语教学大纲（长期进修）》和《高等学校外国留学生汉语言专业教学大纲》中规定高级阶段的留学生口语水平要求达到的目标是"使学生具备较高的汉语口语交际能力，能满足在社会生活领域里从事较高层次、较大范围的语言交际的需要，能够较为准确得体地使用汉语表达自己的思想感情，有成篇的语言表达能力，同时对汉语的文化背景和语义内涵有较深的了解，初步具备运用汉语进行思维的能力"。① 高级阶段的留学生经过初级和中级阶段的学习，掌握了一定的单词量，可以使用汉语进行自由流畅的交流。

① 蒋菲. 对外汉语高级阶段口语教学思路探索［J］.安徽文学，2011（5）：169.

本文以广西大学国际教育学院大学三年级汉语言文学专业的留学生的高级汉语口语课为研究对象，该课程选用的教材为刘元满、任雪梅、金舒年编著的《高级汉语口语》（第二版），教材分为四个单元，共有 12 篇课文，每课字数控制在 1800 字左右，生词控制在 35 个左右，内容涉及中国家庭和中国社会的多个侧面。该班每周上 4 个课时，一个课时 40 分钟，平均每篇课文上 4 个课时，第一课时为课文导入和生词的学习，第二课时是课文的讲解和朗读，第三课时是讲解课后练习题，第四课时是课后句式部分练习题和课后的调查作业。

（五）数据收集和转写

本文的调查设计基于笔者在广西大学国际教育学院实习期间收集的语料，笔者于 2015 年 5 月 28 日至 7 月 20 日在广西大学国际教育学院实习，实习期间深入对外汉语教学课堂进行观察并收集语料，确保了语料的真实性。根据本文的研究目的确定调查的班级为 2012 级汉语言文学班，笔者对该班级的高级汉语口语课进行了为期一个多月的跟班调查研究。该班的高级汉语口语课每周有 4 个课时，周一和周三上课，每次课为两个课时，每个课时 40 分钟。本次调查总共收集了 12 个课时的录音材料，约为 426 分钟，在此基础上除去学生观看电影和视频以及与课堂无关的活动时间，一共得到 363 分钟的有效录音，转写有效文字 38705 字，为研究提供了充足的文本基础。笔者对可以识别的、有意义的会话交际内容进行了转写，对于没有实际交际意义的则不进行转写。课堂上学生按照教师的指令朗读课文不在本文的转写范围，此外，有时课堂中出现多人话轮重叠造成了声音混乱难以辨认以及有些话轮出现声音细小的窃窃私语所产生的模糊话轮也不属于转写内容。

二 对外汉语高级口语课话轮转换分析

话轮转换是由说话人与听话人互动、合作完成的。在对外汉语口语课堂上则由教师和学生通过会话交际完成。在会话过程中，话轮在教师和学生之间不断发生转换，就如例 1 中教师获得会话的首个话轮开始说话，则是 T1，而 T2、T3、T4、T5 则是师生话轮互换，轮流发言，直到交际结束。这就是口语课上师生的话轮转换。

例 1

T1　师：保险在人们生活中有什么作用？

T2　生：保险就是（人人都）离不开的东西。

T3　师：恩，是人人都离不开的东西。人们怎么样？常说什么？

T4　生：人们常说：不怕一万，只怕万一。

T5　师：恩，好。

而话轮转换分为言语机制和非言语机制，非言语机制即通过眼神、表情等体态语的方式实现的话轮转换，言语机制则是由会话者利用言语手段进行的话轮转换。① 因为本文主要通过录音进行分析，所以本文只讨论话轮转换的言语机制，非言语机制不在讨论范围。

（一）课堂话轮转换规则

李悦娥和范宏雅在《话语分析》中对课堂教学内的话轮转换规则进行了修正，通过详细的分析，话轮转换的规则在高级口语课中同样可以适用，分析如下。

1. 教师在任何话轮的第一转换关联位置上

第一，如果教师指定了下一个说话者，那么教师必须停止说话，被选的学生应该接下去，话轮转换就出现在教师选完后的第一个转换关联位置上。如：

例 2

T：用正确的语调读出下列句子，找个同学说一下。玛雅，能看

---

① 朱志夫. 基于话轮转换理论的韩国中级汉语口语课堂交际活动研究［D］. 山东师范大学硕士学位论文，2012：36.

到这几个句子吗？（＊）来①。（2.0）

S（玛雅）：不敢当（＊）

T：＞不敢当不敢当＜注意语气。

S（玛雅）：不敢当，不敢当，这是（::）

T：＝这是应该的，这是我应该做的，对吧？

S（玛雅）：看到有同学遇到这么大的困难，我们是绝对不会（::）

T：怎么读？不会（::）不会（::）这要读出来啊，不会（:::）你不要蒙混过关啊，你还没有读出来，不会？

S（玛雅）：不会袖手旁观的。

T：什么旁观？袖手旁观，好吧，注意啊，袖手旁观指在旁边，在一旁。

例 2 中，教师指定玛雅作为下一个说话者后，教师停止了说话，2 秒后学生玛雅开始说话。所以话轮转换就出现在教师指定完玛雅后的第一转换关联位置①处。

第二，如果教师指定下一个说话者，但指定的说话者未说话，那么教师应该继续说话。如：

例 3

T：额（:）有点难（＊）好吧，恩荣，你来做。这个句型比较难，看看怎么改？

S（恩荣）：（沉默）。（14.0）

T：什么则什么，不怎样则怎样？学习就是这样（::）

例 3 中，教师指定了学生恩荣作为下一个说话者，但是恩荣并没有说话，14 秒后教师继续说话。实际上，笔者从收集的语料中发现教师指定学生说话而学生沉默的现象比较少见。

第三，如果教师限定下一个说话者的范围，那么在这个范围内的学生都可以自选，如果有学生自选，最终将有一个学生取得下一个话轮。如：

例4

T：就是基本上都要考虑到。如果不门当户对的话，差别很大的话，就会反对。在西方国家可能也会考虑到，在中国现在已经好多了。（2.0）额（::）在泰国呢？在泰国呢？说说看？

S1：＝也有的。

T：要求门当户对？

SS：也有的。

S1：要看个人，有的也要求。

T：那你们呢？

S2：没有。

T：如果真的喜欢呢，不会说一定要门当户对才可以吧，不门当户对就要放弃吗？

S1：没有必要。

T：没有必要。如果是真的喜欢就不在乎门当户对，或者可以说门不当，户不对。好，这是泰国同学的。好，来，其他同学，伊朗的呢？

在例4中，教师限定了下一个说话者的范围是泰国学生，那么泰国学生都可以自选，分别有S1和S2两名学生自选索取话轮，并最终成功获得了下一个话轮。

第四，如果教师没有指定下一话轮人选，但是通过发问等方式限定了下一话轮内容，那么全班学生都可以自选。如果有学生进行自选，最终将有一个学生获得下一个话轮。如：

例5

T：还有抽脂、隆鼻、丰胸，还听说过哪些？

S1：有时候物极必反的。

T：哦，物极必反。来说说看。

S1：＝整太多了，太美了就会成鬼了。

SS：哈哈哈……（一阵笑声）

T：哦（:）你觉得不自然是吗？太完美了？

S1：＝就是做手术做多了做坏了。

T：哦（::::）做手术做多了会有副作用。

在例 5 中，教师没有指定下一话轮人选，但是通过发问等方式限定了下一话轮内容，那么全班学生都可以自选。分别有 S1 和 S2 两名学生自选索取话轮，并最终成功获得了下一个话轮。

2. 如果第一、第三或第四生效，则学生在任何话轮的第一转换关联位置上

第一，如果学生限定下一话轮内容，学生必须终止说话，其他学生或者教师都可以自选成为下一个说话者，往往是教师首先自选成为下一个说话者。如：

例 6

T：比如说有的人喜欢温柔的，有的是喜欢贤惠的，有的是喜欢怎么样的？

S1：我觉得看人当然还是要先看外貌。①

T：＝哈哈哈……（一阵笑声）

S2：你觉得一个人开始的时候你就不想看了，怎么会去了解她的内心呢。②

T：首先外貌要看是吧？

S2：＝对，要先看外貌。③

T：不一定是美女，但一定要看得过去是吧？

S2：对，不一定是美女，但你要和她聊天你才能了解。④

T：好，这是他的想法。

例 6 中，①②③和④处均为学生话轮的转换关联位置，而且学生都没有指定下一个说话者，其他学生或者教师都可以自选成为下一个说话者，但是往往是教师首先自选成为下一个说话者。

第二，如果学生没有限定下一话轮内容，会话参与者可以自选，第一个自选的人（通常是教师）成为下一个说话者。如：

例 7

S：我说（＊）完美的话（人）肯定是没有的了。

T：那比如说有的男孩子他并不太注重外在美。

例 7 中学生没有限定下一话轮内容，会话参与者可以自选，而第一个自选的通常是教师，这体现了教师在课堂中的优势。

第三，如果学生没有限定下一话轮内容或选择下一话轮说话人（很少发生），该学生并不一定必须说下去，直到教师自选为下一个说话者。

以上就是在高级口语课上师生话轮转换的规则，与学者们对话轮转换规则的描述大同小异，所以话轮转换规则在口语课中是适用的，为本文接下来的分析奠定了理论基础。

（二）教师话轮转换策略分析

Stenstrom 提出话轮转换分为三个阶段：取得话轮、保持话轮和放弃话轮。取得话轮指发话人开始发话和听话人通过某些会话策略取得发话机会并开始说话。保持话轮指发话人利用发话技巧延续自己的发话。放弃话轮是指发话人认为自己此刻的发话已接近结束并准备放弃发话。①

在课堂上，一直倡导"教师为主导，学生为主体"，对外汉语课堂更是以学生为主体的课堂，所以在课堂上教师要以提高学生汉语水平为目的而对其进行语言训练。尤其是在高级阶段的口语课上更加需要教师作为引导，鼓励学生多开口练习，将课堂的说话权、主动权交给学生。为了更好地实现这个目标，在口语课上教师要知道如何使用策略进行话轮的转换。

1. 教师让出话轮

在口语课上教师不能一直控制话语权，要鼓励学生多发言，因此要适当让出话语。笔者从收集的语料中分析总结出教师让出话轮、诱发话轮转换的策略主要有：点名、补充语义、附加疑问词或疑问句、提供语境以及使用固定套语。通过收集的语料统计出教师让出话轮使用的策略，如表 2 所示。

---

① 黄靖，徐晓珊. 话轮及话轮转换策略分析［J］.电子制作，2015（10）：179.

表 2　教师让出话轮使用的策略统计

单位：次，%

话轮转换策略	使用次数	百分比
点名	131	49.81
补充语义	41	15.59
附加疑问词或疑问句	71	27.00
提供语境	7	2.66
使用固定套语	13	4.94

（1）点名让出话轮

从 Sacks 等人的话轮转换规则 1 中可以知道：如果当前的说话者选择了下一个说话者，那么现在的说话者应该停止说话，入选的说话者应该接着说话。话轮交接出现在选定说话者后的第一个转换关联位置。① 在口语课上教师经常通过点名这种方式来指定下一个说话者。如：

例 8

T：我说这事啊不可能，而且一去就是一星期多，怎么允许他请这么长（时间）的假呢，马上就要考 HSK4 级了。好啦，想也别想，不可能，没门。第六，来，文松。

S（文松）：现在社会（*）老龄化也是一种问题。

T：一个问题。

S（文松）：＝一个问题。

例 8 中，教师通过点名的方式让出话轮，这在口语课上是最常用的选择下一个说话者的方式，这种方式是教师对课堂话语权的控制和分配。这种方式增加了在课堂上不爱发言或者在话轮获得上存在劣势的同学的开口率。

当然，通过点名的方式指定下一个说话者不单包括称呼姓名来选择，在口语课上，教师还常用"你呢"或者"你"来指定下一个说话者。如：

---

① 刘虹. 会话结构分析［M］.北京：北京大学出版社，2004：66.

例 9

　　T：来，我们先来说这四个问题，（＊）第一（＊）你有恋爱计划

或者结婚计划吗？（＊）有吗？（＊）然后（＊）打算什么时候结婚？

好，你说说看。（4.0）

　　S1：我没有。

　　T：＝没有结婚计划？

　　S1：额（::）

　　在例 9 中，教师没有用称呼姓名的方式来指定下一个说话者，而是用了第

二人称的"你"来指代被指定的学生，这也是教师通过点名让出话轮的方式。

　　（2）补充语义让出话轮

　　教师通过让学生补充完整语义的方式让出话轮，这种补充语义让出话

轮的方式一般与语音的延长、停顿相结合，在口语课上，一般在做课后练

习时教师喜欢使用这种方式让出话轮，让学生完成练习。比如：

例 10

　　T：你看这色彩（:::）

　　S：搭配得多（3.0）多（::）

　　T：多（:::）多（:::）

　　S：多鲜明啊。

例 11

　　T：哎，对，你看人家年轻人穿上婚纱都（＊）

　　S：如花似玉。

　　T：林妈妈一个老太太觉得怎样？（＊）哪能（::）跟（＊）

　　S：年轻人比。

　　在例 10 和例 11 中教师通过语音的延长和停顿来让出话轮，但是并不

是一定要有语音的延长和停顿同时出现，就像例 10 只有语音的延长。语音

的延长比较常用，一般是拉长话轮中的最后一个音节或拉长音位从句中的

重读音节，来提示学生接过话轮，并在自己的话轮中补充完整。

（3）附加疑问词或疑问句让出话轮

教师让出话轮会利用附加疑问词或疑问句的策略，教师在话轮转换的关键位置会使用一些含有疑问词或疑问句形式的短语、句子以及句子组合等方式让出话轮，使学生接过话轮完成话轮的转换。这种让出话轮的策略非常明显，可使汉语水平不高的学生较易接过话轮。如：

例 12

T：好，现在我们回到课文上来。我们这个课文讲到婚姻，它里面说婚姻就像围城，啊（:）外面的人想进去，啊（:）里面的人想出来。对不对？

S：哎，对（:::）

例 13

S：愿意（:::）

T：愿意什么？

S：愿意（:::）

T：愿意听你的，对吗？

S：对。

例 12 中教师使用"对不对？"和例 13 的"愿意什么？""对吗？"这些附加疑问句让出话轮，使学生很容易接过话轮，完成话轮的转换，这是教师经常使用的提问用语。

（4）提供语境让出话轮

提供语境让出话轮，在教师讲解生词时往往会使用这个策略让学生理解生词的用法，但是在高级口语课上在学生忘记某个词的读音或者用法时，教师通常用提供语境的方法帮助学生唤起记忆。如：

例 14

T：继续，下一个词。

S：沉默。(3.0)

T：不能说话或者已经说不出话了叫什么？叫什么？

S：哑（巴）。

例14教师在学生沉默3秒后利用提供语境的方式帮助学生唤起记忆，然后进行话轮的转换。这种策略在语料中使用得不是很多，在语料统计中只有5.9%。

（5）使用固定套语让出话轮

教师在让出话轮时有时会使用一些固定的套语，比如"说说看""说一下""想一下"等，教师尤其是教龄较长的教师，已经形成了固定的让出话轮的习惯用语。如：

例15

T：还有抽脂、隆鼻、丰胸，还听说过哪些？

S：有时候物极必反的。

T：哦，物极必反。来说说看。

S：=整太多了，太美了就会成鬼了。

例15中教师使用固定套语"来说说看"让出话轮，如果教师经常使用这些套语，或者有意识训练学生这种策略，则会使学生知道这是话轮转换的关联位置。

综上分析，教师让出话轮的策略有：点名、补充完整语义、附加疑问词或疑问句、提供语境以及使用固定套语。可以说教师让出话轮的策略多种多样，从数据统计中，我们可以得出以下几点结论。

第一，教师点名让出话轮的策略占主导，在收集的语料中教师一共使用了131次点名让出话轮的策略，占了49.81%，平均每节课使用10次以上。在口语课上使用点名的策略有利也有弊，首先在对教师的访谈中了解到教师其实并不太喜欢使用点名的策略让出话轮，而是有意识地让学生自选取得话轮。因为点名让出话轮会影响课堂上学生发言的积极性。如果学生自选取得话轮就可以听到不同学生的发言，了解他们的学习情况和语言表达的缺陷，教师可以及时有效地进行讲解，而学生之间也可以进行相互学习。但是在实际的课堂上，尤其在高级口语课上学生参与课堂的积极性并不是很高，大多数学生不愿意开口练习，其中的原因比较复杂，这里不一一列举。所以从课堂观察和访谈的情况来看，教师使用点名的策略让出话轮也是无奈之举，只能通过这种教师优势来分配话轮权，让班级中的每个学生都可以发言，这样也可以照顾到汉语水平不高的学生或者可以使不爱发言的学生得到开口说话的机会。总之，点名让出话轮的策略利弊共存，关键是教师如何使用，才能让更多的学生参与到课堂当中。

第二，让学生补充完整语义让出话轮的策略在语料中使用了41次，占15.59%，虽然使用的次数不多，但是在语料转写时发现教师一般在课文操练和课后练习时使用。这种补充完整语义的方式在对外汉语中又叫"留空句"，学生只需要补充句子空白处即可，往往与教师的语音延长和停顿一起使用，让出话轮的标志很明显，能够使汉语水平不高的学生容易接过教师的话轮，尤其在初级阶段学生的汉语水平普遍不高的情况下使用会减轻学生回答问题的压力。在高级阶段应该让学生试着说完整的一句话，甚至一段话，但是在语料分析中笔者发现教师并没有针对不同学生的汉语水平使用不同的策略。

第三，附加疑问词或疑问句让出话轮的策略有时因为提问的语气不强，导致课堂沉默现象。在语料中教师使用了71次该策略，占27%，但是由于附加疑问词或疑问句让出话轮的策略教师比较常用，加之比较简单单调，所以在高级阶段的口语课上学生虽然知道这是教师让出话轮的标志，却不愿意接过话轮，只是当作教师的惯用语。提问的语气不强，学生认为并不是一定要回答，所以在高级阶段利用这种让出话轮的方式效果不是很好。如：

例16

T：啊，对，举行完婚礼了还没有领结婚证，是吧？（*）万一啊（::）男的又反悔又后悔了，怎么办？（*）在法律上你们还不是夫妻呢，对不对？对吧？（4.0）那你们呢？（5.0）根慧？

在例 16 中，教师使用"是吧？""怎么办？""对不对？""对吧？"这些惯用的提问语，且在这些提问语后都有语音的停顿，但是学生都没有接过话轮，最后教师使用了点名的方式让出了话轮。所以在使用该策略时教师还需要多加训练学生，培养学生判断话轮转换的关联位置的能力。

第四，教师在使用策略让出话轮时，并不是只使用一种策略，而是多种策略一起使用，完成转换的目的，增加学生开口说话的机会。当然，使用什么策略也与教师个人上课的风格和教授内容有关，所以不能一概而论。总之，不管教师使用哪种策略让出话轮，其目的都是让学生接过话轮，增加话轮的转换，使更多的学生参与到课堂中。

2. 教师抢夺话轮

在口语课上教师应该让学生多练习，引导他们说出比较丰富的内容，训练他们的口语交际能力，所以在课堂上学生的话轮越长越好。但是有时候学生也会出现口语错误或者话轮内容偏离课堂，影响课堂的教学，这时教师就会对学生的话轮进行抢夺。

从收集的语料中分析总结出教师主要是通过重复学生的语义、异口同声、反馈评价和补充学生的语义以及打断来抢夺话轮。通过收集的语料统计出教师抢夺话轮使用的话轮转换策略如表 3 所示。

表 3　教师抢夺话轮使用的话轮转换策略

单位：次，%

话轮转换策略	使用次数	百分比
重复语义	63	38.18
异口同声	35	21.21
反馈评价	32	19.39
补充语义	20	12.12
打断	15	9.10

（1）重复语义抢夺话轮

教师通过重复学生的话对学生的话轮进行抢夺，即重复学生的语句或者重复学生最后一句话的结尾部分，如：

例 17

S：正好就来玩股票，比较刺激。

T：＝对！玩一场股票，玩刺激。（6.0）

S：还可以买（∶∶∶）买一些基金。

T：＝还可以买一些基金。

例 17 中教师通过对学生语义的重复或者对结尾处重复的方式进行话轮抢夺。这种方式在高级阶段口语课中很常见，尤其是在做课后基础知识巩固部分练习时，这些练习只是加深学生对课文或情景的基本理解，或是强化学生对以前所学的汉字、词语、句型结构的回忆及重复应用，防止遗忘。所以在学生回答较慢，或者存在语音错误时，教师为了节省课堂时间，推进课堂进度，会使用这种方式对学生的话轮进行抢夺。

（2）异口同声抢夺话轮

教师能够预测学生的下一句话的内容，所以和学生同时说出同样的内容来结束一句话，从而进行话轮的抢夺，如：

例 18

T：好的，大家注意一下，看看这几个句子。（＊）看一下课文里边的。（13.0）好，文松，你来看看啊（∶）你（∶∶）读出来啊，课文里出现了几个句子，第一。

S（文松）：读↑？（3.0）

S（文松）：［三思而后行］

T：＝三思而后行，你可以直接省略三思后行。你做些什么，三思而后行。好，第二。

例 18 中，教师通过与学生同时说同样的内容来抢夺学生的话轮。这种策略与上一种策略用意相同，也是为了节省课堂时间，推进课堂进度，而且在语料中笔者也发现教师往往是在学生停顿沉默之后跟学生说出同样的话造成重叠。例 18 中，学生文松对教师的指令不清楚，所以发出了疑问，而教师没有及时回答，导致学生沉默 3 秒之后才开始说话，而教师又因为学生的沉默而说出了答案，造成了教师抢夺话轮的现象。

（3）反馈评价抢夺话轮

教师通过对学生的话语进行反馈和评价进行话轮的抢夺，教师的这些反馈评价有时只是简单的"对""嗯""好""哦"。适当使用这个策略可以让教师对课堂进行把控，让更多的学生参与到会话当中。如：

例 19

T：好的，其他同学说说吧，你有没有你自己喜欢的女孩子类型，就是这种女孩你特别喜欢的。女生也来说一下。（3.0）

S1：喜欢照顾自己，有责任心的。

T：好，还有吗？

S2：喜欢的女孩子？

T：对，在你的眼中的，因为每个人有每个人不同的标准，你来说说你的标准。

S2：实在！

T：好！

例 19 中教师通过简单的评价反馈既可以肯定学生的回答，又可以推进课堂的进展，而且简单的反馈可以节省时间，让学生多说，这种策略可以在有限的时间内让更多的学生回答问题。

（4）补充语义抢夺话轮

Dixson 指出，自选说话人可以凭借对当前说话人的话语语义在恰当的时刻进行一定的补充来达到夺取话轮的目的。① 教师可以利用补充学生话轮的方式对学生的话轮进行抢夺。如：

例 20

T：好！（3.0）第八题：马健对于结婚签合同这种行为觉得怎样？他觉得（::)？（3.0）见外！马健觉得见外，一家人太见外了，对吧？

---

① 刘森林．话轮更迭的语用策略［J］．外语教学，2007（4）：35．

觉得怎么样？

S：觉得很见外。

T：哎，对，觉得一家人很见外。

S：觉得两个人……

T：觉得两个人只要真心相爱……

S：根本不需要。

T：＝根本不需要签什么合同。

例20通过对学生的话轮进行补充，利用这种方式进行抢夺，但是在语料统计中笔者发现这种方式教师使用的次数还是比较少的。

（5）打断抢夺话轮

学生回答的内容偏离教师的要求或者学生回答的话语中存在语音错误，教师会强行打断，有时会跟学生的话轮重叠。虽然在日常的会话当中，打断是一种不礼貌的行为，是不被提倡的，但是在教学中可以用来及时纠正学生的错误。如：

例 21

S：遵命遵命。快说说，最近你们还有什么计划，我一定（:）额（:）效（:）太（:）马（:）[之（:）劳（:）

T：犬马。]

S：＝额，犬马。

T：太是底下那有一点，好，一定效犬马之劳，嗯，我一定什么？（＊）我一定尽力去帮你。

例21中学生分不清楚"犬马之劳"的"犬"和"太"，出现语音错误，教师利用打断的方式对他进行及时的纠正。但是这种情况在语料中也是比较少出现的。

综上分析，可以知道教师为了控制课堂而进行的话轮抢夺策略主要有：重复语义、异口同声、反馈评价、补充语义以及打断。使用重复语义的策略最多，有63次，占38.15%；其次是异口同声的策略抢夺，出现了35

次，占 21.21%；反馈评价出现 32 次，占 19.39%；补充语义出现 20 次，占 12.12%；打断抢夺出现 15 次，占 9.10%。教师使用抢夺学生话轮的策略是为了推进课堂进度，减少沉默和冷场的情况，但是笔者在分析语料时发现教师在使用抢夺话轮策略的过程中存在不少问题。

第一，教师往往在学生停顿和沉默的时候使用异口同声策略，即教师指定的学生无法立即回答，需要一定的准备和思考时间，但是学生并不是不懂如何回答，从后面学生与教师同时说出答案可知，学生只是需要时间思考。一般来讲，在教学中学生回答问题时确实需要一定的思考时间，即使这种停顿时间不算长，对于学生来讲也是必要的，教师应该视情况满足学生时间上的需求，而不应该急于抢夺学生的话轮。如

例 22

T：嗯，对。在图书馆门口站了一天，怎么样？还得大声宣传，弄得怎么样？（＊）

S：［嗓子都哑了］（异口同声）

T：他们俩都是？叫什么？（＊）

S：［爱心社的积极分子］（异口同声）

在例 22 中学生都是在 0.2 秒以内的瞬时停顿之后回答问题，沉默在这里有两种情况：一种是学生要放弃答题机会，用沉默来表示；另一种是正积极思考教师的提问，只是所用的时间较长。所以教师在等待学生回答问题时要先辨别清楚学生的情况，再决定是否要抢夺学生的话轮。

第二，笔者在分析语料时发现教师在使用反馈评价的策略抢夺话轮时因反馈评价很多，教师一直占据话轮，学生无法说话，得不到练习机会。如：

例 23

T：所以说啊（∷）（2.0）作为男的，30 岁而立之年，40 岁是不惑之年，50 岁而知天命。那你这个时候，作为年轻人，工作也稳定了，经济上也有一定基础了，社会上站住脚了，这是 30 岁而立之年。

40 岁，不惑之年，能够看清楚很多问题，你对很多问题都清楚了
（＊）就是说人到了一定年龄段会达到一定的阶段，产生新的变化。
男的呀（::)我们班的这两位，首先结不结婚不要紧，先工作几年，
先稳定下来，是这样打算吗？

　　S：我自己是这么打算，但是老妈不这么打算。

　　T：＝对，你们可能面临的是逼婚和催婚，中国很多啊，越南有
没有？（＊）毕业了之后工作啊，工作一两年，你还是没有找对象，
到后面你就随便，都不想谈，都无所谓了。然后你家里人就着急了，
就会催你，怎么还不结婚，就是催着结婚。怎么还不生孩子，催生，
催生孩子。（3.0）所以说这是你没法计划的是吧？

　　S：是（::)

　　T：＝哦，行，也是暂时没做计划，看来你暂时不想结婚。

　　在例 23 中我们可以看到教师的反馈评价过长，一直占据着话轮。学生
只能说一句话或者一两个词，这反映出在教学过程中教师话轮较长，学生
话轮较短。

　　总之，在课堂上教师应该鼓励学生多开口说话并且尽量引导学生的话
轮，出现个别学生一直占据话轮的情况比较少，教师要视情况而决定是否
抢夺话轮，抢夺之后要控制自己的话轮长度，不能一直占据话轮，避免造
成学生话轮短的现象。

3. 教师保持话轮

　　虽然在口语课中，教师应该主动让出话轮，让学生多参与到课堂中，
尽可能让学生多说话、多练习，但是在高级汉语口语课中，学生的汉语已
经达到能够自由发表自己的观点和意见的水平，有时个别学生会一直占据
话轮，甚至还有抢夺教师或者其他学生话轮的情况，使课堂失去控制，这
时候就需要教师使用一些保持话轮的策略让课堂的话轮发生转换。

　　Coulthard 指出保持话轮可采用以下技巧：一是应用 Sacks 所说的语句
未完成成分，如："but""and""however"和其他的从句组合；二是在话
轮开头使用未完成标记，如"if""since"等主从连词，它可以使别的会
话参与者了解到在话轮结束前，至少有两个从句；三是说话者可以使用

"我想说两点：第一……第二……"，或者使用"首先……其次……"之类
的句子；四是讲话者在可能会被打断时采用提高音量、加快语速的方法保
持话轮。① 对录音语料分析发现在高级口语课上教师保持话轮的策略主要
有语句未完成成分保持、未完成标记语和利用语音以及利用搪塞语。语料
分析统计如表 4 所示。

表 4　教师保持话轮使用的策略

单位：次，%

话轮转换策略	使用次数	百分比
语句未完成成分	69	45.39
未完成标记语	14	9.21
利用搪塞语	49	32.24
利用语音	20	13.16

（1）语句未完成成分保持话轮

Sacks 说语句未完成成分的作用是把一个潜在的完成句变成非完成句，
意思就是在一个句子完成后，使用表示句子还未完成的连接词，如"而
且""并且""另外""因为""所以""如果"等，让听者认为说话者还
没有结束话轮。教师在课堂上也会使用这个策略保持话轮。如：

例 24

T：＝不是不工作，是没有工作，失去工作，原来一般来说下岗
是没有工作，比如中国的国有企业改革，国有企业知道吧，（＊）有
一份稳定的工作，后来，企业一改革，很多工人失去了工作。因为
（＊）这个单位不需要这么多职工了，不需要这么多工人了，就产生
很多下岗工人。

例 24 中，教师通过"原来""后来""因为"这些连接词保持了话轮，
并且在使用这些连接词时一般也会采用提高声调的策略。尤其是在解释某个

---

① 刘虹. 会话结构分析 ［M］.北京：北京大学出版社，2004：101.

知识点说话较长时，教师往往会使用这些连接词和提高音量保持话轮。

（2）未完成标记语保持话轮

教师可以使用未完成标记语来保持话轮，比如可以在话轮的开头使用"首先……其次……最后"这些标记语，也可在话轮当中使用一些标记语。笔者从语料分析中发现教师在话轮开始时使用未完成标记语较少，一般在话轮中使用，尤其是在话轮较长时使用。如：

例 25

T：正方：自然的，才是最美的。反方：创造的美高于自然美。第一是反对美容、整容，生下来是什么样的就是什么样的；第二是创造的美高于自然美，你可以用人工创造美。我们班对整容是什么态度？有赞同的吗，有反对的吗？反对的（＊）反对的（＊）

例 25 中教师使用未完成标记语"第一……第二……"来保持话轮，顺利地把想表达的内容说完。

（3）利用搪塞语保持话轮

利用搪塞语，比如"嗯，额，啊，好"等填充空白，拖延时间，达到保持话轮的目的。搪塞语经常伴随着教师的停顿一起使用，教师停顿是会话中常见的语言现象，有时会因为要回忆、思考或犹豫而导致一时语塞，这时可以使用搪塞语保持话轮。如：

例 26

T：＝啊，有的事情不要太计较。（＊）额（：）要容忍他的缺点，要学会宽容和理解，容忍他的缺点（＊）对吧？优点每个人都有（＊）谁都有，问题就是缺点（＊）对吧？结了婚之后两个人能不能过到一起去，关键就是能不能容忍对方的缺点，对吧？（＊）好，那些无关紧要的小问题，要学会包容，对吧？（＊）好，那么接下来，（4.0）说得简单，这个过程怎么样？（2.0）额（：）艰苦而又漫长，是一个磨合的过程。

例 26 中教师利用搪塞语"啊、额、对吧、好"保持了话轮。这些搪塞语可以填补话轮内出现的空白，避免冷场和尴尬，说话人也可借此思考下文，起到拖延时间的作用，保住话语权。[①]

（4）利用语音保持话轮

教师在保持话轮时，为了防止话轮被学生打断往往会利用语音策略保持话轮，经常使用提高音量和加快语速的手段。如：

例 27

T：这其实啊，孟老师有没有教过，围城就是中国的一位作家（3.0）钱锺书（＊）写的一本书。他就是把婚姻比喻成围城，四四方方的墙围起来。那么婚姻呢？就像这样啊，你住在里面的想出来，结了婚的想离婚。可是住在外面的人呢，还没有结婚的呢，哎，就想赶紧结婚。＞里面的人想出来，外面的人想进去＜。就是这个意思啊。（3.0）

在例 27 中，教师在解释"婚姻就像围城"时，为了把这个解释清楚或者说把自己想说的话说完，在话轮转换的关联位置提高音量并加快语速以保持自己的话轮，防止被学生打断，这是教师在预测话轮可能被打断的情况下采用的一种策略。

综上所述，教师在保持话轮时使用了语句未完成成分保持、未完成标记语和利用语音保持以及利用搪塞语保持的策略。语句未完成成分的保持策略使用了 69 次，占 45.39%，是使用次数最多的；其次是搪塞语保持的策略，使用了 49 次，占 32.24%；利用语音保持的策略使用了 20 次，占 13.16%；未完成标记语策略使用了 14 次，占 9.21%。教师在使用策略保持话轮时也要注意控制话轮的时间长度，毕竟对外汉语课堂是以学生为主体的课堂，尤其是口语课，其目标就是让学生在口语交际中提高汉语口语表达的能力。如果教师一直保持着话轮，占据话轮时间过长，容易造成"满堂灌"，学生处于被动的地位，参与课堂的积极性会降低，课堂气氛会

[①] 何慧英．话轮转换及其语用策略［J］．内蒙古民族大学学报，2009（5）：40-42.

沉闷。学生锻炼口语的机会少了，口语课就失去了实际的意义。所以教师在使用话轮保持策略时要具体情况具体分析，不能一概而论。

（三）学生话轮转换策略分析

对外汉语口语课是一门培养学生汉语交际能力的训练课，其教学方法和教学目标非常明确，就是运用交际法教学原则，课堂上交际互动，精讲多练，以培养学生的汉语交际能力，提高口语表达水平。尤其是高级口语课，其培养目标应是能够灵活地使用交际策略，能够进行得体的语言交际活动。所以作为学生除了懂得汉语的基础知识外还要掌握话轮转换的规则和机制，懂得如何开始说话和结束说话，如何使自己的谈话不被别人打断，如何在会话过程中运用各种话轮转换的策略。以下具体阐述学生在话轮转换过程中使用话轮转换策略的情况。

1. 学生取得话轮

教师是课堂的主导者和引领者。一般来说，任何话轮的分配都经由教师之手，然后学生才能获得话轮；并且教师是课堂教学活动的发起者和组织者，当他有意让出话轮且未指定下一个说话者时，学生会根据话轮转换策略来获得话轮，取得说话权。笔者通过分析语料得出学生取得话轮的策略主要有自选取得、主动提问取得和竞争取得，如表5所示。

表5 学生取得话轮的策略情况统计

单位：次，%

话轮转换策略	使用数量	百分比
自选取得	83	82.18
主动提问取得	13	12.87
竞争取得	5	4.95

（1）自选取得

话轮转换规则为：如果教师没有指定下一话轮人选，但是通过发问等方式限定了下一话轮内容，那么全班学生都可以自选。所以学生可以通过自选的策略获得话轮。

例 28

T：很好，绝不会袖手旁观。第三个问题学校的爱心社他们接下来有什么计划？下个周末，他们打算组织（::）

S：一批学生一起去盲……

T：盲（:::）盲

［盲人学校］

例 28 中，教师没有指定下一个说话者，所以全班学生都可以自选获得话轮，这种方式是很常见的，也是教师在口语课上鼓励学生开口说话的一种常用方式，可以让课堂气氛活跃，让学生积极思考。

（2）主动提问取得

在课堂教学过程中，学生因为没听懂存在疑问或者对课文中某个话题很感兴趣，就会主动向教师提问，获得话轮。如：

例 29

T：爱美之心人皆有之。

S：老师（::）那个（*）做那个牙？（2.0）

T：也算是整容，牙突出来很难看，对吧？（2.0）做手术弄回去，也算整容。

S：还有一种啊，是（::）是用自然的方法，比如那个油啊，用自然的油啊，自己做美丽的。

T：哦，那个是天然的，是可以接受的，有的是牙突出来不好看，去做的，有的是牙不好，去矫正，这个也算是整容。

例 30

S：老师后悔的"悔"是悔恨的悔吗？

T："后悔"这个词我们学过了，也是悔恨的悔。

例 29 中学生对整容这个话题感兴趣主动提问，利用这种主动提问的策略获得话轮。还有例 30 中学生不明白"后悔"和"悔恨"这两个词，所以主动提问，获得话轮。高级阶段的学生已经掌握了一定的词汇量，处于知识运用的阶段，所以在一些汉语知识上会产生疑问而主动提问，获得话轮。

（3）竞争取得话轮

在口语课上，为了更多地得到锻炼口语的机会，学生与教师进行话轮的竞争，或者学生与学生进行话轮的竞争，有时会出现两人或者多人同时说话的情况。

例 31

T：所以男同学说的美女的标准都不一定是要漂亮的，都是内在的，内心的一些东西。那女同学呢？（2.0）根慧，好久没有见你说话了。（2.0）

S1（根慧）：〈温柔的〉

T：=温柔的。（3.0）

S1（根慧）：额，还有（2.0）会做饭的。

T：哦（：：：）会做饭的？这一点，我倒觉得男孩子应该更在乎。

S2：=最重要

S3：＞对！对！对！＜

T：最在乎的是这个吧，男孩子？

S3：=＞不！不！不！＜（*）最不在乎，哈哈……（一阵笑声）

S2：不会做也可以。

T：在乎吗？

S4：=〔在乎！因为

S3：在乎〕但不是最重要。

T：哦，〔难道说

S3：会做饭，但是都是说假话〕

例 31 在高级口语课上是一个非常典型的现象，尤其是在话题讨论时，学生自由竞争获得话轮。在这个例子中，讨论"关于女性美的标准，男性和女性的看法有差异吗？"对于这个话题女生和男生都有自己的评判标准，每个人的看法都不一样，因此这个话题会引起大家的热烈反应，大家都想发表自己的意见，所以在教师指定根慧回答后，还是有很多学生通过竞争获得了话轮，学生 3 通过语速的加快和打断学生 4 和教师的话轮获得了发表自己观点的机会，在竞争时出现与学生 4 和教师话轮的重叠。这种现象在话题讨论时经常出现。

综上所述，学生在话轮的取得上主要采用自选取得、主动提问取得和竞争取得的策略。使用自选取得的最多；其次是主动提问的策略；最后是竞争取得话轮。课堂上学生取得话轮使用的策略比较少，也比较单一，主要使用自主取得话轮的策略。

2. 学生保持话轮

学生在获得话轮以后，为了表达完自己的想法或者获得更多的机会练习口语，就会对自己的话轮进行把持。在分析语料时学生把持话轮的方式主要有语句未完成成分保持、利用搪塞语和重复自己的话。具体分析如表 6 所示。

表 6　学生把持话轮的策略情况统计

单位：次

话轮转换策略	使用次数
语句未完成成分保持	8
利用搪塞语	6
重复自己的话	4

（1）语句未完成成分保持

学生利用语句未完成成分保持话轮，让教师或者其他学生认为自己的话还没有说完，如例 32 中，学生利用"不过……如果……"保持了自己的话轮。

例 32

S：自然美（＊）当然是最好的，不过（：：：）整容的话（＊）如果是（2.0）如果只是（＊）有一些地方觉得（2.0）不太满意的话（＊）就做呗。

（2）利用搪塞语保持

学生利用搪塞语"嗯、啊、额"等填补话轮内的停顿，以此来保持话轮，拖延时间，完成自己的话轮。如：

例 33

S：家境（::）额（:）贫困，又得了这种（:）嗯（:）病，真是屋漏（:::）偏逢（:）连夜雨。

（3）重复自己的话保持

学生利用重复自己的话保持话轮，尤其在被别人打断时为了表达完整自己的观点，会选择利用重复自己的话的方式来保持自己的话轮。如：

例 34

T：哦（::）你说两个人。

S：是两个人。如果两个人一起的话如果两个人一起努力的话就可以。

　［就可以

T：能解决我们家庭的（困难）］

S：你不能要求太高，如果你没有能力赚钱，会很累。

例 34 中学生在表达自己的观点时与教师的话存在重叠，教师即将抢过话轮发言，但是学生利用重复自己的话的方式保持了话轮，顺利地完成了自己的观点表述。

综上分析，学生在保持话轮的过程中使用了语句未完成成分保持、利用搪塞语和重复自己的话的策略。语句未完成成分保持策略使用了 8 次，利用搪塞语策略使用了 6 次，重复自己的话保持话轮的策略使用了 4 次。从数据中我们可以知道：学生保持自己的话轮使用的策略比较少，且使用次数不多。这说明学生在话轮转换策略上的意识比较弱，没有意识到在口语课中需要掌握话轮转换的策略。这样就会导致课堂气氛沉闷，教师讲学生听的"填鸭式"教学不利于学生口语能力的提高。

3. 学生放弃话轮

学生放弃话轮，即学生放弃现在持有的话轮，出让说话权。课堂会话是一种互动的交际行为，如果当前说话人一意孤行，独占话轮，会将互动的会话变成演讲或独白。因此，在课堂上不能是某个学生一直独占话轮，应是学生和老师轮流发言，所以学生要在适当的时候主动放弃话轮，实现话轮的有效转换。笔者在分析语料时发现学生放弃话轮主要是因为不知道如何回答或已经表达了完整的意思。

（1）不知如何回答

在教师和学生的课堂互动中，学生有可能因为不知如何回答教师的问题而选择放弃话轮。

例35

（课后练习用 A 是 A，B 是 B 改写句子）

T：你看这色彩（::）

S：搭配得多（3.0）多（:::）

T：多（:::）多（:::）

S：多鲜明啊，红的地方（*）鲜红，白的地方。（2.0）

T：什么是什么，什么是什么

S：白的地方（3.0）纯白，看起来赏心说（::）日

T：＝赏（*）心（*）悦（*）目（*）

S：赏心悦目。

T：你还是没说这个句子怎么改。

S：哦（::）（2.0）

T：你看这色彩搭配得多鲜明啊（:）

S：＝是（*）红的地方

T：哎（2.0）怎么改？

S：（沉默）

在例35中，学生在做练习时与教师进行话轮的转换，通过教师的引导说出句子，但还是没有把句子说正确，最后因回答不出而放弃话轮。

（2）表达了完整的意思

如果学生完整表达了自己的观点，又不想再继续说下去了，也会主动放弃话轮。如：

例 36

T：追求自由，自己的事情，是吧？

S：＝也不一定，要看家庭。

T：要看家庭？

S：＝对啊，有人看重，有人不看重。有人觉得爱最重要。

T：＝嗯，对。

S：要看条件，因为条件有好有坏。

T：那有的家庭呢？有的家庭也在乎。

S：那就是要看条件。

T：＝那你的意思是有的家庭条件好的（＊）反而在乎。

S：＝也不一定。

T：不一定。好，还有吗？

S：没了。

例 36 中，教师通过提问"还有吗？"诱发话轮继续转换的目的，但是学生认为自己的观点已经表达完了，所以自动放弃了话轮。

综上分析，学生在放弃话轮时并不是有意识地使用放弃话轮的策略，而是不知如何回答被迫放弃话轮或已经表达了完整的意思让出话轮，并不像教师在放弃和让出话轮时会有意识地使用让出话轮的策略，所以学生话轮转换策略使用的能力还有待提升。

三　教学建议

（一）口语课话轮转换存在的问题

熟练的话轮转换是交际能力之一，也是一项非常复杂的技能。它要求一个人在观察话轮的同时，判断获取发言权的机会，而且还要考虑获得发言权后应该怎么说。若没有这种能力，一个外语学习者即使具备良好的遣词造句能力，也无法有效地用外语进行自然会话。① 从以上师生话轮转换策略使用的统计情况和课堂观察笔者得出高级口语课话轮转换存在以下问题。

1. 师生话轮转换使用的策略形式存在差距

从语料分析统计来看，教师使用的话轮转换策略的形式比较丰富，而学生使用的策略形式则比较单一。教师在让出话轮时使用的策略有点名让出话轮、使用固定套语让出话轮、补充完整语义和提供语境让出话轮；教师抢夺话轮的策略有重复语义、异口同声、反馈评价和补充语义以及打断；教师保持话轮的策略有语句未完成成分保持、未完成标记语和利用语音保持以及利用搪塞语保持。教师使用的话轮转换策略形式多种多样，而学生在话轮转换过程中使用的策略较少。学生在获得话轮时使用的策略有自选取得、主动提问取得和竞争取得；在把持话轮时使用的策略有语句未完成成分保持、使用搪塞语和重复自己的话；放弃话轮的形式有不知道如何回答和已经表达了完整的意思。从使用策略的形式上就可以知道师生在口语课上话轮存在不相等的情况，话轮主要控制在教师手里，学生只是配合教师的行为，只是被动地参与课堂，其交际能力锻炼的机会比较少。

2. 师生话轮转换使用的策略次数相差较大

比如教师点名让出话轮的策略一共使用了 131 次，占 49.81%，平均每节课使用 10 次以上；而学生自选取得话轮的次数只有 83 次。这反映出教师在与学生互动中通过点名的方式限制了学生的主观能动性和自由发挥的潜能，而且如果教师过多地使用点名的方式让出话轮，那么学生得到口语练习的机会就会减少，参与课堂活动的机会也就少了，容易打击学生参与课堂的积极性。教师在保持话轮的过程中一共使用了 152 次策略，而学生保持话轮的过程中只使用了 18 次策略。教师过多地使用策略保持自己的话轮导致教师过多地占有话轮，学生得到话轮的机会减少，就会减少学生得到话轮的机会。本来在话轮转换关联位置处，教师可以尽量让出话轮，从而创造出更多话轮转换的机会，让学生充分享有发言权；然而现实情况却是教师把持话轮

---

① 谢蓉蓉 . 课堂话轮转换技巧［J］.宁波广播电视大学学报，2007（12）：96－98.

的时间远远多于学生把持话轮的时间，造成学生在课堂中处于被动的状态。

3. 学生的话轮过于简单，且缺乏话轮转换的策略

学生话轮内容多以词语、短语或简单句构成，内容单薄且信息量少，有时在话轮中还会使用一些不地道的汉语表达方式。这会影响课堂交际互动的进一步发展，所以很多话轮都是一个回合就宣告结束了。笔者从课堂观察中了解到学生的课堂参与度不高，只是被动参与话轮而不能正确使用话轮转换的策略。在语料统计中可以知道学生使用策略的次数非常少，况且在放弃话轮时也并没有意识到要使用话轮转换的策略让他人接续话轮，无法在话轮中使用策略保持自己的话轮，导致话轮偏短，无法运用策略取得话轮，仅靠自选获得话轮，有时长时间处于沉默犹豫中，需要教师的介入才可以完成话轮。

4. 教师的话轮偏长，学生的话轮偏短

课堂上的大部分会话是由教师完成的，并且大部分是以教师"独白"的形式进行的。因为在课堂上教师不用担心因其话轮的拖延而导致他的会话被学生打断。在笔者收集的语料中，除了教师组织学生上台介绍化妆品这个主题练习之外，师生会话中教师的话轮平均长度要远远大于学生。麦克霍尔认为其原因是学生的话轮长度一般由教师决定，如当教师让学生回答问题时，学生说多久由教师决定。

（二）口语课教学建议

美国社会语言学家 Hymes 在《论交际能力》一书中首次提出了交际能力理论，他认为一个人的交际能力包括语言知识和使用语言知识的能力，即一个人的交际能力不仅包括词汇、语法等语言能力，还应该包括心理因素、社会文化知识和语言应用能力等。而其中"得体性"和"语言应用实质"包括了话轮转换能力。话轮转换能力是交际互动能力的重要构成要素。所以汉语学习者的口语交际能力不仅体现在语音、词汇、语法等知识上，还体现在是否掌握话轮转换的能力上。[①] 口语课的目标是提高学生的

---

① 何山燕. 留学生汉语口语话轮转换研究 [J]. 广西民族大学学报（哲学社会科学版），2010（3）：175 – 177.

口语交际能力。尤其是高级阶段的口语课，学生已经掌握了大量的生词和语法，应该以培养其运用汉语口语进行高层次口头交际的能力为教学目的。而作为课堂的主导者——教师，除了掌握一定的话轮转换策略，还应该让学生意识到何处为话轮转换关联位置，怎样接续话轮，怎样成功保持话轮和传递话轮。作为课堂主要参与者和主体的学生，应该有意识地掌握话轮转换的策略，从而使课堂交流更自然、课堂气氛更活跃。从收集的语料和课堂观察及访问的结果可以看出，在高级口语课课堂中存在师生话轮不相等，教师话轮较长、学生话轮较短，教师占据课堂话轮的主要时间，学生在课堂中处于被动，话轮转换策略缺乏等问题。针对这些问题，笔者提出以下教学建议。

1. 针对教师的建议

教师既是课堂内容的传授者，又是课堂教学形式的安排者。在教学过程中，教师除了教授语法知识外，还应该采取各种各样的手段使学生更积极、更主动地参与到课堂活动中。教师应放松对学生的控制，善于组织、引导学生，使学生掌握话轮转换的策略，并使学生在这些策略的指导下进行会话活动，培养话轮转换的技能，以提高口语交际水平。

（1）教师要树立正确的话轮转换意识

对外汉语口语课以培养学习者的汉语口语交际能力为目标，而话轮转换能力是交际能力的重要体现。因此，教师在口语课中应该有话轮转换的意识，注重课堂话轮转换策略的使用，增加话轮转换的次数，培养学生的话轮转换能力。教师应该让学生熟悉课堂的各种话轮类型以及进行话轮转换时所惯用的词语或者句法结构。比如开始话轮：说一说、看一下、讲一讲等。接续话轮：是的、好的、但是、当然等。把持话轮：额、嗯、所以说、因为……所以、意思是。让出话轮：你说一下、你呢、怎么样、说说看等。结束话轮：是的、好的、就是这样、没什么问题等。当学生熟悉了各种不同的表达方式后，教师可以让学生进行一些准交际活动，如通过简短的会话来练习话轮的转换，然后进行话轮转换策略的训练，使课堂会话能够实现有效的话轮转换，师生会话有效进行。

（2）教师要转变角色

教师要转变角色，让学生逐步控制话轮转换的主动权，而不是自己一直占据话轮，整堂课都是教师的"独白"，学生只是被动参与课堂。教师在课堂的口语交际中，要引导学生主动自选话轮或者鼓励学生通过竞争获取话轮，诱导学生积极思考，说出更加丰富的汉语词汇，同时要照顾性格内向或者汉语水平不高的学生，多鼓励他们使用话轮转换的策略，激发他们的表达欲望。在课堂上真正让学生控制话轮，做课堂的主体。

（3）教师要改变教学方式和方法

教师要采取灵活多样的教学方法调动学生的积极性，让学生参与到课堂中，开展形式多样的课堂交际活动，比如一对一练习、小组讨论活动、辩论赛、情景模拟活动、角色扮演等，学生在这些交际活动中可以自由地会话和讨论，得到口语锻炼的机会，掌握汉语话轮转换的基本策略，提高交际能力。

2. 针对学生的建议

作为学生除了懂得汉语的基础知识外还要掌握话轮转换的规则和机制，懂得如何开始说话和结束说话，如何使自己的谈话不被别人打断，如何在会话过程中运用话轮转换的策略。

（1）掌握汉语基本知识，学会判断话轮转换的关联位置

汉语有其完整的知识体系，汉语基础知识的学习和掌握是进行正常的话轮转换的前提。所以在课堂上，学生想要实现话轮的自由转换，首先必须掌握好汉语的基础知识，语音、词汇和语法知识是最基本的语言要素，这些汉语知识决定了留学生只有正确理解前一位说话者所说的话，才可能在会话中合理地进行话轮转换。其次要学会判断话轮转换的关联位置，熟悉各种话轮转换时使用的词语或句法结构，增强对话轮转换关联位置的敏感度，把握话轮转换的规律和特点，并恰当地在话轮转换的关联位置运用相关的话轮转换策略，达到课堂交际互动的目的。

（2）加强话轮转换策略的多样性训练

学生要有意识地在话轮转换过程中使用话轮转换策略，比如在取得话轮时可以使用恰当加尾、尾部建议、礼貌附和和礼貌切入语等来获得话轮；在保持话轮时可以使用未完成标记语、重复语义、使用搪塞语等来保持自己的话轮；在放弃话轮时可以使用点名限定、指定话题、附加疑问句、套语等放弃话轮。多种转换策略的训练可以突破某一两种转换策略的

局限。所以学生要利用有限的课堂训练及课余时间练习话轮转换策略，在自己的会话当中熟练使用这些策略，提高汉语口语水平。

结　语

对外汉语口语课是一门培养学生语言交际能力的技能训练课，其目的非常明确，即提高学生的汉语口语交际能力，而话轮转换的能力是汉语学习者口语交际能力的重要构成因素之一，话轮转换策略的使用又是话轮转换能力的重要体现。所以本文基于会话分析和话轮转换的理论，运用课堂录音、观察和访谈的研究方法对对外汉语高级口语课师生课堂上的会话语料进行收集和分析，阐述口语课上教师与学生的话轮转换规则以及在此过程中使用的策略，探讨其转换规律。经过研究找出在对外汉语高级口语课中师生话轮转换过程中存在的问题：师生话轮转换使用的策略形式存在差距，教师使用的话轮转换策略的形式比较丰富，而学生使用的策略形式则比较单一；师生话轮转换使用的策略次数相差较大；学生话轮过于简单等。最后针对高级口语课出现的问题提出具有针对性的教学建议。

本文的创新之处在于运用话轮转换的理论分析对外汉语口语课堂，首次针对高级阶段的留学生汉语口语课话轮转换策略进行研究。通过分析课堂上教师和学生的语料，总结出教师和学生在话轮转换过程中使用的不同策略，并分析这些策略对口语课教学和学生口语水平的影响。本文主要存在以下不足之处。首先由于笔者能力和时间有限，只能以一个班作为调查对象，且只研究话轮转换的言语机制，但是话轮转换还有非言语机制；其次文章只是对高级口语课上师生的话轮转换策略进行描写性的调查和分析，缺乏一定的理论深度，还需要进一步去考证和改进；最后对于话轮转换策略的判定难以用绝对性的标准去衡量，所以在界定语料时采用大体归类的方式进行统计，对于数据的精确性会有影响，但是对于研究的结论影响不大。总而言之，本文还有许多不足之处需要进一步探究，这也为今后的研究提供了进步的空间和可能。

参考文献

［1］曹静，徐薇．话轮、话轮转换机制与交际技巧［J］.江苏教育学院学报（社会科学版），2013（9）.

［2］陈昌来．对外汉语教学概论［M］.上海：复旦大学出版社，2011.

［3］陈志国．论话轮转换的潜规则［J］.新疆师范大学学报（哲学社会科学版），2005（4）.

［4］崔希亮．对外汉语听说课课堂教学研究［M］.北京：北京语言大学出版社，2011.

［5］代晓娜．小组讨论中话轮转换策略培训效果研究［D］.北京邮电大学硕士学位论文，2013.

［6］豆丽玲．对外汉语初级口语课堂话语结构模式研究［D］.北京语言大学硕士学位论文，2009.

［7］范丹．对外汉语口语教材话轮转换的理据性研究［D］.辽宁师范大学硕士学位论文，2012.

［8］高阳．对外汉语课堂话轮分析［J］.语文学刊，2012（12）.

［9］何慧英．话轮转换及其语用策略［J］.内蒙古民族大学学报，2009（5）.

［10］何山燕．留学生汉语口语话轮转换研究［J］.广西民族大学学报（哲学社会科学版），2010（3）.

［11］何山燕．论汉语口语教学中的话轮转换能力培养［J］.国际汉语学报，2011（1）.

［12］黄锦章，刘焱．对外汉语教学中的理论和方法［M］.北京：北京大学出版社，2005.

［13］黄靖，徐晓珊．话轮及话轮转换策略分析［J］.电子制作，2013（10）.

［14］计道宏．话轮转换技巧剖析［J］.鸡西大学学报，2005（2）.

［15］贾砚萍．话轮转换中的技巧与英语口语教学［J］.外语界，1995（3）.

［16］蒋菲．对外汉语高级阶段口语教学思路探索［J］.安徽文学，2011（5）.

［17］蒋珊珊．话语分析中话轮的小结［J］.赤峰学院学报（汉文哲学社会科学版），2009（6）.

［18］孔子学院总部/国家汉办官网［EB/OL］.http://www.hanban.org/tests/node_7484.htm.［2016-04-08］.

［19］李泉．对外汉语教学理论思考［M］.北京：教学科学出版社，2005.

［20］李晓琪．对外汉语综合课教学研究［M］.北京：商务印书馆，2006.

［21］ 李悦娥，范宏雅．话语分析［M］.上海：外语教育出版社，2002.

［22］ 刘虹．会话结构分析［M］.北京：北京大学出版社，2004.

［23］ 刘杰．对外汉语精读课堂中话轮转换的调查研究［D］.陕西师范大学硕士学位论文，2012.

［24］ 刘泉春．中学语文课堂师生互动中的话轮转换［D］.江西师范大学硕士学位论文，2014.

［25］ 刘森林．话轮更迭的语用策略［J］.外语教学，2007（4）.

［26］ 刘晓天．汉语教学与研究论丛［M］.北京：首都师范大学出版社，2011.

［27］ 刘运同．会话分析概要［M］.上海：学林出版社，2007.

［28］ 马宁．对外汉语课堂话轮转换中的语用标记研究［D］.东北师范大学硕士学位论文，2010.

［29］ 苗兴伟．话轮转换以及对外语会话教学的启示［J］.外语教学，1995（3）.

［30］ 阮春海燕．汉语口语课堂训练小组活动形式运用［D］.广西大学硕士学位论文，2011.

［31］ 王沛杰，王晓燕．浅析课堂话轮转换技巧［J］.郑州航空工业管理学院学报（社会科学版），2010（4）.

［32］ 谢蓉蓉．课堂话轮转换技巧［J］.宁波广播电视大学学报，2007（12）.

［33］ 徐子亮，吴仁甫．实用对外汉语教学法［M］.北京：北京大学出版社，2005.

［34］ 闫淑惠．留学生汉语口语话轮交接研究［J］.新余学院学报，2014（2）.

［35］ 杨连瑞．话轮转换机制与英语会话能力［J］.山东外语教学，2002（2）.

［36］ 于国栋，王亚峰．话语修正策略的顺应性解释［J］.山西大学学报（哲学社会科学版），2011（6）.

［37］ 于国栋．会话分析［M］.上海：上海外语教育出版社，2008.

［38］ 于海飞．话轮转换中的话语标记研究［D］.山东大学博士学位论文，2006.

［39］ 曾沙欧．对外汉语口语教学中的话语标记研究［D］.广西民族大学硕士学位论文，2013.

［40］ 张祺．学生会话话轮转换处的会话填充语——一项基于语料库的研究［J］.外语教学理论与实践，2010（4）.

［41］ 张倩．话轮转换与交际［J］.中国电力教育，2006（S2）.

［42］ 张廷国．话轮及话轮转换的交际技巧［J］.外语教学，2003（4）.

［43］ 赵金铭，姜丽萍．汉语作为第二语言课堂教学［M］.北京：北京大学出版社，2011.

［44］周星，周韵．大学英语课堂教师话语的调查与分析［J］.外语教学与研究，2002（1）．

［45］朱志夫．基于话轮转换理论的韩国中级汉语口语课堂交际活动研究［D］.山东师范大学硕士学位论文，2012.

［46］庄逸慧．汉语初级口语课堂的会话分析［D］.华中科技大学硕士学位论文，2012.

［47］Herman，V. Dramatic Discourse：Dialogue as Interaction in Plays［M］.London：Routledge，1995.

附录一

录音转写符号

符号	意义
T	表示教师
S	表示学生
SS	表示多个学生
［	表示两个或两个以上的人同时说话时的重叠起始点
］	表示两个或两个以上的人同时说话时的重叠终止点
=	表示两个话轮之间在转换时没有停顿
*	表示 0.2 秒以内的瞬时停顿
(0.0)	表示以秒为单位的计时停顿或沉默
↑	表示升调
↓	表示降调
(:)	表示语音的延长，每增加一个冒号，就表示多延长一拍
A	表示语音加强和重读音节
>……<	表示语速较快的话语
<……>	表示语速较慢的话语
(……)	表示根本不清楚的话语

附录二

转写样本

辩论：正方：自然的，才是最美的。（反对美容、整容）

反方：创造的美高于自然美。（支持美容、整容）

T：正方：自然的，才是最美的。反方：创造的美高于自然美。第一个是反对美容、整容，生下来是什么样的就是什么样的；第二个是创造的美高于自然美，你可以用人工创造美。我们班对整容是什么态度？有赞同的吗，有反对的吗？反对的，反对的。

S1：没有。

T：没有？难道我们班都是赞成的啊？

S1：爱美之心〔人皆有之。对，爱美之心人皆有之。（3.0）

T：人皆有之。〕

S2：老师（::）那个（＊）做那个牙（2.0）？

S3：也是整容。

T：也算是，牙突出来很难看，对吧？（2.0）做手术弄回去，也算整容。（2.0）

S2：还有一种啊，是（::）是用自然的方法，比如那个油啊，用自然的油啊，自己做美丽的。

T：哦，那个是天然的，这个是可以接受的，有的是牙突出来不好看，去做的，有的是牙不好，去矫正，这个也算是整容。

（……）

T：还有抽脂、隆鼻、丰胸，还听说过哪些？（2.0）哦，削骨，削骨。

S1：有时候物极必反的。

T：哦，物极必反。来说说看。

S1：＝整太多了，太美了就会成鬼了。

SS：哈哈哈……（一阵笑声）

T：哦（:），你觉得不自然是吗？太完美了？

S1：=就是做手术做多了做坏了。

T：哦（:::），做手术做多了会有副作用。

（……）

T：还有吗？说说看。你为什么说你是中间？什么意思？

S1：〔啊，我的意思

T：既不反对也不赞成。〕（2.0）

S1：我是中立派。

T：=何解？什么意思？你既不说反对也不赞成。

S1：=自然美（*）当然是最好的，不过（:::）整容的话（*）如果是（2.0）如果只是（*）有一些地方觉得（2.0）不太满意的话（*）就做呗。

T：=只是特别的小的地方？

S1：〔对啊。

T：是吧〕如果是大的地方你就接受不了了？

S1：大的地方。

S2：=那什么是大的什么是小的？

S3：这个（::）要根据你想整的人来想的。

T：是啊，其实有的人本来长得还算过得去的，但是想要改变脸型，就去把脸削成瓜子脸。

　＞对！对！对！＜那种。

S4：=有时候整容的人也是不自信，有些人本来不太好看，整容了之后就（*）变成（*）不知道人家看她美不美，但是她就会有一种（*）〔自信对！（2.0）所以我说（*）整容（*）也（*）也不是（:）不好。

T：自信〕

T：=也不是说不能整。

S4：=对。

T：=额（::）但是你得要看一定程度（*）？

S4：=对啊。

T：=是吗？（*）嗯，是这个意思。比如单眼皮割双眼皮。

S4：=割双眼皮没问题啊。

T：＝［你认为

S4：＞但是＜］＞但是＜<u>但是</u>我觉得单眼皮好看。

T：哦（∷）

S：哈哈哈……（一阵笑声）

T：但是我们黄种人大部分是（……）虽然在中国人里有一部分都是单眼皮，有90%以上都是双眼皮，所以大家都想变成双眼皮。好吧，还有男同学要补充吗？文松？（*）没有啦？你接受你将来的（∷）女朋友（*）或妻子（*）整容吗？

文松：＝接受呀！

T：接受？

S2：啊（∷∶）

文松：［鼓励她（*）鼓励她

T：这么容易就接受？］

S2：＝看她怎么整的，然后你发现她整容之前很丑，你接受吗？

文松：＝接受呀！

S2：有些男的喜欢看别人整，但是不喜欢自己的女朋友整。

T：哦（∷∶）

S3：有些整了之后假假的，就变成另外一个人了。

T：＞对！对！对！＜有些人整了是这样的。

S2：有些人一看就知道整容过，所以很多男的（*）我觉得其实是不喜欢自己的女朋友整的。

T：＝哦，是这样的。

S3：我不喜欢［因为……

S2：你不喜欢］但是你的眼睛喜欢好嘛。

S：哈哈哈……（一阵笑声）

T：嗯，行，好。其他同学呢，男的整容你们觉得怎么样？

S2：男的没有吧？

T：有的呀，男的也爱美的。

话题结构在对外汉语初级口语教学中的应用

黄凯莹（2012 届汉语国际教育专业硕士）

导师：李静峰

摘　要：从 20 世纪 60 年代末至今，国内一直有不少对汉语话题结构的研究。近年来出现了一些对现代汉语话题结构在第二语言习得方面的应用的研究，研究普遍认为将话题研究引入对外汉语教学具有重要的意义，同时也可作为对外汉语教学语法体系革新的重要方面。对外汉语口语教学的相关研究认为，汉语口语课的重点应在于话语功能及交际能力的培养，而不在于语法，而把话题结构引入教学可以淡化语法的地位。

本文肯定汉语属话题优先型语言这一观点，并将话题定义为出现在句法结构中某个特定位置的词语，还具有话语功能性质。汉语话题的特点包括：主话题，也可存在次话题、次次话题等；充当话题的成分多样；话题给话语提供了起点、提供了语义相关性方面的索引、为后面的述题部分提供了语域。从话题的关系语义的角度分类，汉语话题可分为论元共指性话题、语域式话题、分裂式话题、拷贝式话题、分句式话题五类。在对当前较具代表性的初级口语入门教材《汉语口语速成·入门篇》（上）中各类话题、话题标记等的分布情况进行分析的基础上，本文讨论了在对外汉语初级口语教学中应用汉语话题结构的具体问题：如何将论元共指性话题用以帮助掌握名词性主谓句；如何运用语域式话题的特点来帮助学习名词谓语句与汉语存在句；领格语域式话题如何帮助对外汉语初学者理解定中短语"的"字省略背景语域式话题的教学、分裂式话题的教学、拷贝式话题的教学；次话题、次次话题在对外汉语初级口语教学中的运用；如何运用话题标记增强语感。

据此，本文总结出了"话题教学法"，具体包括表格法、纸条法、语境法及句子扩充法。话题教学法淡化了语法教学，更注重语感的培养，便于学生掌握如主谓谓句等较难理解的、成分较复杂的句子。但话题教学法不能应用于整个汉语口语教学，也不能完全取代语法教学，而且对教师的要求较高。后续研究方面，本文认为，可以以不同类型的话题为线索编写汉语话题口语教材，话题教学法也可以应用在对外汉语阅读教学中。

关键词： 汉语话题　对外汉语初级口语　话题教学法

绪　论

（一）研究背景与现状

本文讨论在对外汉语初级口语教学中引入并应用话题结构的相关概念与特点的相关问题，为在口语训练时注重培养对话题句句式的应用，训练初学者对汉语的"话题优先"这一特点的把握与运用，以淡化原有的、较复杂的、对句子从句法结构方面的分析与讲解提供参考，以达到更快速有效的学习效果。笔者在当前较具代表性的初级口语入门教材《汉语口语速成・入门篇》（上）中发现，话题句在量上占很大比重，各类话题句均有出现，本文根据各类话题句的不同特点，讨论话题结构用于对外汉语初级口语教学的方法和策略。

1. 国内外关于汉语话题的研究

1968 年，赵元任首次提出了"汉语主语话题等同论"这一观点，他认为，在汉语中主语和谓语的关系就是话题和它所对应的述题的关系。李讷和 Thompson 进一步关注汉语问题，提出了"主语话题"类型学。"主语话题"类型学把汉语归入了"话题优先"型语言，以区别于以英语为代表的

"主语优先"型语言。从此以后，话题逐渐成为汉语语法的基本问题之一，同时，汉语话题问题的研究跟人类语言普遍的语法理论和普遍的类型学问题产生了紧密的联系。

随后，关于汉语话题在语法研究的三个平面的观点出现了。胡裕树、范晓认为话题属于语用平面，而主语属于句法平面；此外，话题一般是已知信息，或是旧信息，述题则一般是未知信息，或是新信息。范开泰等也提出了类似的观点，认为主语和话题属于不同的平面，两者有时候一致，有时候也不一致，而话题应该是作为句子语用分析的对象。他从语用角度出发，把话题分为话语话题、结构话题。

在国内的话题研究中，陆俭明最早给汉语话题提出了有一定操作性的形式标准，他从句法上归纳出了话题的三种形式标志，即"非句子重音所在""能在其后加上'是不是'形成反复问句""能在其后加上前置连词使句子成为问句"。这些标准虽然未成为定论，但意义重大。

自此，许多海内外汉语学者对汉语话题表现出了浓厚的研究兴趣。继赵元任之后，主张以话题、述题来分析汉语句子的，功能语法方面前后有曹逢甫、Li 和 Thompson、张伯江和方梅、徐烈炯和刘丹青等的研究；形式语法方面，有黄正德、Huang 和 Li、Xu 和 Langendoen、徐烈炯和刘丹青的研究；而在结构语法方面，除了赵元任，还有朱德熙、李临定、陆俭明、胡裕树和范晓、范开泰、范晓和胡裕树、史有为等的著作和研究。

2. 国内外关于汉语话题在语言教学中的研究

近年来，国内出现了一些对现代汉语话题结构在第二语言习得方面的研究，但成果不多；暂未见国外在此方面的研究。与本文相关的研究主要有以下内容。

曹秀玲、杨素英、黄月圆、高立群、崔希亮通过测试和自由作文两种语料，考察母语为英语、日语、韩语的汉语习得者在各种汉语话题句的合法度判断、话题回指辨认及话题句运用方面表现出来的共性和差异，以探讨制约汉语话题句习得的因素。他们的研究得出以下结果：第一，习得者并没有经历一个普遍的以话题为主的阶段；第二，习得者在学习初期多数是用 SVO 的最简结构来分析句子，因此，句子结构会影响他们对话题的使用和理解；第三，母语中的话题突出的特点可以正迁移到话题突出的目标语中，但由于习得者具有保守性，母语正迁移在习得后期比早期明显。①

杨眉指出，话题是现代汉语的重要研究内容，它涉及汉语的语序、语言类型及汉语的认知心理等多方面问题；话题在句法形式上会有一定的反映，如语法标记、语音停顿等；话题同时受到相互制约的句法、语义和语用三者的影响，由话题标记从实到虚的演变及语法结构的转换移位等可以看出，话题正处于语法化的进程中，但仍属于语用范畴，还不是一个句法范畴。该文章认为，话题结构不仅是汉语中有特色的一种表达方式，而且还是留学生习得汉语的难点之一，所以，将话题研究引入对外汉语教学具有重要的意义，同时也可作为对外汉语教学语法体系革新的重要方面。②

姚懿晨肯定了主题句在语言学中的重要地位，并关注了以主谓谓语句和存现句的习得来加深认识主题句的现象。这里的"主题"即本文的"话题"。文章认为，"主题"这一概念是长期为汉语语法学界所关注的焦点之一，从这一概念被提出至今，对于它的各种研究一直持续着，许多语法学家为之倾注了心血。当前不少学者认为，汉语是一种"主题突出"的语言，它区别于"主语突出"的语言。因此，对于汉语语言学来说，对主题的研究是一个比较重要的课题。迄今为止，对"主题"本体的研究相当丰富，但是对现代汉语主题句在第二语言习得方面的研究并不多见。该文章试图通过对两类较典型的主题句——主谓谓语句和存现句的习得情况进行考察，来加深对主题句的认识。具体来说，文章通过对外国学生语料的搜集、整理，以及数据分析，在相关第二语言习得理论的指导下，探讨了主谓谓语句和存现句的习得情况、汉语主题的习得情况，以及它们对第二语言的习得产生影响的要素。③

3. 国内外关于汉语口语教学的研究

有研究认为，汉语口语课的重点在于话语功能及交际能力的培养，而不在于语法，而把话题结构引入教学可以淡化语法的地位。

Rod Ellis 提到，课堂上语言学习者会受益于一种由他们决定选择什么

---

① 曹秀玲，杨素英，黄月圆，等. 汉语作为第二语言话题句习得研究 [J].世界汉语教学，2006 (3).

② 杨眉. 面向对外汉语的话题研究 [D].华中科技大学硕士学位论文，2005.

③ 姚懿晨. 现代汉语主题句的习得研究 [D].复旦大学硕士学位论文，2007.

话题及如何进行下去的互相作用的活动，他们还会从听别的学习者、尽量用目的语交流的活动及这些学习者接收到的反馈信息中受益。①

王若江认为，应当把汉语口语教学重心从语言知识的系统传授，转移到对言语能力和言语交际能力的培养上；增强对语言知识、语言技能差异性的认识；有意识地从总体格局上淡化知识性，同时强化技能训练。② 我们汉语口语课的"汉语口语"应定性为"当代的普通话，包括用正式发言风格与非正式发言风格说出的"。伏双全的《对外汉语口语教学中的几条原则》中也有相似观点，他认为口语教学是训练"输出"的能力。③

钱锦昕指出，汉语口语课的现状是很多老师把口语讲成了综合课、语法课，大量灌输生词或语法。她还认为，大量的口语实践可以培养学生的语感。④ 话题相关教学融入汉语口语课可避免出现大量灌输语法的现象。

年文认为，在口语表达中，语句的结构和语法相当重要，学生在综合课上已经掌握了一些基本的句型和语法规则。因此，在进行口语训练时，教师应该引导学生按照学习过的句型组织语言，可以进行造句或句型替换练习，可以根据学过的标准语句进行词语替换或仿句、造句练习。教师应该注意引导学生克服母语的使用习惯，用汉语的思维方式进行语言交流，应收集多数学生经常出现的偏误，并集中讲解，提醒注意。想要流利并得体地进行汉语口语表达，语言能力和逻辑的培养是很重要的，而这方面的训练和培养往往容易在教学中被忽视。在进行口语训练和教学时，教师应多选用话题讨论或任务式教学方法。⑤ 年文的观点"注意引导学生克服母语的使用习惯，用汉语的思维方式进行语言交流"特别值得注意。汉语是话题优先型语言，掌握了话题结构的表达方法，可以说在一定程度上达到了"用汉语的思维方式进行语言交流"。

王玲娟在其《对外汉语语感教学探析》中强调了语感、语感教学在对外汉语教学中的重要性，并阐明了语感教学应贯穿对外汉语教学的始终。⑥

① Rod Ellis. The Study of Second Language Acquisition [M].上海：上海外语教育出版社，1994.
② 王若江.对汉语口语课的反思 [J].汉语学习，1999（2）.
③ 伏双全.对外汉语口语教学中的几条原则 [J].牡丹江教育学院学报，2007（3）.
④ 钱锦昕.对外汉语初中级口语教学中的几个问题 [J].科教文汇，2010（23）.
⑤ 年文.浅谈对外汉语教学中的口语训练方法 [J].安徽文学，2010（9）.
⑥ 王玲娟.对外汉语语感教学探析 [J].重庆交通学院学报，2002（1）.

而在第二语言教学中，理解是一个很关键的环节，而语境是理解的前提，也是语感形成的有力催化剂。语境有小语境与大语境之分。小语境指上下文的联系，是一种静态的语言环境；大语境是指与言语活动有关的由各种因素构成的交际情境，包括社会环境、交际场合、人的心理状况等，是一种动态的语言环境。离开了上下文，离开了具体的交际场合，理解就会变得肤浅，甚至成为脱离实际的死记硬背，更谈不上什么语感。理解可以增强对语言的感受，只有把语言文字放在具体的语言环境中，完整地感受其表达的深厚意蕴，才能内化成自己的东西并能够使用。整个对外汉语教学都离不开语境。只有在语境中，语感才能进行充分有效的培养，我们的教学目标才能最终实现。

（二）研究思路、方法、意义

本文先是从已有的汉语话题研究中总结出汉语话题的定义、特点及类别；再以此为基础进行语料分析，分析的对象为《汉语口语速成·入门篇》（上）；然后根据分析得出语料中各类话题结构的分布特点，提出相应的教学方法；再总结出对外汉语初级口语教学中的"话题教学法"及其优势与局限；最后提出相关的后续研究内容。

本文的研究主要采用了以下方法：文献研究法，在研究的过程中，对国内外相关文献进行了深入研究，借此进一步加深了对汉语话题及相关方面的理论认知，为后文研究奠定了基础；探索性研究法，根据话题相关性质与对语料的分析，探索出各类话题的具体教学方法；归纳总结法，在各类话题具体教学的基础上，归纳总结出了对外汉语初级口语教学中的"话题教学法"。

本文认为，在汉语中，可以分析为"话题－述题"结构的句子都可以看作话题句。从当前较权威、较多汉语学习者使用的《汉语口语速成·入门篇》（上）这一教材中可以看出，在初级汉语口语教学中存在大量的话题句。当前汉语口语教学重在语法、句型的练习，为了进一步强调汉语口语课的交际功能，可从语用角度寻求初级汉语口语教学的新方式，充分利用汉语话题优先这一特点，引入话题句教学，对汉语学习者进行初级口语训练。

（三）论文框架与体例说明

本文总体分为六部分。第一部分为绪论，讨论国内外关于汉语话题的研究、汉语话题在语言教学中的研究、汉语口语教学的研究，以及本文的研究思路、方法、意义，并做出相关体例说明。第二部分为汉语话题简述，讨论、总结汉语话题的定义、特点和类别。第三部分为语料分析，以《汉语口语速成·入门篇》（上）为参照对象，分析该教材中各类话题、话题标记等的分布情况。第四部分为汉语话题在对外汉语教学中的运用，主要提出了针对各类话题的具体教学方法。第五部分为对外汉语初级口语教学中的"话题教学法"，对第四部分提出的教学方法做了归纳总结，并推断出"话题教学法"的优势和局限性。第六部分为结论，总结了全文的研究过程与成果，并提出后续研究内容。

本文引用的文献均用序号标记做尾注说明。全文所用例句或例句组的编排用序号（1）（2）（3）依次标明。部分例句以几个句子组成的例句组出现，如例句组（1）中共有三个例句，则在（1）后面加后入英文字母序号 a、b、c 分别标记。

一　汉语话题简述[①]

（一）话题的定义

汉语话题未有公认的明确定义，普通语言学界、汉语功能语言学界、汉语形式语言学界和汉语结构语言学界的观点有分歧。而刘丹青和徐烈炯在《话题的结构与功能》一书中把"没有明确定义"理解为缺乏形式化的定义。[②]

要给话题下一个相对全面的定义，必须综合考虑话题的语义性质、句法性质和话语功能性质。《话题的结构与功能》认为话题的语义性质包括：

[①]　本文关于话题的定义、特点及分类等方面问题的讨论主要参考了刘丹青、徐烈炯研究汉语话题的著作《话题的结构与功能》。

[②]　徐烈炯，刘丹青.话题的结构与功能［M］.上海：上海教育出版社，1998.

话题是后面述题部分所关涉的对象，语义要素是通常所说的"关于"；话题与句子主要动词短语（VP）的关系可以是施事、受事或其他关系的论元，也可以是非主要 VP 的论元或者在语义结构中处于嵌入状态的成分，还可以是时间、地点等句子内容的环境要素。

综合《话题的结构与功能》一书的观点，把话题看作一个句法概念时，可以这样给它下定义：话题是出现在句法结构中某个特定位置的词语。话题的句法性质有：位于句首；前置，即位于述题前；可省略；话题后可停顿；有话题标记；可以句中原位出现复指成分；不能是句子自然重音所在处；若干句子或整个段落可共用一个话题。

此外，话题具有话语功能性质，包括：话题必须有一定成分；话题是已知信息；话题须是听话人、说话人双方共享的信息；话题是已被激活的信息；话题是说话人有意引导听话人注意的中心；话题不能是焦点，并且跟焦点相对。

（二）汉语话题的特点

第一，汉语话题结构有主话题，也可以有次话题与次次话题。在一个复合句中，话题可能不止一个。位于句首的、处于所有非话题成分之前的话题是主话题，位于主话题的述题部位的话题是次话题，以此类推还有次次话题。主话题、次话题、次次话题在句中的位置有所不同。

第二，汉语话题结构中可充当话题的成分多种多样。关于可充当话题成分的问题，除名词短语、动词短语、数量短语外，表示时间、地点的词语等也可以位于句首做话题。话题还可以是小句，如：

（1）下周的会议取消，我通知了我们班的人。

第三，汉语话题结构通常有话题标记。汉语话题的一个重要特征是通常带有标记。话题标记是用来体现话题功能的语言形式手段。广义的话题标记包括各种音段成分、超音段成分以及成分语序。而汉语中的话题标记主要是狭义的话题标记，即语序（话题前置）、停顿和提顿词，如下面几个句子：

（2）a. 我不会开这款车。

b. 这款车我不会开。

    c. 这款车，我不会开。

    d. 这款车啊，我不会开。

上面句 b、句 c、句 d 分别使用了语序、停顿和提顿词三种话题标记。值得注意的是，在口语中这三种话题标记通常会被同时使用，如句 c 同时使用了语序和停顿的话题标记，而句 d 更是同时使用了语序、停顿、提顿词三个汉语主要的话题标记。其中，提顿词这一种话题标记特别值得注意。

徐烈炯、刘丹青最早提出提顿词的概念，称所谓提顿词，"提"表示了它的功能，反映话题在句子中的提契作用；"顿"则表示它的结构特点，即具有停顿作用。① 当前学术界承认的提顿词有"啊""吧""呢""嘛"等几个。

关于做话题标记的提顿词，以前人们仅仅认为它们只起标示话题的作用。第一个对话题标记提出不同看法的是张伯江、方梅，他们认为话题标记除了标示话题外，还有别的功能。② 此外，徐烈炯、刘丹青通过对上海话做分析，证明提顿词的确有别的话语功能，如咨询功能等。

第四，汉语话题具有三方面的功能要素。

其一，话题为后面的述题部分划定了时间、空间或者个体方面的背景、范围，即划定了语域。说话人可以通过话题来表明所谈论的内容在该语域内有效，超出该语域则未必有效，如：

（3）班里的事情，胡老师说了算。

例句（3）以"班里的事情"为话题，表明说话人表达"胡老师说了算"的表述只是在"班里的事情"这一语域内有效。

其二，话题提供了语义相关性方面的索引，说话者用话题来表明述题在内容上跟话题有关，以此帮助听话者理解话语。述题在内容上要围绕话题，述题的内容要跟话题有某种相关性。话题结构的相关性能可表现为明显的语义联系，也可表现为需用非语言知识建立的联系，但是它排斥没有语言联系的话题结构。

其三，话题给话语提供起点，还预示着它必须有后续成分，即述题部

---

① 徐烈炯，刘丹青. 话题的结构与功能［M］.上海：上海教育出版社，1998.

② 张伯江，方梅，编. 汉语功能语法研究［M］.南昌：江西教育出版社，1996.

分。话题的一个重要作用就是告诉听话人话题后面将有围绕话题展开的内容，而这些内容才是表达的重点。

（三）汉语话题的类别

汉语话题可以从话题的关系语义的角度去分类。关系语义即话题与句子其他成分的语义关系，或者说话题与话题后面的述题或述题中的某部分之间的语义关系。

根据话题与述题或述题中的组成部分之间的语义关系，可以把话题分为论元共指性话题、语域式话题、分裂式话题、拷贝式话题、分句式话题五类。

1. 论元共指性话题

论元是在句法意义上跟句子中的主要动词即谓语动词发生关系的成分。论元共指性话题与句子主要动词的某个论元或者相关的空位所指相同，这种话题 – 述题间的语义关系非常紧密。

在语义上，论元共指性话题通常表现为施事、当事、工具、受事、对象等；在句法上，它可表现为在主语、宾语等论元成分所占的句法位置上存在空位或复指成分，例如：

（4）a. 陈小姐，她见过我。

b. 刘先生，我见过他。

c. 陈小姐，我送了她几张票。

d. 我这把刀啊，它砍倒过一棵大树。

句 a 中的"她"、句 b 中的"他"、句 c 中的"她"和句 d 中的"它"都作为表示话题在述题中的复指成分，都可以不出现而成为空位：

（5）a. 陈小姐，见过我。

b. 刘先生，我见过。

c. 陈小姐，我送了几张票。

d. 我这把刀啊，砍倒过一棵大树。

若话题与述题的共指成分在述题中位于主句或小句的主语或宾语的位置上，空位的出现是比较自由的，但复指则受到一定的制约。这些制约主要来自话题成分的语义范畴。一般来说，指人的话题用"他"或"她"复指比较自由；而不指人的话题尤其是指无生命物的话题，用"它"来复指便显得不太自然。对比（4）（5）中的例句 d 可看出，"我这把刀啊，砍倒过一棵大树"比"我这把刀啊，它砍倒过一棵大树"要显得更自然。

2. 语域式话题

语域式话题是一种为述题提供所关涉的范围或框架的话题，这里提到的"范围"及"框架"统称为"语域"。这一类话题跟述题的关系较松散，主要可分为时地语域式话题、领格语域式话题、上位语域式话题和背景语域式话题四类。

第一，时地语域式话题。

此类话题为述题提供时间、处所方面的语域，是汉语话题中很常见的语义类别。一般来说，主语前或者无主语语句句首的时间词或处所词都是时地语域式话题。

时地语域式话题与状语可以明显地区分开。时间地点词语在主语后谓语动词前时，若有前面提到过的停顿、提顿词等话题标记，是时地语域式的次话题，若无相关标记，则可以看作状语。

时地语域式话题与论元共指性话题存在共同之处，即两者都存在共指现象。当时间处所词或时间处所成分出现在句首时，可以看作在主谓之间存在空位，因为在这个空位上可以使用复指成分，例如：

（6）a. 2010 年，我在那一年本科毕业了。

　　　b. 2010 年，我本科毕业了。

（7）a. 广西大学，我在那儿有不少朋友。

　　　b. 广西大学，我有不少朋友。

例句（6）中的两个句子都以"2010"年这一时间词做话题，述题中的"我"和"本科毕业了"之间，句 a 出现了"2010 年"的复指成分"那一年"，句 b 中则把该复指成分省略了。例句（7）的两个句子以地点词"广西大学"做话题时也有类似现象。此外，从这两组例句中还可以看出，时间地点词做话题时，在述题主谓之间出现的复指成分前往往需要加上介词。

第二，领格语域式话题。

这一类话题跟谓语动词有一种间接的语义联系，它跟谓语动词的论元在语义上有紧密联系，在意义上是谓语动词的某个论元的领属格成分。

在领格语域式话题中，述题中有可能出现话题共指的定语，因为可认为在没有复指成分时句中存在领格空位，例如：

（8）a. 老张，他的女儿考上了重点高中。

b. 老张，女儿考上了重点高中。

（9）a. 小赵，我只见过她的照片。

b. 小赵，我只见过照片。

例句（8）中，句 b 述题中的"女儿"与做话题的"老张"之间存在领属关系，与句 a 相比省略了"他的"，可看作"女儿"前出现了领格空位。同理例句（9）中"小赵"与"照片"也可这样分析。

第三，上位语域式话题。

这一类话题跟述题中的成分有全集和子集的关系，即上下位关系或种属关系。上位语域式话题是句子谓语动词某个论元的上位概念，在汉语话题中很常见。

上下位概念可以用系词构成表示归类的判断命题句，由下位词做主项，上位词则做谓项，如：

（10）a. 苹果是一种水果。

b. 苹果是水果。

例句（10）中，句 b 比句 a 少了"一种"。句 b 以做话题的下位词"苹果"为主项，述题中的上位"水果"做谓项，构成了一个表示归类的判断命题句。

第四，背景语域式话题。

此类话题跟述题内容之间的联系，主要是依赖背景知识或者谈话当时的语境而建立的，在句子的内部无法建立明确的话题 – 述题的语义联系，如《话题的结构与功能》一书中多处引述的例句：

（11）那场火，幸亏消防队来得快。

例句（11）中，"那场火"与"消防队来得快"并没有任何可以做形式化解释的句法语义关系。句子能通过常识来理解，发生火灾时需要消防队来灭火，消防队来得越快，火灾造成的损失就越小。这里的话题与述题间的联系属于外部世界的知识，并不属于语言学研究的范围。因此，背景语域式话题与述题的联系较松散。

3. 分裂式话题

刘丹青给分裂式话题下的定义是："可以看作由适于充当宾语的受事类论元经部分话题化而形成的，部分话题化的结果是一个受事类论元被分裂成了两个句法成分，一个在谓语核心动词前充当话题，另一个在其后充当宾语。"

在分裂式话题结构中，主要由不带指称性标记的单个名词或名词短语来充当话题成分，宾语主要是由量词短语来充当。例如：

（12）a. 鞋子买了两双，衬衣买了一件。

　　　　b. 广州去过三次了，深圳只去过一次。

例句（12）的两个句子中，充当话题成分的"鞋子""衬衣""广州""深圳"都是不带指称性标记的单个名词或名词短语，述题部位做宾语的"两双""一件""三次""一次"都是量词短语。

分裂式话题具有特殊的话语信息功能。它分裂了数量短语，并且将数量单位留在了宾语的位置，使之成为突出强调的焦点。

（13）a. 这种酒他喝了三杯。

　　　　b. 他喝了三杯这种酒。

对比例句（13）的两个句子，句 a 比句 b 更能突出他喝了很多这种酒。

4. 拷贝式话题

现代汉语里的拷贝式话题句是在语篇里形成的肯定性关系小句，它属于语用组形句，主观性强。在人际功能方面，拷贝式话题句反映言者对行为的态度以及对人物的区别性评价；在语篇方面，它语势高，具有内接与外指的双重功能，是语篇的信息峰。

这里的"拷贝"是一个比喻说法，拷贝式话题跟句子中的主语、宾语甚至谓语动词完全同形或者部分同形，且同形的成分之间在语义上也是同一的，如：

（14）a. 星星还是那个星星，月亮还是那个月亮。

　　　　b. 他人不像人，鬼不像鬼。

拷贝式话题结构有强调的作用。它让同一个成分既做话题，又做谓语或补语的一部分，通过该成分的重复出现从而对其强调。此外，拷贝式话题往往往具有对比性，使之实际上成为话题焦点，而它的述题成分前通常又会有强调类语气副词，使得该成分又成为谓语中的焦点。同一个成分，在一个句子中同时占据话题和谓语的两个焦点位置，因而得到了最大限度的强调。

拷贝式话题结构还可以表示让步。所谓让步就是通过在让步小句中运用一些表示肯定或强调的成分，肯定对自己观点不利的事实。

5. 分句式话题

分句式话题，顾名思义，就是分句做话题。这里充当话题的成分在意义上跟述题之间有分句之间的逻辑关系，它的形式是一个小句。陆俭明提出的划分汉语话题形式的标志中有一条是"能在其后加上'是不是'形成反复问句"。如下列句子：

（15）a. 他不想结婚是骗你的。

b. 他不想结婚是不是骗你的？

句 b 在句 a 的话题"他不想结婚"的后面加入了"是不是"，构成了反复问句。根据上述陆俭明提出的标准，"他不想结婚"是一个分句式话题。

二　语料分析

（一）分析语料简介

本文进行分析与研究依据的教材是《汉语口语速成·入门篇》（上），北京语言大学出版社出版，由马箭飞主编，苏英霞、翟艳编著。

《汉语口语速成》是一套系列教材，它包括入门篇、基础篇、提高篇、中级篇、高级篇五本。是为短期来华留学生编写的、以培养学生口语交际技能为目的的一套系列课本。全套课本共分五册，分别适应具有"汉语水平等级标准"初、中、高三级五个水平的留学生的短期学习需求。

《汉语口语速成》系列教材自 1999 年陆续出版以来，备受国内外汉语教师和学习者的欢迎，是目前最畅销的一套短期强化汉语口语系列教材。修订后，该系列教材更被教育部列为"普通高等教育'十一五'国家级规划教材"，是"十一五"国家级规划教材中唯一一套对外汉语系列教材。

《汉语口语速成·入门篇》（上）适合零起点和初学者使用。教材共15课，1～5课为语音部分，自成系统，供使用者选用。6～15课为主课文，涉及词汇语法大纲中最常用的词汇、句型和日常生活、学习等交际活动中的最基本的交际项目。

《汉语口语速成·入门篇》（上）是一部专为零起点的来华学生准备的汉语口语教材。编者有近20年的汉语教学经验，对汉语语法特点有较深入的把握，对来华学生的学习特点有较多了解，因此教材很好地融合了理论与实践的诸多经验。总体而言，这部教材有以下特点。

第一，该教材重点强化对学生汉语口语能力的训练。教材以场景功能贯穿整个布局，对话场景中的人物身份、语言表达均符合功能的要求。如"谈家庭""谈学习""购物""饮食"等。功能涉及和覆盖了学生日常生活、社会交往、学习等诸方面，以最大限度地满足初入中国的留学生对语言的基本需要。尤其在语音阶段，便已注意在教授语音知识的同时，教给学生最迫切需要掌握的几句简单用语，如"多少钱""我很饿"等，调动了学生的学习热情。

第二，课文会话语言简洁、朗朗上口，突出口语表达的色彩，注意避免长句难句和书面表达。在会话进展中，根据课文话题，还有意识地增加了感情表达、语气表达的常用形式，诸如"真不像话""你真不简单"等，融入了话语功能的形式，使"赞叹""遗憾""请求""拒绝"等多种话语功能与话题内容有机结合了起来。

第三，开练习分类的先河。以往的口语课教材，由于无法回避语言要素的教学，因此练习中常常包含大量的语法、词汇，造成综合教材和口语教材的形似甚至神似。本教材充分体现了口语技能训练的目的，首先将练习形式区分为语法练习和综合练习两类。语法练习是为口语综合练习服务的，它紧跟在语法点的展示之后，并且通过大量直观形象的图片来展示，全书共400余幅图片，为学生加深理解和直观表达起到了良好和快捷的作用。综合练习完全是口语表达练习，有看图说话、分组对话等形式，重点训练学生成段表达的能力。练习分类，不仅在形式上与综合教材截然区分，而且在口语训练的强度、深度上更进了一步。

《汉语口语速成·入门篇》（上）共15课。每课设生词、课文、注释、综合练习四部分，1~5课开头还设语音部分。教材里的词汇、句型语法是对外汉语教学大纲中最常用的，课文内容涉及日常生活、学习等最基本的交际项目。

教材的15课分别为第一课《你好》、第二课《你好吗》、第三课《你吃什么》、第四课《多少钱》、第五课《图书馆在哪儿》、第六课《我来介绍一下》、第七课《你身体好吗》、第八课《你是哪国人》、第九课《你家有几口人》、第十课《现在几点》、第十一课《办公楼在教学楼北边》、第十二课《要红的还是要蓝的》、第十三课《您给我介绍介绍》、第十四课《咱们去尝尝，好吗》、第十五课《去邮局怎么走》。从每课的题目可看出，课文内容由浅入深，涉及日常交际的多个方面。

课后的语法部分，用例句的形式讲解了课文中出现的语法点，后面的综合练习也是针对当堂课讲解的语法做出设计的。

选择《汉语口语速成·入门篇》（上）作为本文用以分析讨论的教材有两个方面的原因。首先，上文提到该系列教材被中国教育部列为"普通高等教育'十一五'国家级规划教材"，是"十一五"国家级规划教材中唯一一套对外汉语系列教材，从这个角度可以看出该系列教材在对外汉语初级口语教学中具有代表性。其次，从《汉语口语速成·入门篇》（上）的课文与每课的题目看来，每一课都限定了一个大的主题，课文中出现的话题都与这个主题相关，所以各类话题在教材各课有集中、分类分布的特点，便于针对不同课文引入相关话题概念用以教学。

（二）分析方法说明

本部分对语料的分析首先是考察分析对象《汉语口语速成·入门篇》（上）中话题总体分布的情况，即全本教材及每一课的话题句的总数及占总句数的比例，再分别考察每类话题在全本教材及各课的分布情况，即全本教材及每一课课文中每类话题句的数量及占比，以及每类教材在第1~15课的数量与比重变化。

在分析前，首先要注意以下问题。话题结构由话题及其述题构成，含有话题结构的句子可看作话题句。一个话题句里可以有两个甚至多个话题结构；有些话题句全句本身可构成一个完整的话题结构，而有些话题结构只占话题句的一部分。如：

（16）星期天咱们去颐和园，怎么样？

这句话中含有话题结构，可看作话题句。整句话看来，"星期天咱们去颐和园"可看作一个分句式话题，后面运用了停顿的话题标记，与后面做述题"怎么样"构成完整的话题结构。此外，位于句首的"星期天"是一个时地语域式话题，其后的"咱们"也可看作一个论元共指性话题，它们都与各自其后的述题成分"咱们去颐和园""去颐和园"构成完整的话题结构，即使没有后面的"怎么样"，这两个话题结构也是完整的。

（三）话题总体分布情况分析

《汉语口语速成·入门篇》（上）共有 15 课，课文总句数为 283 句，话题句总句数为 217 句，占 77%（见图 1）。

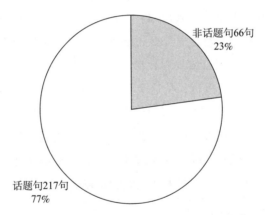

图1　话题句与非话题句在整本教材中的分布情况

全本教材的 15 课中，除第一课外，其余 14 课的课文中都有话题句存在。第一课题为《你好》，整篇课文的 8 句对话均为日常交往中的基本礼貌用语，包括"你好""再见""对不起"等，不宜做话题句分析。

第二课至第五课，每课课文的总句数为 6~8 句，话题句在每课有 4~7 句；第六课至第十一课，每课课文总句数增至 19~32 句，而每课的话题句句数也随之增至 18~29 句；第十二课至第十五课，每课课文的总句数为 22~30 句，但每课话题句的句数有所减少，为 12~16 句（见图 2）。

每课的话题句占总句数的比例是有变化的（见图 3）。

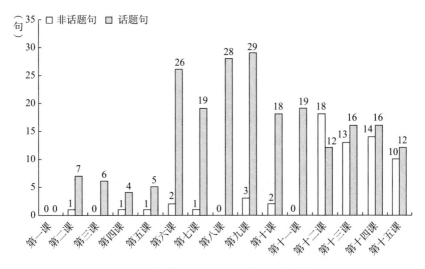

图 2　话题句与非话题句在各课课文中的分布情况

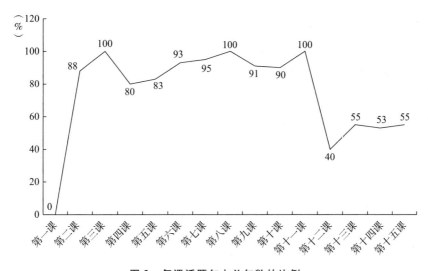

图 3　每课话题句占总句数的比例

从图 3 中可以看出，第二课至第十一课，每课的话题句比例都高于或等于 80％，第三课、第八课和第十一课的话题句甚至占到了总句数的 100％，即这三课的课文全部为话题句。话题句在课文中高比例出现，为在基于该教材的初级汉语口语教学中运用话题概念提供了有利前提。

此外，第十二课至第十五课，话题句占总句数的比例明显下降，徘徊在 50％ 左右。这从侧面反映出随着教学的逐步深入，教材中越来越多句子不宜做话题句分析。但在这几课中话题句占总句数的比例始终在 40% 以上，课文中仍有半数或近半数的句子为话题句，所以在这几课的教学中仍可引入并运用"话题"概念。

根据上述分析可看出，话题句在初级汉语口语教学特别是零基础入门阶段，出现频率很高，这使得将话题结构引入基于《汉语口语速成·入门篇》（上）这一教材的初级汉语口语教学具备了客观条件。但教材显示，在初级汉语口语零基础入门阶段后期更深入的教学中，话题句比例有所减少，在这里是否适宜引入话题结构及话题句用以辅助教学，还有待研究。

（四）各类话题分布情况分析

在《汉语口语速成·入门篇》（上）的 15 篇课文的 217 个话题句中，前文所提的论元共指性话题、分裂式话题、拷贝式话题、分句式话题及语域式话题中的时地语域式话题、领格语域式话题、背景语域式话题均有出现。

全书课文共有 259 个话题，其中论元共指性话题最多，有 184 个，占话题总量的 71%；其次为时地语域式话题，有 64 个，占比 25%；背景语域式话题、领格语域式话题数量较少，分别为 5 个和 3 个；分裂式话题、拷贝式话题及分句式话题都仅有 1 个（见图 4）。

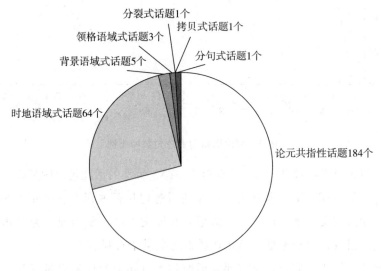

图 4　各类话题数量对比

总体看各类话题在这 15 课课文的分布情况，从开始有话题句的第二课起，论元共指性话题与领格语域式话题已有出现，论元共指性话题在其后各课中均有出现，而领格语域式话题仅在后面的第十一课和第十五课有出现；时地语域式话题从第七课开始出现，除十三课外，在其后的课文中均有出现；背景语域式话题、拷贝式话题、分句式话题在较后的课文中出现，其中背景语域式话题出现在第十二课、第十三课和第十五课，拷贝式话题和分句式话题仅分别在第十四课和第十五课出现（见表 1）。

表 1　各课中各类话题数量统计

单位：个

课文	论元共指性话题	背景语域式话题	领格语域式话题	时地语域式话题	分裂式话题	拷贝式话题	分句式话题
第一课							
第二课	8		1				
第三课	6						
第四课	4						
第五课	5						
第六课	26						
第七课	22			9			
第八课	22			7			
第九课	29			8			
第十课	8			16			
第十一课	4		1	14			
第十二课	9	2		2	1		
第十三课	16	1					
第十四课	15			6		1	1
第十五课	10	2	1	2			1

1. 论元共指性话题分布情况

从有话题句出现的第二课到第十五课，课文的话题句中均有论元共指性话题出现，共 184 个。根据每课论元共指性话题占总话题句比例的不同情况，下文将把这 14 课分阶段统计相关数据。

　　第二课至第六课，共出现话题 49 个，论元共指性话题占了 48 个；第七课到第九课，总话题数 97 个，论元共指性话题共 73 个，第十课、第十一课，出现话题 43 个，其中论元共指性话题 12 个；第十二课至第十五课，共有话题 71 个，论元共指性话题 50 个（见图 5）。

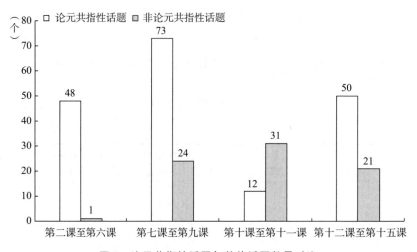

图 5　论元共指性话题与其他话题数量对比

　　从图 5 可看出，第二课至第六课，论元共指性话题的比例极高，仅 1 个话题是非论元共指性话题；第七课至第九课中的论元共指性话题比例有所下降，但明显多于非论元共指性话题；第十课和第十一课是全书中仅有的论元共指性话题数量没超过其他类型话题的两篇课文；第十二课至第十五课，论元共指性话题数量再次上升，占总话题数的一半以上，但占比明显低于第二课至第九课。

　　结合每课课文内容分析来看，第二课至第六课中多为简单的名词性主谓句，句子修饰成分较少，而主谓句通常都可做话题分析，名词性的主语可看作话题，所以论元共指性话题数占极大的比重；第七课至第九课，随着教学的深入，学生接受的内容不再仅限于简单的名词性主谓句，加入了其他的成分，如时间、地点状语，即又出现了新类型的话题成分，导致论元共指性话题的比重明显下降；第十课、第十一课题目分为《现在几点》和《办公楼在教学楼北边》，时间和地点相关对话是教学的重点，因而这两课出现的话题多为时地语域式话题，论元共指性话题虽有出现，但在数量上少于时地语域式话题；第十二课至第十五课，因时间、地点相关内容不再作为教学重点，论元共指性话题又占到了最大的比重，但由于拷贝式话题等各类型话题的出现，其比重明显不及第二课至第七课高。

在全书的 184 个论元共指性话题中，代词在数量上占到了绝对优势。做论元共指性话题的你、我、他、他们等人称代词共 112 个，这、那等指示代词 27 个，而其他名词与名词性短语 45 个。这些话题句中的做论元共指性话题的名词、代词成分，在把句子做主谓分析时，都是充当主语的成分。所以，下文将讨论如何将论元共指性话题用以帮助掌握名词性主谓句。

2. 时地语域式话题分布情况

在整本教材的 15 课课文中，共出现 64 个时地语域式话题，占话题总量的比重仅次于论元共指性话题，为 25%。

从图 6 中看出，时地语域式话题在第一课至第六课中未出现，在第七课首次出现；第七课至第九课中，共有话题 97 个，时地语域式话题占 24 个；第十课，时地语域式话题数量达 16 个，而非时地语域式话题仅 8 个；第十二课至第十五课共有话题 71 个，时地语域式话题有 24 个，其中第十三课未出现时地语域式话题。

前文提到，以《现在几点》和《办公楼在教学楼北边》为题的第十课、第十一课，内容都是有关时间和地点的对话，因而这两课出现的话题多为时地语域式话题。第十课《现在几点》中出现的 16 个时地语域式话题里有 15 个是时间词，而这 15 个含时间词的做时地语域式背景话题的句子中，有 8 句被这一课课后语法讲解版块分析为"名词谓语句"。第十一课《办公楼在教学楼北边》中出现的 16 个含时地语域式话题的话题句全都是存现句，所出现的 16 个时地语域式话题全部为地点词，而这一课课后的语法讲解版块重点讲解了存现句（教材中称"存在句"）；整本教材的 15 课课文中共出现 25 句存现句，都可分析做以含时地语域式话题的话题句。所以，在下文将讨论如何运用时地语域式话题的特点来帮助学生学习名词谓语句与汉语存现句。

3. 领格语域式话题分布情况

领格语域式话题在第二课、第十一课、第十五课有出现，所出现的 3

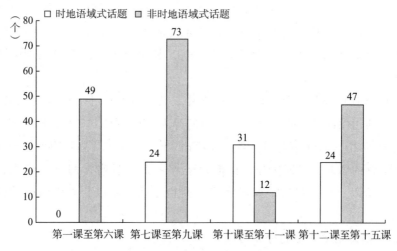

图 6　时地语域式话题与其他话题数量对比

个领格语域式话题均为人称代词，分别为"你"、"我们"及"我"，且话题与述题之间并无停顿标记。

　　第二课中出现的含有领格语域式话题的句子是"你爸爸、妈妈都好吗？"，课后语法讲解版块将"你爸爸、妈妈"看作一个定中短语，并解释称"你"与"爸爸、妈妈"之间省略了"的"。这里从话题结构的角度可如此分析："你"是一个领格语域式话题，后面为述题，而述题中最紧贴话题的"爸爸、妈妈"存在领格空位"你的"。教材中另外两句含领格语域式话题的话题句都可以进行这样的分析。所以，下文将讨论领格语域式话题如何帮助对外汉语初学者理解"的"字省略的情况。

　　此外，笔者观察发现，这3个含领格语域式话题的话题句都不是只有一个话题的话题句，即都含有次话题。"你爸爸、妈妈好吗？"这句话中，"你"作为主话题，"爸爸、妈妈"可作为次话题，各自与其后的述题部分组成完整的话题结构。

4. 背景语域式话题分布情况

全本教材的 15 课课文中，背景语域式话题共出现 5 次，且均集中出现在教材的后半部分。

　　第十二课、第十三课和第十五课出现了背景语域式话题，其中第十二课和第十五课各出现 2 个背景语域式话题，第十三课仅 1 个。所出现的 5

个背景语域式话题中，有 3 个为分句，2 个为短语。其中 1 个以短语做背景语域式话题的句子，课文注释版块将此短语解释为紧缩句，下文将从教学方法方面对此做更详细的分析。

虽然较前面已分析的论元共指性话题、时地语域式话题前 3 类话题，背景语域式出现的次数极少，但作为典型的汉语式话题，它在汉语口语教学中还是很有价值的。

5. 分裂式话题分布情况

分裂式话题在全本教材中仅出现了 1 次，在第十二课的课文中。

在第十二课中出现的含有分裂式话题的句子是"橘子多少钱一斤"。分裂式话题也是一种典型的汉语式话题，可以以句式的形式让学生掌握，具体分析与方法详见下文。

6. 拷贝式话题分布情况

全本教材仅出现了 1 个拷贝式话题，出现在第十三课。这个含有拷贝式话题的句子，课文后的语法讲解版块对此做了详细分析，并通过练习要求掌握相关句式。下文将谈到通过拷贝式话题的概念教授这种句式对比该教材提出的方法有何异同与比较各自的优劣。

7. 分句式话题分布情况

全本教材共出现 2 个分句式话题。这 2 个分句式话题分别出现在最后两课（第十四课、第十五课）。

在这 2 个含有分句式话题的话题句中，可把整个分句式话题看作一个论元共指性话题，而本身做话题的分句中也存在话题结构，这个分句式话题可看作整句的主话题，分句中的话题可看到次话题。因下文有主话题与次话题概念运用到教学中的分析，分句式话题将不再做进一步教学运用方面的分析。

（五）次话题、次次话题的分布情况分析

教材中出现可分析为次话题的成分共计 33 个，次次话题 7 个。次话题在有话题句的第二课课文中已出现。

次话题并没有在每一课的课文中出现。除第二课外，第七课到第十课、第十二课到第十五课也有出现次话题。其中第七课和第十课的次话题

出现个数较多，分别为 11 个和 7 个，其他各课的次话题数量均在 5 个以内（见图 7）。

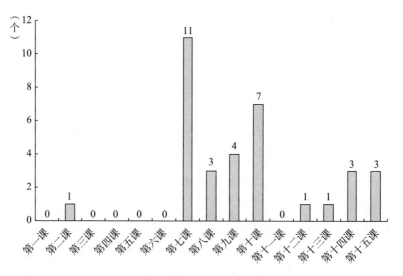

图 7　次话题在各课出现的数量

从图 7 可看出，总体来说次话题在第七课以后才较多地出现。次话题出现最多的为第七课，课后语法解析版块把这 11 个含有次话题的话题句分析为主谓谓句，而教材中其他课课文出现的含有 26 个次话题的句子中有 22 句可分析为主谓谓句。据此，下文将分析如何通过次话题的一些性质特点帮助学生掌握主谓谓句。

次次话题集中出现在第七课、第八课、第九课和第十课。出现次次话题，意味着一个句子中至少有 3 个话题成分，即主话题、次话题和次次话题，句子对于汉语的初学者来说较复杂。次次话题可以用于帮助分析理解这些多话题的、较复杂的句子，下文将对此进行详述。

（六）话题标记的分布情况分析

全本教材的话题句中，出现了停顿和提顿词 2 种话题标记。这 2 种话题标记出现在教材的后半部分。停顿标记在第十课、第十四课及第十五课出现，数量分别为 1 个、3 个和 4 个；第十四课、第十五课各出现了一个做话题标记的提顿词（见图 8）。

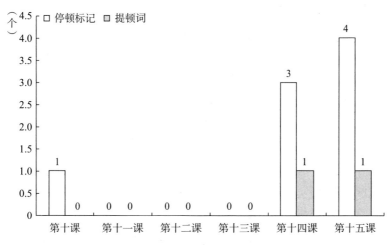

图8 各课停顿标记与提顿词数量对比

第十五课出现的提顿词为"吧",课后的语法解析版块将其解释为某种句式的一部分,下文将对带提顿词的句子进行讨论。此外,下文还将讨论如何通过提顿词和停顿等话题标记来增强语感。

(七)分析总结

下文将讨论如何运用汉语话题的相关性质、特点进行对外汉语初级口语教学,包括以下几个内容。

一是如何将论元共指性话题用以帮助学生掌握名词性主谓句。

二是如何运用时地语域式话题的特点来帮助学生学习名词谓语句与汉语存在句。

三是领格语域式话题如何帮助对外汉语初学者理解定中短语"的"字省略的情况。

四是背景语域式话题的教学。

五是分裂式话题的教学。

六是拷贝式话题的教学。

七是次话题、次次话题在对外汉语初级口语教学中的运用。

八是如何运用话题标记增强语感。

三 汉语话题在对外汉语初级口语教学中的应用

(一) 各类汉语话题的教学

本部分将从上文根据教材分析总结出的 8 个角度，讨论如何在对外汉语初级口语教学中运用汉语话题的相关性质与特点。

在相关教学前，应先让学生了解话题结构的基本概念。可以这样向学生讲解：汉语里有很多这样的句子，它由话题和述题两部分组成，话题在前，述题在后。话题是这个句子想表达的关键所在，而后面的述题是关于话题的一个描述，或者说是一个说明。这里要特别强调的是，学生无须掌握话题的分类。

下文对各类汉语话题在对外汉语初级口语教学中的应用进行讨论，均是先提出某一类话题教学方法的依据，并将此与教材《汉语口语速成·入门篇》(上) 中相应的语法讲解及练习做对比，再通过教案、练习等形式将教学方法具体化。

1. 论元共指性话题的教学

主谓句，顾名思义，是由主语和谓语两部分组成的句子。上文有提到，一般来说，主谓句都可分析为话题句，而主语通常可分析为论元共指性话题。

根据充当谓语的词语的功能不同，可以把主谓句分为 3 个下位句型：名词性谓语句、动词性谓语句、形容词性谓语句。对此教材第六课的语法解析部分做出了这样的讲解：汉语句子一般可以分为主语部分和谓语部分，这两部分的主要成分分别是主语和谓语；主语在前，谓语在后；主语的主要成分常常是名词或代词，谓语的主要成分常常是动词、形容词。

教材在解释主谓句的 3 个类型时举出了以下例子：

(17) a. 保罗是留学生。

　　b. 我学习汉语。

　　c. 她很漂亮。

教材对此有这样的分析：这 3 个句子中的"保罗""我""她"是主语，"是""学习""漂亮"是谓语主要成分；a、b 两句中的"学生""汉语"是宾语；句 c 中副词"很"做状语，修饰形容词谓语"漂亮"。

如此对学生讲解，学生须接受理解多个汉语的语法概念，除主语、谓语、宾语外，还有副词、形容词和状语。这几个在汉语中简单常见的句子，教授起来却要用到如此多的语法概念，很有可能让学生在初接触汉语时因这些复杂繁多的语法概念对汉语"望而生畏"。

若将这 3 类主谓句看作话题句，主语分析为论元共指性话题，谓语、宾语成分可分析为述题。这样，在教学中，学生只需要把握话题、述题这两个概念，减少了需要理解的概念。

例句（17）的 3 个句子，若用话题概念可这样分析：这 3 个句子中的"保罗""我""她"是话题，"是留学生""学习汉语""很漂亮"是述题。

可以通过设计变换句子话题的形式来巩固教师的讲解。黎锦熙提出的"句子本位"教学认为，句子层面的教学，重点在于句子成分的变换、添加及省略，而这些变化能反映不同的交际需要。这里提到的句子成分的变换、添加及省略，可以看作话题的变换和添加。

练习可以这样设计。

首先，把 3 个句子的话题"保罗""我""她"分别写在三张红色小纸卡上。

其次，把 3 个句子的述题"是留学生""学习汉语""很漂亮"分别写在三张蓝色小纸卡上。

最后，红色、蓝色纸卡随便搭配组成句子，并抄写句子。

除例句（17）中的 3 句话外，红蓝纸片中的话题与述题还能组成"保罗学习汉语""保罗很漂亮""我是留学生""我很漂亮""她是留学生""她学习汉语"6 句话。这样，学生在掌握了 3 个话题与 3 个述题的基础上，又掌握了 9 个句子。

必须强调的是，不是任何的话题与述题都能自由组合成句子。上面提到的"保罗很漂亮"这个句子在汉语语法上看是成立的，但在语义上有不当之处："保罗"是男性，在汉语中"漂亮"一般形容女性，不形容男性。所以，教师应严格选择话题、述题，避免产生语义错误的句子。

2. 时间词做时地语域式话题的教学

教材第十课《现在几点》，课文对话内容是关于时间表达的，出现了多个以时间词做时地语域式话题的句子。如：

（18）今天星期三。

这类句子，课文后面的语法解析版块将它解析为名词谓语句。对于名词谓语句，课文是这样分析的：由名词、名词结构、数量短语等做谓语主要成分的句子就叫名词谓语句；名词谓语句常用来表示时间、年龄、籍贯、数量等。

用来表示时间的名词谓语句都可以分析做含有以时间词做时地语域式话题的话题句。例句（18）中，"今天"这一时间词做话题，述题成分是"星期三"。如此跟学生讲解例句他们更容易接受。

名词谓语句也是主谓句的一种，所以相关的练习可参考上文"论元共指性话题与主谓句"部分提出的练习方法。

此外，教材中关于名词谓语句的讲解中还特别提到了此类句子的肯定与否定表达的不同。教材中提到，名词谓语句中的肯定句一般不用动词"是"，但否定句必须在名词谓语前加"不是"。如：

（19）a. 现在七点十分。

b. 二十号不是星期天。

这两个名词谓语句，句 a 为肯定，句 b 为否定。用话题概念讲解名词谓语句时，也要强调这一点，可把"不是"解释为述题否定的一个"记号"。

主谓句根据充当谓语的词语功能的不同，可分为名词谓语句、动词谓语句、形容词谓语句三类。第十课的课文中含有以时间词做时地语域式话题的句子并不全是名词谓语句，也有动词谓语句，如：

（20）七点半吃早饭。

在这里需要跟学生做出强调，在以时间词做时地语域式话题的话题结构中，述题部分不仅可使用名词性成分，也可以使用动词性成分。可这样向学生讲解：以"时间"相关的成分做话题时，它的述题不仅可以是这个"时间"是什么（以名词成分做述题），还可以是在这个"时间"里做什么（以动词成分做述题）。

至于以时间词做时地语域式话题的形容词性主谓谓句在这里先不提

及。一是因为课文中并未出现这样的句子；二是先让学生接受以时间词做时地语域式话题的两类述题（名词成分做述题、动词成分做述题），比一下子让学生接受 3 类述题（名词成分、动词成分、形容词成分做述题）要简单，也可以避免混淆。

通过以下练习可以让学生掌握以时间词做时地语域式话题的 3 类主谓句。

第一，给出表 2。

表 2　话题、述题

话题（时间词）	述题	
	"是什么"	"做什么"

第二，在"话题"一栏给学生提议用"今天"一词，让学生发挥想象、运用已学的词、句填入相应的三类述题。

第三，当学生提供出的述题可与话题组合成一个正确的句子时，要求学生记录。

第四，当学生提供的述题不可与话题组合成一个正确的句子时，当即把句子纠正成正确的。

第五，两类述题各填出了 5 个左右后，可在课文中找到另一个时间词做话题，看可否与"今天"的述题组成正确的句子，让学生自行判断，再给出答案，同样正确的句子要求记录。

3. 地点词做时地语域式话题的教学

教材的第十一课《办公楼在教学楼北边》课文中多为以地点词充当时地语域式话题的句子，而这类句子被课后语法解析版块分析成"存在句"。

教材在讲解"存在句"时是这样说的：动词"在""有""是"都可表示存在，它们做谓语的主要成分时，句子的语序分别是"某人（物）在某处""某处有（是）某人（物）"。例如：

（21）a. 保罗在西蒙后边。

b. 学校附近有很多饭店和商店。

c. 桌子下边是莉莉的书包。

　　用话题概念去教授这些内容时，可以把上述的句子格式变为"表示人或物的话题，在表示某处的述题"和"表示地点的话题，有（是）表示人或者物的述题"。在这里，为了易于理解句式，可将"在"、"有"和"是"解释为一种话题标记，而这种话题标记就是表示存在的。这里需要强调一下，这里的"在"、"有"和"是"在话题句中并不能作为话题标记，这里只是为了便于讲解，所以这样处理。

　　用"有"和用"是"做"话题标记"的区别，可参照教材上的解释：用"有"的句子只说明某处存在某人或某物，用"是"的句子是已知某处存在某人或某物，而要进一步说明是谁或者是什么；用"有"的句子做宾语是不确指的，用"是"的句子做宾语可以是确指的，也可以是不确指的。

　　教材里区分"有"和"是"的解释很清楚，但对于学生来说远不够简单明了。可通过例句练习让学生更好地掌握这类以地点词充当时地语域背景的存在句。

　　第一，列出表3用作填空。

表3　话题、标记、述题

话题	标记	述题

　　第二，把第十一课课文中做时地语域式话题的时间词挑出，写在红色小纸卡上，填上话题一栏。

　　第三，标记一栏待选的有"在""有""是"，写在黄色小纸卡上。

　　第四，把第十一课课文中时地语域式话题的述题写在蓝色小纸卡上，填述题一栏。

　　第五，通读课文两遍后，学生凭印象将各色纸卡贴在表格空位，排列成不同的句子。

　　第六，完成后学生自行对照课文检查哪些句子与课文中的句子一致。

　　第七，教师可检查学生拼出的与课文不一致的句子，看这些句子中有没有符合汉语语言习惯的正确的句子，若有，可让学生另行记录。

4. 领格语域式话题的教学

教材第二课中出现了这样的句子：

（22）你爸爸、妈妈身体好吗？

课文后面的语法解析版块把"你爸爸、妈妈"分析为"你的爸爸、妈妈"的缩略形式，把"的"去掉了。"你的爸爸、妈妈"是一个定中短语，"你"做定语，"爸爸、妈妈"是中心语。如此向学生讲解这个句子虽然简单明了，但是易出一个问题：学生不能明确在什么情况下能把"的"省略。

领格语域式话题跟谓语动词有一种间接的语义联系，它跟谓语动词的论元在语义上紧密联系，在意义上是谓语动词的某个论元的领属格成分。试把这句话做领格语域式话题结构分析，句首的"你"做话题，后面"爸爸、妈妈身体好吗"是述题；做话题的"你"是谓语动词论元"爸爸、妈妈"的领属格成分。在教授这个句子或类似句子时，可以用以下步骤讲解。

一是，讲解含论元共指性话题的句子"爸爸、妈妈身体好吗"。

二是，提出如果要进一步表达是谁的爸爸、妈妈，可加上一个人称代词做话题，例如加上"你"。

三是，试让学生加上其他的人称代词。

四是，据此跟学生总结出，若述题开头的部分可加向其提问"谁的"，可以把"谁的"这一成分加到述题前作为话题。

五是，多举几个例子让学生加"谁的"这一成分做话题，让学生加深印象。

因为含"的"字的定中结构短语在汉语特别是汉语口语中较常见，所以即使用话题的概念跟学生讲解该类句子后，仍有必要引入"的"字定中结构短语的概念。

教会学生理解句子后，更重要的是让学生会造、会说这种领格语域式话题句。练习时可以结合含"的"字的定中短语，可如此设计。

一是让学生仿照"我的爸爸、妈妈"给出一个"的"字结构的短语，如"他的哥哥"。

二是让学生加上后面部分，可对学生提问"哥哥怎么样"。

三是在这里可以运用上面通过论元共指性话题句训练主谓句的方式，引入形容词主谓句，强调可以说"哥哥很高""哥哥不高"，但不能说"哥哥高"，即这种以形容词成分充当论元共指性话题的述题时，肯定时要加"很""挺"等副词，否定时则无须加副词，直接用"不"来否定。

四是再回到"他的哥哥"的短语，让学生将其与"哥哥很高"或"哥哥不高"组合起来，即"他哥哥很高"。

五是提供"你""我""他""她"和"姐姐""妹妹""爷爷""奶奶"等领格语域式话题及述题的动词论元，指导学生按上面练习的方法造句，也可提供表格予以辅助，见表4。

表 4　领格语域式话题述题

领格语域式话题	述题	
	论元共指性话题（领格语域式话题的"谁"）	述题（怎么了）

六是让学生从待选的领格语域式话题及其述题中的论元共指性话题中随机挑选，按顺序一个个把空格内容用"说"的形式读出，表4论元共指性话题的述题部分（怎么了）可酌情允许学生使用母语来表述，因为该训练重在让学生掌握领格语域式话题句。

5. 背景语域式话题的教学

在该教材的 15 课课文中，出现了以下 4 个背景语域式话题：

（23）a. 不甜不要钱。

　　　　b 一百五怎么样？

　　　　c. 我骑车技术不太高，还是走那条路吧。

　　　　d. 坐飞机吧，又快又舒服。

上面的 4 个句子中，"不甜"、"一百五"、"我骑车技术不太高"和"坐飞机"都可分析成背景语域式话题。前文提到，背景语域式话题跟述题内容之间的联系，主要是依赖背景知识或者谈话当时的语境而建立的，在句子的内部无法建立明确的"话题 – 述题"的语义联系。从这 4 句话也可看出背景语域式话题的这些性质。

"不甜不要钱"这句话，在第十二课《要红的还是要蓝的》课文后的注释部分有讲解。教材将这句话分析为紧缩句，意思是"如果橘子不甜，我就不要你的钱"。这样跟学生讲解，能让学生很快地理解这句话的含义，但这样的讲解未说清在运用时如何紧缩类似的句子。

在这里，将"不甜"作为背景语域式话题，可讲解为在"不甜"这一情况下，述题表达的是"会怎样"；原句中做述题的"不要钱"恰好解答了"会怎样"。但这样分析仍然不能说清运用的问题。

背景语域式话题可通过练习来向学生阐明。

一是给出表5。

表5　话题、述题

话题（在某种情况下）	述题（会怎样）

二是固定一个话题，如"不甜"，让学生发挥想象把述题补上，例如可补上课文中的"不要钱"，还可补上"不吃了""不买了"等。

三是试固定一个述题，如"不要钱"，让学生发挥想象在什么情况下会"不要钱"，补上话题部分，例如可补上课文中的"不甜"或"不好吃"、"坏了"等。

四是上述的第二步、第三步中，若学生因水平所限未能用中文表达想补上的话题或述题时，可用母语补足，因为此训练的关键在于让学生了解此类句式，让学生从感性上去了解汉语中有这样一种句子。

6. 分裂式话题的教学

分裂式话题在教材中仅出现了1次，在第十二课的课文中。

在第十二课中出现的含有分裂式话题的句子是"橘子多少钱一斤"。分裂式话题也是一种典型的汉语式话题，在分裂式话题结构中，主要由不带指称性标记的单个名词或名词短语来充当话题成分，宾语主要由量词短语来充当。

以论元共指性话题句来表述"橘子多少钱一斤"，应这样说"一斤橘子多少钱"。其中，数量名词"一斤橘子"做论元共指性话题，述题是"多少钱"。教师可借助之前所学的论元共指性话题的知识来为学生讲解句义，用论元共指性话题句和用分裂式话题句来表述同样意思的一句话，然后再通过训练让学生学会"造"这类句子。

相关训练可以通过变换此类话题句中的成分来设计。

一是以"橘子多少钱一斤"作为起点，变换话题、述题成分。把该句的"橘子""多少钱""一斤"分别写在红、黄、蓝三种颜色的小纸条上。

二是用学生的母语提问，橘子除了是以一斤一斤来卖，还能通过什么单位来卖，预计可得到"一个""一袋"等答案，写在蓝色小纸条上。若得出答案是这类简单常见的词，教师可要求学生记忆。

三是变换述题成分"多少钱一斤"里面的"一斤"，用上一步得出的"一个""一袋"的纸条替换原来"一斤"的小纸条，得出句子后须抄写记录。

四是固定述题的两部分，变换做话题的"橘子"。同样用母语向学生提问，还有什么东西是一斤一斤卖的，预计得出"鸡蛋""牛肉"等答案，写在红色小纸条上，用以替换"橘子"，具体方法同上一步。

五是把述题中的"多少钱"固定，再把前面学生提出的写在红、蓝色小纸条上的词在话题与述题中"多少钱"后面两个位置自由组合。

六是自由组合的过程中会出现错误的句子，如"牛肉多少钱一个"。可让学生先用蓝色纸条＋红色纸条组合成一个数量名词短语来检验句子是否成立。蓝色纸条"一个"与红色纸条"牛肉"组合成的"一个牛肉"是错误的表达。教师可先让学生判断某一蓝红纸条组合的正误，再给出答案，以此还可以锻炼学生的语感。

在此项训练中，述题中的"多少钱"是被固定的，不做任何改变。之所以这样设计，主要是考虑到学生初接触这类典型的汉语式话题，只变话题与述题中的一部分较易理解。仅这两个成分变化已经出现了如"牛肉多少钱一个"的错误句子，更多成分的变化易出现更多的错误搭配，而这种错误是教师难以控制与及时更正的。

7. 拷贝式话题的教学

拷贝式话题跟句子中的主语、宾语甚至谓语动词完全同形或者部分同形，且同形的成分在语义上也是同一的。该教材中只出现了1句拷贝式话题，在第十四课的课文中。该拷贝式话题句是这样的：

（24）好吃是好吃，不过油太多了。

把这个句子做话题句分析，第一个"好吃"可分析做一个拷贝式话题，因为其后的述题"好吃，不过油太多了"中也出现了"好吃"，而且这里的第二个"好吃"与第一个做话题的"好吃"意义相同。

第十四课的课后语法解析版块把这句话分析为"A是A"结构。教材中指出，"A是A"结构常用来先承认或肯定某事实，后边紧接着转折，说出主要的意思。这里举两个例子：

（25）中国菜好吃是好吃，不过油太多。

（26）这件衬衣好看是好看，不过太贵了。

前文有提到，拷贝式话题结构有强调的作用，可以表示让步，与教材中指出的"承认或肯定某事实""紧接着转折"有相通之处。所以，可以把"A是A"结构中的"A"分析为拷贝式话题。

教材第十四课出现的拷贝式话题句的教学，可以引入与第七课中已要求学生掌握的"正反疑问句"为对比。如：

（27）中国菜好吃不好吃？——好吃是好吃，不过油太多。

这里，"好吃不好吃"变成了"好吃是好吃"，后面还加上了一个表示转折的成分。对于"中国菜好吃不好吃"这一问题，可以直接回答"好吃"，如果要表达有转折的那部分意思，可再在后面加上"不过油太多"。强调"好吃，不过油太多"这一句话时，还能在前面加上"拷贝"了"好吃"的一个拷贝式话题，变成"好吃是好吃，不过油太多"。

教学中可以如上一段述论，运用拷贝式话题的概念与特点跟学生讲解这一句子。相关练习可以设计以下问答题。

一是给出问句"这件衣服好看不好看"。

二是提问学生从中找出可充当拷贝式话题的成分（A），即"好看"。

三是给出"A是A，不过……"的句式，让学生把上一步找出的拷贝式话题填入A的位置，述题中"不过"后面的内容可让学生发挥想象添加，尽量用学过的句子，也可酌情让学生使用母语补充。

四是由教师指引学生对此类正反疑问句作答后，再提出几个正反疑问句让学生独立完成。

（二）次话题、次次话题的教学

第三部分的教材分析中提到，全本教材共出现了 33 个可分析为次话题的成分，次次话题 7 个。其中，第七课的次话题数量最多，达 11 个。从次话题的数量上看，第七课可作为分析存在次话题的话题句的典型。

第七课中的话题句分别是以下几句：

(28) a. 最近你身体好吗？　　　　　b. 我身体很好。

　　　c. 你学习忙吗？　　　　　　　d. 我学习比较忙。

　　　e. 你们班同学学习努力吗？　　f. 他们学习非常努力。

　　　g. 你们学校留学生多不多？　　h. 我们学校留学生挺多的。

　　　i. 你们学校食堂怎么样？　　　j. 我们学校食堂不错。

第二部分的论述中有提到，这里把次话题定义为主话题的述题部分中的话题，而次次话题是次话题的述题部分中的话题。这 11 个句子都有两个甚至三个话题，而且同一个句子中，一个话题会是另一个话题述题中的一部分。其中，句 a 和句 e 有三个话题，都有次话题和次次话题。

在第七课课后的语法解析版块，把这些句子分析为"主谓谓句"。教材中指出，主谓结构做谓语的句子叫主谓谓句，它的否定形式一般是在主谓结构中的谓语前加否定副词"不"等。这里以三个句子为例：

(29) a. 我身体很好。

　　　b. 他学习不太努力。

　　　c. 我们学校留学生挺多的。

教材给出例句后，有这样一小段解析："我身体很好"跟"我的身体很好"意思差不多，但前者比后者更常用。

前面"分裂式话题教学"部分也提到过类似的句子（你爸爸、妈妈身体好吗），把"你"分析为领格语域式话题，"爸爸、妈妈"是次话题。其实还可再进行分析，"爸爸、妈妈"这一话题的述题部分"身体好吗"还可以把"身体"抽出来做话题，充当整个句子的次次话题。

前文提到，教材第七课可作为分析存在次话题的话题句的典型，因此可以在教授第七课时带出次话题、次次话题的概念。可以通过以下习题来让学生自行分析课文中 11 个含次话题、次次话题的结构，如：

最近你身体好吗？

第一层：话题（最近）＋述题（你身体好吗）

第二层：你身体好吗＝话题（你）＋述题（身体好吗）

第三层：身体好吗＝话题（身体）＋述题（好吗）

你最近身体好吗＝话题（最近）＋述题（你身体好吗）＝主话题（最近）＋述题［次话题（你）＋述题（身体好吗）］＝话题（最近）＋述题｛次话题（你）＋述题［次次话题（身体）＋述题（好吗）］｝

习题 1　我身体很好。

第一层：话题（　　　）＋述题（　　　）

第二层：第一层的述题＝话题（　　　）＋述题（　　　）

我身体很好＝话题（　　　）＋述题（　　　）

　　　　　＝话题（　　　）＋述题［次话题（　　　）＋述题（　　　）］

通过这样的练习，可以让学生明确该课的 11 个句子中的主话题、次话题及次次话题成分及其述题，能帮助学生"看懂"这一类句子。在"看懂"之后，口语课上更重要的是要让学生会"造"这类句子。可通过句子扩充练习的方式来训练。

首先，教师根据教室现场情况，举出一个仅有一个话题的话题句，如"桌子很多"。

其次，让学生把教师提出的句子"桌子很多"看作述题，在它的前面加上一个话题；教师通过提问"哪里的桌子很多"，学生可补充一个地点词充当时地语域式话题做整句话的主话题，引导学生说出"教室桌子很多"。

最后，教师向学生强调，"教室桌子很多"作述题时，前面还能添加一个领格语域式话题，可向学生提问"谁的教室桌子很多"，引导学生说出"我们教室桌子很多"；或是再添加一个地点词充当时地语域式话题，提问学生"哪里的教室桌子很多"，引导学生说出"学校教室桌子很多"。

这样的训练由教师做指引进行几次后，可在班上分组轮流进行句子扩充活动。这里需要强调的是，教师必须对学生每一环节造出的句子进行监测和及时纠错。

（三）话题标记的教学

前文提到，汉语话题结构有时候会有话题标记。教材中主要出现了两类汉语话题标记，即停顿与提顿词，而且集中出现在该本教材的最后两课（第十四课、第十五课）。

停顿标记单独出现时，多出现在背景语域式话题句中。如下面的句子：

（30）a. 我骑车技术不太高，还是走那条路吧。

　　　b. 我去天安门，应该走哪条路。

上面两句话分别以"我骑车技术不太高"和"我去天安门"做背景语域式话题，话题后面都先有停顿，再有述题出现。加入停顿的话题标记后，话题与述题之间的界限更清晰。

带有提顿词话题标记的话题句往往与停顿标记连用，如教材中出现的这两句：

（31）a. 我呀，酸的、辣的、咸的、苦的都喜欢吃。

　　　b. 坐飞机吧，又快又舒服。

这两句话中，"我"和"坐飞机"是话题，后面分别加了"呀""吧"两个提顿词。这里两个做话题标记的提顿词都与语气词同形，但已不是传统语法中所界定的"位于句末、表示语气"的词了。这类提顿词是话题后置的标记，放在话题之后。

话题句中的提顿词往往带有一定的意义，让话题和整个话题结构带有一定的感情色彩，交际中，若提顿词选择恰当，能更清晰地表达意图；若提顿词选择失当，则会使整个交际内容产生偏差。所以，话题标记的教学应该引入对外汉语口语的教学。下文将具体分析提顿词的特征与用法。

1. 几个提顿词的特征与用法

汉语提顿词起标示话题、停顿作用，还具有其他的咨询功能。前文提到，当前学术界承认的提顿词有"啊""吧""呢""嘛"等几个。下面将分别考察这四个提顿词的咨询功能。

（1）提顿词"啊"

"啊"由元音开头，连读时会受到前一个音节韵母的影响，产生"呀""哇""哪"等语音变体。例句（29）a"我呀，酸的、辣的、咸的、苦的都喜欢吃"中的提顿词"呀"，其实在功能上与提顿词"啊"是一样的。

朱德熙认为，提顿词"啊"用于句中可表示着重引起听话人注意，延宕作势以吸引注意。而吕叔湘《现代汉语八百词》也认为提顿词"啊"能引起对方注意，还表示说话人犹豫，或表示列举，如：

（32）他啊，从小就这怪脾气。

提顿词"啊"还有引入新话题、把听话人的言语行为拉到言语交际活动中的作用，如：

（33）这个人啊，可大大有名。

"这个人，可大大有名"这句话，在话题"这个人"后面加上提顿词"啊"，会提醒听话人有新的内容加入谈话，吸引听话人关注这一话题。

有时候提顿词"啊"会用在说话者对听话者的称呼后边，使说话的语气变得舒缓，增加亲切感，如：

（34）小王啊，怎么又弄错了。

上面的句子如去掉提顿词"啊"，变为"小王，怎么又弄错了"，给人感觉很生硬，不近人情。话题"小王"与述题"怎么又弄错了"之间加入提顿词"啊"，产生了缓冲作用，使听话者"小王"听上去更舒服。

（2）提顿词"吧"

"吧"用于停顿处时，表示举例、让步小句或假设性的话题承接的是前面所述事件。如例（29）句 b "坐飞机吧，又快又舒服"中，"吧"具有承前的话语功能，它可以帮助将前面的话意承接下来，继续加以解释说明，使话语表达完整。

此外，"吧"作为提顿词，还可以表示猜度、商量的语气。采用这种语气可以有效推动话语进展。例（29）句 b，"坐飞机吧，又快又舒服"如果去掉提顿词"吧"，表述成"坐飞机，又快又舒服"的话，缺少了商量的缓和感，语气就变得生硬了，仅仅在陈述坐飞机又快又舒服的事实，或是坐飞机不容置疑。

（3）提顿词"呢"

张伯江、方梅认为，提顿词"呢"一般不会在始发句里使用。[①] 在一段较长的叙述里，提顿词"呢"会出现在后续小句里，而且往往用于转换一个新话题，或新的谈话角度。提顿词"呢"具有承前的话语功能。但这个承前的功能并不是承接自某个指称物件，而是引进另一个新的指称物件

---

① 张伯江，方梅，编. 汉语功能语法研究 ［M］.南昌：江西教育出版社，1996.

来与上文中提到的某个指称物件并列或对比。如：

（35）他们几个多机灵，你呢，笨得跟什么一样。

这句话中，"他们几个"和"你"做对比，提顿词"呢"在其中强调了把话题"你"引入与前面提到的"他们几个"的对比之中。

此外，"呢"一般出现在刚刚激活的成分后，对听话者而言是一种全新的信息，所以提顿词"呢"具有转移话题的功能。而在由"呢"做提顿词的话题结构的述题部分所传达的信息，往往是对对方言语的一种否定性回答，并且在话题结构后会有继续说明的小句。如：

（36）a. 她当选了吗？

　　　 b. 我呢，不是评委，所以不知道。

例（36）句 b 转变了话题，激活了一个对听话者而言是全新的信息"我"后，"呢"做了提顿词，转移了话题。由此看出，话题的转换，必然会对述题产生影响。说话人一定要在述题部分充分表达自己的观点，陈述转换话题的缘由，所以话题后出现了继续说明的小句。

（4）提顿词"嘛"

吕叔湘在《现代汉语八百词》中指出，"嘛"表示某事"本应如此"或"理由显而易见"。用于停顿的地方，可以唤起听话人对下文的注意。

提顿词"嘛"与提顿词"吧"一样，具有承接作用，可以承接其前的指称物件。需要注意的是，被承接的指称物件必须与语境中已出现的或隐含的人、事、物有密切联系。如：

（37）学生嘛，就得努力学习。

这句话的话题"学生"，指称的是听话人熟悉的事物，在前文中已有对"学生"这一群体的界定，即听话人已了解到说话人所说的是哪一类学生或是哪一群学生。也就是说，提顿词"嘛"所引出的话题，主要是在上文或别人的话语中刚刚提及的对象，是正处于激活状态的成分，也就是前文提及的已知信息。

2. 掌握提顿词用法的练习设计

通过例句讲解了"啊""吧""呢""嘛"四个提顿词的用法后，可以通过练习来让学生掌握这四个提顿词的用法。练习可以设计为"预设语境，选词填空"的形式。题目可以这样设计：

第一，老张家有三个女儿，老大会跳舞，老二会唱歌，老三（　　），没什么特长。

A. 啊　　　　　　B. 嘛　　　　　　C. 呢

第二，一到星期天，我就只想在家休息。星期天（　　），上课上了一星期了，是该好好休息的。

A. 吧　　　　　　B. 嘛　　　　　　C. 呢

第三，她正在考虑在哪找工作。去北京（　　），竞争太激烈；回老家（　　），发展空间太小。

A. 吧　　　　　　B. 嘛　　　　　　C. 呢

在做这些习题时，如有必要教师可用学生母语讲解相关语境，以便学生做出选择。学生选择出正确的提顿词后，教师还必须讲解为什么不用其他两个提顿词，句子的意思做何种改变时，能用上其他两个提顿词。

3. 话题标记教学用于增强语感

语感，是比较直接、迅速地感悟语言文字的能力。它是对语言文字分析、理解、体会、吸收全过程的高度浓缩。语感好表明学生具备了相当高的水平，在实际应用中表现为一接触语言文字，即产生正确的全方位的丰富的直感。在阅读时，不仅能快速、敏锐地抓住语言文字所表达的真实信息，感知语义，体味感情，领会意境，而且能捕捉到言外之意、弦外之音。而语感能力差的，接触语言文字时，在运用惯常的分析理解手段之前，仅能领略其所承载内涵的一鳞半爪，甚或曲解其意。

在讲解"啊""吧""呢""嘛"四个提顿词时，分别叙述这四个提顿词的咨询功能。若学生能掌握这四个提顿词的用法，那么，在汉语对话中就能更好地运用这些咨询功能来使自己说的话更"地道"，也能更好地理解说话者的"言外之意"，从而增强语感。

根据"啊""吧""呢""嘛"四个提顿词的咨询功能，可总结出话题标记教学在以下几方面增强了语感。

第一，在话题后使用"啊""吧""呢""嘛"这四个提顿词，都可以引起听话人对话题的关注。

第二，要引入新话题，或转换话题时，使用提顿词"啊"；而以承接上文提到内容做话题时，后面可使用提顿词"吧""呢""嘛"。

第三，提顿词"啊"用在说话人对听话人的称呼后面时，可让语气更缓和，让听话人感到亲切，在要对听话人说出可能会有伤害性的话时可以用来淡化批评意味，让听话人更容易接受。

第四，话题后使用"吧"这一提顿词，能表示该话题存在商量、猜度的意味，在提供建议等情况下可用。

第五，要引入一个话题与前面出现的内容做对比时，可在该话题后用提顿词"呢"。

第六，话题后使用提顿词"嘛"，可使整个话题结构传达出一种"理所当然""本该如此"的意味。

综上所述，学生在掌握"啊""吧""呢""嘛"这四个提顿词后，就可以通过在话题后加提顿词，以在汉语口语的表达中融入亲切、商量、对比等意味。

此外，一些介词或介词短语可以充当话题句中的话题标记，如"像""就""关于""至于""对于""对""在…方面""从…方面看/说""对于…来讲""在…上/中/下""就…而言""为了""因为""作为""根据"等；话题标记也可以是动词，动词类标记有"说起""说到""谈起""谈到""提起""提到""有""论""是"等；话题标记还可以是代词，代词类标记包括"什么""这个"等。

这些标记在以后的教学中都可视情况融入，都能帮助学生增强汉语的语感。

四　对外汉语初级口语教学中的"话题教学法"

（一）话题的导入

学生须先了解话题结构的基本概念，即话题结构由话题和述题两部分组成，话题在前，述题在后。话题是这个句子要表达的"关涉"的内容，而后面的述题是关于话题的一个描述，或者说是一个说明。同时，学生无须明确区分话题的各种类别，可随着教学的深入自然地接触不同类型的话题。这样，学生在进行初级口语训练时无须接触很多复杂的语法概念，仅理解"话题"与"述题"就能顺利进行口语教学。在汉语初级口语教学中运用汉语话题相关概念与特性的总体方法与理念，可简称为"话题教学法"。"话题教学法"根据上文的内容，可总结为下面的具体教学方法。

（二）话题教学的具体方法

1. 表格法

前文论述两种时地语域式话题句、领格语域式话题句及背景语域式话题句的练习设计时，多次提到一种填写表格的练习方法，这里简称为"表格法"。"表格法"为学生提供一个表格，要求学生把相应的话题、述题填入表格固定的空格内，使话题与述题相搭配。通过表格把话题、述题"拆开"，可以让学生明确区分话题及其述题，也便于做不同话题与不同述题的相互搭配。这能让学生不仅停留在背句子的阶段，还能灵活自由搭配已学的话题与述题，"造"出新句子。在使用表格法时，通常会先固定话题，再变换述题；或者先固定述题，再变换话题。学习一类话题句时，先固定话题或述题的一部分，变换另一部分，能让学生逐步接受该类话题句。

此外，使用表格法还便于对比。上文论述时地语域式话题与主谓句的教学时，其中的练习就是让学生以同一个时间词充当的时地语域式话题讲出"是什么""做什么"两种不同的述题，以学习时间词做主语的名词谓语句及动词谓语句。学生在对比这两类述题时，实质上会对名词谓语句、动词谓语句这两类主谓句做区分，并掌握如何运用。

2. 纸条法

前文中论元共指性话题句和分裂式话题句的练习中，都设计了把话题结构的不同成分写在不同颜色的纸上，再排列组合的练习方法，这里简称为"纸条法"。把话题、述题分别写在不同颜色的纸上，起到了与表格法一样的区分话题、述题的作用。但由于纸条的拼接组合更为自由，所以纸条法比表格法更易做话题、述题搭配的转换。

此外，纸条法能把述题再细分为两个或多个组成部分，同样是写在不同颜色的纸上，进行更多复杂的组合，便于学生接受更复杂的句子。如分裂式话题的练习中，述题就分为两部分，其中一部分是由话题"分裂"出去的。通过纸条的排列组合，学生既可以还原话题未"分裂"时的情况，又可以组合出一个分裂式话题句，能从多角度去理解句义。

3. 语境法

上文有两处运用了设置语境的方法来帮助话题教学。

第一处是在论述拷贝式话题教学时，练习设计采用了问答的形式，即提出问题，让学生按指定的句型作答。在这里，提出问题的同时也提供了语境，让学生在用拷贝式话题句作答时，更能理解到拷贝式话题句对话题的强调作用及整句话的转折、让步意味。第二处是在论述话题标记提顿词的教学时，相应练习采用的是选词填空的形式。提顿词与语境有着紧密的联系，在不同的语境下，话题结构要使用不同的提顿词。所以，在选词填空的句子中，空格前面的分句会为后面提顿词的使用提供语境。

4. 句子扩充法

在论述次话题、次次话题与主谓谓句的教学中，练习采用的是将一个句子按照提示逐步添加成分的方法，在这里简称为"句子扩充法"。

"句子扩充法"实质上是先给出一个"话题－述题"的结构，然后将此结构化为述题，再给这个述题添加一个话题，构成一个新的"话题－述题"结构。每一步构成的"话题－述题"结构都可以化为述题再添加新话题。

与纸条法和表格法不同，句子扩充法把一个成分做话题或是述题又或是整个话题结构固定下来，同时具有纸条法灵活调整各成分位置的特点，这些特点都能有效帮助学生练习次话题、次次话题与主谓谓句。

（三）话题教学法的优势

在总结出话题教学法的四个具体方法后，可以从中推断出其优势。

首先，话题教学法淡化了语法教学，减轻了对外汉语初级口语学习者学习语法的负担。学生只需要理解汉语话题结构的构成等基本概念，便可运用话题教学法进行初级口语的学习，在学习各种话题的过程中也无须深入学习不同话题的性质与特点。其次，话题教学法更注重语感的培养，语境法突出体现了这一点。话题教学法用于对外汉语初级口语教学时，让学生关注语境变化中表达的变化，而不是机械地模仿句式，更有利于学生从感性角度去认识与学习汉语。再次，话题教学法便于学生掌握如主谓谓句一类较难理解的、成分较复杂的句子，表格法、纸条法及句子扩充法训练学生把句子按"话题－述题"的组成规律步步拆分，再步步重组，让学生高效地掌握相关句式。

（四）话题教学法的局限性

"话题教学法"是根据话题的相关概念与特征设计的，未经实践检验很难判断其优劣。但根据话题教学法的一些特点，可以总结出它的缺点与局限性。

第一，话题教学法不能应用于整个汉语口语教学。汉语是话题优先型语言，汉语特别是汉语口语中存在大量的话题句。通过对当前较有代表性的一本汉语初级口语教材《汉语口语速成·入门篇》（上）的分析笔者发现，话题句在课文中出现次数较多，可以说话题句在汉语口语教学中占了较重要的位置。但是，并非所有的句子都可以做"话题－述题"的分析，都可看作话题句。对于汉语口语中出现的非话题句，"话题教学法"就不适用了。对非话题句教学的处理是本文未能解决的难题。

第二，话题教学法不能完全取代语法教学。前文提到，只要求学生掌握话题与述题的概念，教师便可在汉语初级口语教学中运用话题教学法，无须跟学生讲解很多复杂的汉语语法概念。但是，非零基础的学生已在之前的汉语口语学习中掌握了一些语法概念，对这类学生使用话题教学法时也需要他们再去掌握话题与述题的概念，这样，他们实际上需要掌握的概念就变多了。而且，话题与述题是偏向语用方面的概念，容易跟语法概念产生混淆，在一个话题句及主谓句中，主语也可以充当话题。主语与话题之分本来在学术界就争议不断，要跟学生解释清楚这两个概念的区别就更不现实了。

第三，话题教学法对教师要求较高。从第四部分各类话题教学与练习的设计中可以看出，话题教学法对教师做了多方面的要求。一方面，要求教师能够看到学生运用表格法、纸条法等练习时所产生的句子。话题教学法要求学生关注话题与述题本身，而对话题与述题的成分不做细分或较少做细分，这样虽然可以减轻学生掌握很多语法点的负担，但是也因话题、述题的具体成分未明确细分，学生易说出很多错误的句子。这时就需要教师及时发现并及时更正。从这个角度看，话题教学法只能在人数较少的班里进行。另一方面，话题教学法需要教师较好地掌握学生的母语。在背景语域式话题句、拷贝式话题句等相关练习和训练中，提到有些句子里设置语境的分句可以酌情用学生母语来表述，有些练习只关注学生掌握某一话题结构，对其他补充说明的部分也视情况允许学生用其母语表述。

此外，话题教学法，特别是其中的表格法与纸条法，都是循序渐进一步步加大练习的难度和复杂程度的，这需要教师在下一步练习进行之前使大部分学生真正理解当前练习的句子，这需要一定的教学经验。

结 论

本文先从有关汉语话题的文献中分析总结了汉语话题的定义、特点及类别，再以此为基础，分析语料，用作分析的语料为《汉语口语速成·入门篇》（上），主要分析各类话题结构在该教材中的分布特点。然后，根据前面的讨论与分析，提出针对不同话题及话题标记的相应的具体教学方法，总结出对外汉语初级口语教学中的"话题教学法"及其优势与局限。

本文的研究成果主要是，提出了论元共指性话题、时地语域式话题、领格语域式话题、背景语域式话题、分裂式话题、拷贝式话题、次话题与次次话题、话题标记的具体教学方法，并从中归纳总结出了包括表格法、纸条法、语境法和句子扩充法在内的"话题教学法"。

话题教学法存在一些缺点与局限，但它的可行性与其独特的优势更为明显。同时，话题教学法也存在一定的后续研究空间。

第一，可以以不同类型的话题为线索编写汉语话题口语教材。为让学生学习的句子由浅入深，教材可以这样编排：先是论元共指性话题，然后是领格语域式话题，再次是时地语域式话题，接下来是拷贝式话题、背景语域式话题、分裂式话题；在学生掌握了各类基本话题后，再系统地教授次话题、次次话题的结构；最后是话题标记的教学。第二，话题教学法不仅可以用在汉语口语教学方面，还可以用在汉语阅读教学中。阅读时，把存在次话题及次次话题的句子分析为一层又一层的"话题－述题"，比主谓谓句等复杂语法概念要易于理解与运用。前文论述中有练习是分析教材中含有次话题及次次话题的句子，此过程完全可以用在阅读理解上。

参考文献

［1］白央．如何培养与训练学生的语感［J］．西藏科技，2010（8）．

［2］曹秀玲，杨素英，黄月圆，等．汉语作为第二语言话题句习得研究［J］．世界汉语教学，2006（3）．

［3］陈宏．语感培养与语文教学［J］．考试周刊，2011（6）．

［4］陈赵赟．回声拷贝式"A就A"在现代汉语篇章中的考察［D］．浙江师范大学硕士学位论文，2009.

［5］冯桂华．普通话与都昌方言话题句的比较研究［D］．首都师范大学硕士学位论文，2006.

［6］付琨．试论和话题有关的几个概念［J］．衡水学院学报，2008（5）．

［7］李萍．汉语话题结构在英译时的主语选择［J］．玉溪师范学院学报，2008（11）．

［8］刘丹青，徐烈炯．话题的结构与功能［M］．上海：上海教育出版社，2007.

［9］刘金娥．浅析称谓语［J］．考试周刊，2009（36）．

［10］年文．浅谈对外汉语教学中的口语训练方法［J］．安徽文学，2010（9）．

［11］钱锦昕．对外汉语初中级口语教学中的几个问题［J］．科教文汇，2010（23）．

［12］宛新政．"V就V在P"格式的语义结构和语用功能［J］．语言教学与研究，2006（3）．

［13］王玲娟．对外汉语语感教学探析［J］．重庆交通学院学报，2002（1）．

［14］王若江．对汉语口语课的反思［J］．汉语学习，1999（2）．

［15］文旭．话题与话题构式的认知阐释［J］．重庆大学学报，2007（1）．

［16］杨眉．面向对外汉语的话题研究［D］．华中科技大学硕士学位论文，2005.

［17］姚庆杰．探讨提顿词的功能［J］．考试周刊，2009（36）．

［18］姚懿晨．现代汉语主题句的习得研究［D］．复旦大学硕士学位论文，2007.

［19］张燕俊．"V起O来"格式考察［D］．上海师范大学硕士学位论文，2011.

［20］张在凡．篇章中的领主属宾句研究［D］．上海大学硕士学位论文，2008.

［21］Rod Ellis. The Study of Second Language Acquisition［M］．上海：上海外语教育出版社，1994.

体演文化教学法在对泰汉语教学中的应用研究

——以泰国素攀府萨卡中学的初级口语教学为例

丁丹丹（2016 届汉语国际教育专业硕士）

导师：潘立慧

摘　要：美国俄亥俄州立大学吴伟克教授创立了一种新型的教学法——体演文化教学法。体演是体验和演练的简称，该教学法以演练文化为目标，认为第二语言的学习可以看作体验加演练这种文化的行为。体演文化教学法重视文化因素对语言运用的影响，注重真实语境中的实际交流。这和汉语口语教学不谋而合，都强调真实环境下的实际交流。目前，该教学法的研究主要针对欧美学生，而针对泰国学生的实践研究几乎为零。笔者利用在泰实习的机会，将该教学法应用于汉语初级口语教学，以期丰富对泰汉语口语教学法。

本文共分五个部分：第一部分为绪论，介绍文章的选题背景、研究目的、研究意义等，并对体演文化教学法和对外汉语口语教学研究进行研究综述；第二部分介绍体演文化教学法，论述该教学法的基本概念、教学原理、教学模式和策略；第三部分研究对外汉语口语教学的现状，阐述初级阶段口语教学的教学目标、教学内容以及口语教学的教材和教学法，并用问卷调查法对泰国的汉语口语教学现状进行调研与分析；第四部分根据体演文化教学法的教学理念设计具体教学案例，并运用于口语教学；第五部分为本文的总结部分，归纳和整理研究的主要内容和结论，指出本文研究中的不足之处以及今后的研究方向。

关键词：体演文化教学法　口语教学　案例设计

绪　论

（一）选题背景、研究目的及意义

1. 选题背景

随着中国经济的快速发展，人们学习汉语的热情迅速高涨，"汉语热"的流行趋势可谓势不可挡，汉语作为第二语言的教学研究也在这股潮流下逐渐深入。说一口流利的汉语，和中国人进行无障碍的沟通成为许多汉语学习者的热切期望，然而事实却并不如人愿。汉语作为第二语言的教学发展至今，在各个方面均取得了一定的成就，但传统课堂教学中的教师占据主导地位、学生被动接受的教学模式并未从根本上改变。汉语口语教学中出现的口语教材缺乏、教学模式单一、教学方法僵化等都是不容忽视的问题。

美国俄亥俄州立大学吴伟克教授等人在对对外汉语教学的理论研究和实践验证的基础上创立了一种崭新的教学法——体演文化教学法。该教学法的核心思想是让学生在真实的目的语文化环境中体验并演练目的语，强调有意识地重复那些"设定"事件。体演文化教学法自创立以来，经过几十年的实践和发展，在对外汉语教学中取得了一定的成绩，也引起了对外汉语教学界的关注。但国内对该教学法的研究不多，并且大部分停留在理论研究的层面，将该教学法应用于对外汉语初级口语课堂的实践研究更是寥寥无几。因此，将体演文化教学法引入对外汉语口语课堂教学以提高口语教学的效率是一项十分值得研究的课题。

2. 研究目的及意义

对外汉语课堂教学以语言技能为标准分为综合课、听力课、阅读课、作文课和口语课。20 世纪 80 年代以来，分课型教学成为普遍的教学模式，作为培养学生口语能力的口语课堂教学在实际的教学过程中出现了不少问题：教学手段单一、教学内容枯燥无趣、教学方法刻板僵化等。这使得原本应该生机勃勃的口语课堂失去了活力。受传统的"重语言、轻交际"对外汉语教学思想的影响，口语课的教学内容甚至出现了与实际生活脱节的现象。教学方法的不当等原因也使得多数的汉语学习者没有足够的机会利用所学口语在真实的目的语文化语境中进行交流，学习者在汉语的其他技能得到提升后却出现了口语交流中的"哑巴汉语"现象。

吴伟克创立的体演文化教学法重视语言和文化的关系，提倡在实际的课堂教学中创造出目的语国家的真实语言文化环境，让学生在体演的行为中学习目的语。学习语言特别是学习口语时，了解语言运用时的具体文化情景要素是必不可少的，否则就会直接导致所学语言在目的语国家不能进行正常和得体的交流。该教学法正是抓住了这一点并在实际的教学中不断丰富和发展。

国内对体演文化教学法这种新兴的教学法的研究还大都停留在理论层面，将该教学法应用到对泰汉语初级口语教学的实践研究不多。笔者利用在泰实习的四个月时间，以该教学法的理论为指导进行教学设计，详细记录学生的课堂反应并及时做好课后反馈工作，以期丰富对泰汉语口语教学的相关研究，为传统的对外汉语初级口语课堂教学改革提供经验和教训。

（二）研究对象及方法

1. 研究对象

本文的研究对象主要有两个。一是通过调查在泰实习生教师所在学校的汉语教学情况，了解对泰汉语教学的基本信息，考察研究体演文化教学法在泰国对外汉语课堂中实施的可能性和适用性，调查对象是泰国川登喜皇家大学素攀孔子学院的第 11 批赴泰实习生。二是调查笔者实习所在学校的汉语教学基本情况，涉及教师、教材、教具、学生等各个方面，具体分析学生的汉语学习情况、体演文化教学法在课堂实践中的运用和结果、学生对该教学法的反应，研究对象主要是笔者实习所在学校的学生。

2. 研究方法

本文主要的研究方法有文献法、观察法、个案分析法、访谈法、问卷调查法等。文献法贯穿论文写作的始终，主要用于论文写作初期的相关文献资料搜集和论文写作过程中的理论支撑。观察法和个案分析法主要用于对课堂教学的观察和分析，包括泰国本土汉语教师在汉语课堂教学中的有关情况分析以及笔者实施体演文化教学法时学生的反应和实施过后的反馈。访谈法和问卷调查法在论文写作过程中主要用于搜集对泰汉语教学的相关资料，为论文的理论写作部分提供真实的材料和数据。

（三）研究综述

1. 体演文化教学法综述

（1）国外相关研究综述

体演文化教学法是吴伟克教授融合情景教学法和任务教学法等教学法的长处而创立的一种崭新的教学法。该教学法诞生于美国，经过几十年的研究和发展，从理论和实践上都取得了一定的成就。1993 年，吴伟克在《体演文化——学习参与另一种文化》一文中从文化与外语学习的关系、文化与体演、外语学习中的文化体演等方面较为详细地论述了体演文化教学法的基本概念和设想。1996 年，吴伟克的《中文强化课程的设计》一文进一步丰富了该教学法的理论。在文章中，吴伟克具体阐释中文课程中的学习式教学法和习得式教学法以及演练和阐释两种基本教学模式，并详细分析在汉语学习者处于不同阶段时的语言课程和专业课程的教学。此后，其他学者也相继对该教学法做进一步的理论和实践探索。简小滨、谢博德从游戏和表演的角度进一步阐述体演文化教学法的内涵并将中国文化中的人际交往"规则"分为津津乐道的规则、视而不见的规则和"家丑不可外扬"的规则。Matthew B. Christensen 和 J. Paul Warnick 在教学实践的基础上提出理论课与实践课的教学内容和时间分配问题，分析体演评估标准和教师培训等方面的内容。2003 年，吴伟克在北京外国语大学国际交流学院做了题为《体验文化教学法若干原则》的学术报告。在报告中，吴伟克从外语学习的经济利益、体演文化教学法的基点、如何使用外语交流以及外语教学法的目的等方面来解释体演文化教学法的有关理念。虞莉从体演文化教学法的实习者和实践者的角度解释 Performance 的多重内涵、Performance 在实际教学中的体现和 Performance 在教师培训中的体现，从更深层次揭示"体演"所表达的"表演、运用、实践"等多层含义,丰富了"体演"的内涵。①

(2)国内相关研究综述

国内对体演文化教学法的研究相对较晚,前期的文献多是一些对体演文化教学法的介绍和将其应用到英语教学中的实践分析,直到近几年才出现了将该教学法具体运用到对外汉语教学中的实践研究。

曲抒浩、潘泰指出体演文化教学法以演练文化为目标,从该教学法的提出和发展、理论主张和特色以及在对外汉语教学中的应用三方面做了基本介绍。②

周林在英语教学中开展该教学法的实践,认为在文化中学习语言、在语言学习中演练文化的教学理念能够帮助学生在演练文化的过程中提高跨文化交际方面的能力。③

安小可从文化差异性、跨文化交际能力的培养、"体演文化"的基础及其在外语教学中的现实意义三个方面论述体演文化教学法在培养旅游专业学生的跨文化交际能力和提高专业技能水平以及综合素质方面具有指导意义和实践价值。④

唐春燕在参加 OSU 汉语旗舰工程暑期项目后认为该教学法为初级到高级各个阶段的汉语教学提出了不同的教学设计,在培养外国留学生融入中国文化氛围中进行地道的汉语交流方面具有显著的效果,但同时也指出了该教学法在培养学习者汉语知识、理论课的时间安排、教室场景设置等方面存在的不足。⑤

李聪将体演文化教学法引入国内的对外汉语教学课堂,在分析该教学法的课程设置和教学理念的基础上以上海外国语大学初级留学生汉语课堂作为实践对象设计完整的教学方案,并将该教学法引入口语测试,从教学实践和设计中总结该教学法的优势和存在的不足。⑥

郝影将口语教学和该教学法相结合,论述在口语教学实践中如何具体

---

① 虞莉.体演文化教学法学习手记:Performance[J].国外汉语教学动态,2004(4).
② 曲抒浩,潘泰.美国"体演文化"教学简论[J].教育评论,2010(5).
③ 周林."体验文化"教学法在旅游英语教学中的应用[J].海外英语,2011(7).
④ 安小可."体演文化"教学法在旅游英语教学中的现实意义[J].海外英语,2012(7).
⑤ 唐春燕.谈体演文化教学法在对外汉语教学中的特色[J].青春岁月,2012(2).
⑥ 李聪.初级汉语教学中的文化体演教学[D].上海外国语大学硕士学位论文,2012.

运用体演文化教学法的教学模式，并运用课堂实例、调查报告和演示讨论的方法对该教学法进行分析和总结，并指出未来的研究方向。①

莎娜根据体演文化教学法的口语课程设置特点，从分析蒙古国留学生的特点和中国内蒙古地区的对外汉语中级口语的现状入手，将该教学法带入课堂教学实践并进行案例分析，进而得出该教学法在对蒙中级汉语口语教学中具有优势的结论。②

张添威在分析体演文化教学法在高级汉语口语教学中具体应用的基础上，以韩国泰成孔子课堂的部分留学生为教学对象，设计具体的教学案例进行实践教学并在此基础上分析体演文化教学法在高级汉语口语课堂中的可行性、适用性和需要改进之处。③

国睿在深入分析体演文化教学法的"体演"与"文化"、方法与模式、课程设计和课程评估后，将该教学法与高级汉语综合课的教学相结合，以《起名字》一课为例从教学目标、教学方法、课时安排以及具体教学过程等方面详细分析该教学法的具体应用。④

国内外对体演文化教学法的研究从理论到实践不断深入，主要围绕国别、课型和学习者汉语水平三个方面，将该教学法与对外汉语口语教学相结合的研究相对较多，但研究的广度和深度不足。

2. 对外汉语口语教学相关研究综述

从语言交际的角度看，第二语言学习者的口语水平在一定程度上代表了学习者的第二语言水平。20 世纪 80 年代以来，对外汉语教学中的分课型教学成为普遍的教学模式，对外汉语教学界也围绕口语教学展开了广泛而深入的研究和探讨，涉及口语语法、留学生口语学习策略、口语教学手段和方法、口语教材、口语测试等诸多层面。⑤ 下面就相关文献进行概述。

① 郝影. 对外汉语口语教学中的"体演文化"教学法 [D].曲阜师范大学硕士学位论文，2012.
② 莎娜. 体演文化教学法在对蒙汉语口语教学中的运用 [D].内蒙古师范大学硕士学位论文，2014.
③ 张添威. 体演文化教学法在韩国高级汉语口语课堂中的应用研究 [D].辽宁师范大学硕士学位论文，2014.
④ 国睿. 基于体演文化教学法的高级汉语综合课教学设计 [D].山东大学硕士学位论文，2014.
⑤ 周梅. 2003 年以来对外汉语口语教学研究综述 [J].咸宁学院学报，2010 (4)：100.

（1）关于口语教学的性质、内容、特点和目标等的研究

赵金铭提出"说的汉语"和"看的汉语"的概念，认为这是两种不同的言语形式，即汉语的口头形式和书面形式。^① 陈建民认为：根据我国的实际情况，所谓汉语的标准口语，应指受过中等教育以上的说地道北京话的人常说的话，这是我们研究当代汉语口语的主要语言材料，是外国朋友学习汉语的活教材。^② 王若江进一步将汉语口语课中的汉语口语定性为：当代的普通话，包括用正式风格和非正式风格说出的。^③

申修言提倡通过单独开设一门口语作为口语体演的口语课来完成口语课应当承担的两项任务：一项是训练口头表达能力，另一项是教学生掌握口语词语和句式。^④ 王若江指出汉语口语课应该严格限制在普通话的范围之内，汉语口语即普通话口语，应该包括对话、辩论、独白、演讲等多种项目，且口语课应该始终把握言文一致的原则，口语的发展应该接受书面语的引导，口语语言也应该是规范的。^⑤ 徐子亮从学习者获得知识的认知心理过程角度来审视口语教学，认为口语教学的内部机制是由话语的产生、话语结构的建立以及执行三个阶段来完成的，并由此得出口语教学的内容和相关原则。^⑥

口语教学的任务及教学目标通常根据不同的标准划分为不同的层次和等级。国家汉办汉语水平考试部公布的《汉语水平等级标准与语法等级大纲（1996）》，从话题范围、掌握词汇语法的数量、在课堂上的表达能力和在实际交际中的会话能力这四个方面，将"说"的能力分为五级。杨寄洲主编的《对外汉语教学初级阶段教学大纲（一）》，从学生朗读时的语言质量（语音、语调及语速）、会话内容的范围和成段表述三个方面把初级阶段学生"说"的能力分为三个阶段。戴悉心根据教学训练的角度从语言系统能力、表达及得体表达能力和文化适应能力三个标准五个层次方面提出

① 赵金铭.“说的汉语”与“看的汉语”[C]//2002年国际汉语教学学术研讨会论文集.北京：北京大学出版社，2002：1.
② 陈建民.汉语口语 [M].北京：北京出版社，1984：14.
③ 王若江.对汉语口语课的反思 [J].汉语学习，1999（2）：40.
④ 申修言.应该重视作为口语体的口语教学 [J].汉语学习，1996（3）：39.
⑤ 王若江.对汉语口语课的反思 [J].汉语学习，1999（2）：38～44.
⑥ 徐子亮.汉语作为外语的口语教学新议 [J].世界汉语教学，2002（4）.

自己的标准和划分方法。① 国家对外汉语教学领导小组办公室编制的《高等学校外国留学生汉语教学大纲（长期进修）》将教学目标明确分为初等、中等和高等三个阶段，在这三个阶段中，又明确地规定听说读写各方面的能力目标。"说"的教学目标从单个字词的准确发音和日常生活基本口语交际到具备成段表达能力和一般性话题展开的能力再到高级阶段的话题系统性、完整性和得体性。国家汉办出版的《国际汉语教学通用课程大纲》从课程目标结构关系的角度将语言综合运用能力分为语言知识、语言技能、文化意识和策略四个方面，另外还提出了五级目标。五级目标中的语言技能包含对听说读写各单项技能的分级要求，划分较为详细具体。

（2）关于口语教学的教材建设研究

有根据口语学习的等级研究的，如佟秉正认为初级汉语教材的编写应从学习者角度出发，有效安排听说读写的内容和顺序，合理考虑语法结构和功能大纲的双重标准，要重视拼音的标注、字词的注释、语法的解释、语言文字的灵活性和练习的多样化等。② 刘德联、刘晓雨指出汉语中级教材内容脱离实际、孤立地进行文化宣传、编写体系格式化、语言过时和练习方法陈旧等问题后，提出要让书中人物具有性格特征、追求自然活泼的语言风格、紧跟社会语言以及口语知识，要系统化和补充口语常用语的建议。③ 常丹阳从语言的社会功能出发，认为高级口语课是培养学生口头交际能力的实践课，主张通过设置情景、课堂辩论和实地采访等实践活动淡化教材。④

有针对具体的口语教材所做的调查研究，如方欣欣针对北京三所高校运用《中级汉语口语》《现代汉语教程说话课本》《实用汉语会话系列教材》《中级汉语听说教程》四种教材参加口语课学习的留学生进行调查，指出口语教材的编写需从学习者的角度考虑，学生的国籍、背景、年龄、学历、学习动机等在一定程度上会影响学生的兴趣点，进而影响到教材的话

---

① 戴悉心. 留学生汉语口头言语交际能力的层次及其训练标准［J］.语言文字运用, 2001（2）.

② 〔英〕佟秉正. 初级汉语教材的编写问题［J］.世界汉语教学, 1991（1）.

③ 刘德联, 刘晓雨, 编著. 中级汉语口语下［M］.北京：北京大学出版社, 1997.

④ 常丹阳. 教材的淡化与高级口语教学［J］.语言文化教学研究集刊, 2000（4）.

题选择和内容的编写。杨艳和柯丽芸对《汉语900句》和《汉语会话301句》中的话题进行对比研究，指出教材中中心话题的辐射面和非中心话题的安排还需要慎重考虑。① 杨惠元②、杨继光③、卢晨④、曾玉⑤等都针对某一本或几本具体的口语教材进行了分析与研究。

也有从口语教材的内容和话题选择方面进行研究的。如李海燕从以交际为中心的教学法的角度出发，认为教材在语料选择方面要区别"所听"和"所说"。⑥ 汲传波通过统计留学生演讲话题的总体分布规律，总结出初、中、高三个阶段的话题总目录，为对外汉语口语教材话题的选择和确定提供了借鉴。⑦ 孙清忠从文化的角度对口语教材中文化项目的编写提出建议：文化项目的选编要有针对性、代表性和多样性，并且要系统地编排，让学生从教材中学习到一个完整的文化序列。⑧ 冯小钉从语言学的标记理论出发考察口语教材的编写，认为教材的编写应该从口头语言中的常规无标记部分到有标记部分。⑨ 2007年，他又从认知角度提出关联论对初中级口语教材编写的影响，认为反问句、俚语俗语和成语以及地方口头语等语言材料不应该较早地编入教材，这会增加教师的教学难度和学生的学习负担。⑩

（3）关于口语教学的教学方法和教学法研究

教学法的研究是提高口语学习效率的有效途径，也是对外汉语口语教学研究中研究者们关注的重点领域之一。教学方法是一个广义的概念，崔

① 杨艳，柯丽芸．对外汉语初级口语教材话题研究［J］.齐齐哈尔师范高等专科学校学报，2008（4）．

② 杨惠元．论《速成汉语初级教程》的练习设计［J］.语言教学与研究，1997（3）．

③ 杨继光．交际法与对外汉语初级口语教学［J］.成都师范高等专科学校学报，2003（1）．

④ 卢晨．《初级汉语口语》教材使用与评价［J］.教育教学研究，2008（2）．

⑤ 曾玉．也评《汉语口语速成（基础篇）》［J］.长沙大学学报，2008（7）．

⑥ 李海燕．从教学法看对外汉语初级口语教材的语料编写［J］.语言教学与研究，2001（4）．

⑦ 汲传波．对外汉语口语教材的话题选择［J］.云南师范大学学报（对外汉语教学与研究版），2005（6）．

⑧ 孙清忠．浅析对外汉语口语教材中文化项目的选择和编排［J］.暨南大学华文学院学报，2006（2）．

⑨ 冯小钉．标记理论与口语教材中的偏差现象［J］.云南师范大学学报，2004（6）．

⑩ 冯小钉．关联论对初级口语教材编写的指导意义［J］.广东外语外贸大学学报，2007（5）．

达送总结出变读为说训练、背诵训练、联想造句、联想说话训练、主题说话训练等教学方法。① 张云艳在分析对外汉语口语教学的现状之后，提出将口语训练贯穿于整个教学过程、充分利用现代化的教学手段丰富教学方法、组织各种语言实践活动的教学建议。②

也有从某一具体的教学法出发的，如连吉娥将功能法引入中级口语教学，分析了口语教材并提出口语教学过程的交际化原则。③ 孙宁宁以两堂口语课的课堂教学设计为实例，指出利用支架式教学法组织对外汉语中级口语教学时在组织对话课各环节的教学上优势非常明显，但合理搭建支架、设置问题和编排小组的问题还有待进一步思考。④

其中，关于如何将任务型教学法运用于对外汉语口语教学的课堂中这一问题的研究较受关注。赵雷提出将任务应用于对外汉语口语教学，最大限度地激发学生的学习动机，突出课型特点、转变教师角色等。⑤ 毛金霞更进一步用实例来说明任务型语言教学法在对外汉语口语课堂教学中的运用。⑥ 具体分析任务型教学法在对外汉语口语课堂教学中的任务前、任务中和任务后这三个阶段的具体运用以及任务型语言教学法的任务要素、角色要素和环境要素。朱靓、梁亮指出了游戏教学法的合理运用应把握的四项原则：以真实的交际任务为内在驱动、趣味性与竞赛性相结合、贴近学生的实际、与文化因素相结合。并用具体的实例说明如何将游戏教学法建立在任务型对外汉语口语教学系统中。⑦ 许希阳指出与传统口语教学相比，任务型口语教学模式以意义为导向，教学过程由一系列任务组成，并指出任务型语言教学中语言的准确性和中介语的发展问题。⑧

---

① 崔达送．汉语口语的教学方法 [J].汉语学习，1994（6）.
② 张云艳．对外汉语口语教学策略研究 [J].云南师范大学学报，2003（6）.
③ 连吉娥．功能法与预科汉语口语教学 [J].语言与翻译，2004（3）.
④ 孙宁宁．支架式教学法及其在对外汉语中级口语教学中的应用 [J].暨南大学华文学院学报，2004（4）.
⑤ 赵雷．建立任务型对外汉语口语教学系统的思考 [J].语言教学与研究，2008（3）.
⑥ 毛金霞．任务型语言教学法与对外汉语口语教学 [J].语言教学研究，2008（3）.
⑦ 朱靓，梁亮．游戏教学法在零起点汉语口语课堂的合理运用 [J].中国轻工教育，2008（4）.
⑧ 许希阳．以问题为导向的任务型教学研究 [J].暨南大学华文学院学报（华文教育与研究），2009（3）.

（4）与对外汉语口语教学相关的其他方面的研究

除了以上三个主要方面的研究外，学者们还围绕对外汉语口语教学进行了一些其他方面的研究。如黑琨针对对外汉语口语教学中的纠错问题所做的研究①，徐丽华、蓝蕊针对对外汉语口语教学中的词汇所做的教学研究②，陈作宏研究多媒体技术在对外汉语高级口语教学中的应用，王秀娟强调插入语教学在对外汉语口语教学中的重要意义和价值③，许希阳探索对外汉语口语成绩测试的新模式等。④

经过几十年的研究和实践的发展，对外汉语口语教学的理论正在逐渐丰富，涉及口语教学各个阶段的各个方面。其研究的范围在逐步扩大，研究的方法日益增多，研究的程度也在不断深入，但理论研究和实证研究的结合仍需加强。

一　体演文化教学法

（一）相关概念简述

1. 体演文化教学法中的"体演"

"体演文化"这一概念是对英文"performed culture"的翻译，将"culture"一词翻译成文化没有争议，但是对于"performed"一词的翻译和理解就复杂多了。从戏剧学的角度来理解，如果将外语的教学过程想象成一种表演过程，那么"体演"就是有意识地重复那些"设定事件"。这些事件根据卡尔森的推论，有五个规定性因素：①发生的地点；②发生的时间；③合适的脚本、节目或规则；④参与者的角色；⑤主动接受或被动接受的观众。⑤ 社会学对"体演"的定义是：个人是在特定的一群观察者面

---

① 黑琨. 对外汉语口语教学中的纠错问题 [J].中国大学教学，2006（8）.

② 徐丽华，蓝蕊. 对外汉语口语课中的词汇教学问题 [J].浙江师范大学学报（社会科学版），2006（6）.

③ 王秀娟. 插入语和对外汉语口语教学 [J].江西金融职工大学学报，2006（1）.

④ 许希阳. 对外汉语口语成绩测试新模式之探索 [J].语言教学与研究，2008（4）.

⑤ 吴伟克，主编. 体演文化教学法 [M].武汉：湖北教育出版社，2010：8.

前呈现的，并对这些观察者产生一定影响的一切行为。① 吴伟克教授也指出：个人会调整自己的行为以适应某个群体的规范，群体反过来也决定某一个人的属性。② 这都强调人是社会的人，人的一举一动包括人所特有的语言也会被这种社会性的关系所影响。在文化人类学的范畴内，"体演"的范围又被扩大了，可以指称一种文化里的任何人类活动或人文景观。

"体演"是一个综合概念，包括"表演、运用、实践、体会、体验、演出"等多层含义，同时具备时间、地点、角色、观众和台词等戏剧学上的要素和语言学、社会学、人类学的内涵。

2. 体演文化教学法中的"文化"

体演文化教学法中的"文化"首先指的是目的语文化。语言学家赫克托·汉默利（Hector Hammerly）将目标文化分成三部分：成就文化（某种文明中的标志性事物）、信息文化（某一社会所重视的信息种类）、行为文化（帮助人们驾驭日常生活的知识）。③ 简小滨指出：一般对外汉语教学中的"文化"实指文化研究中所谓的"成就文化"（achievement culture），比如在汉语教学当中穿插介绍一些中国传统文化等。但体演文化教学法中的"文化"，更多地指向那些直接影响着交流方式、进程以及结果的"行为文化"（behavior culture），比如在发展与修补关系的过程中有哪些合适的说法和做法，比如请求帮助以及同意或拒绝帮助的信号是以怎样的形态发出的，比如消除误解有哪些有效的说法和做法，又比如表达相反意见或者解决矛盾，双方会有什么样的预设与期待等。④

把行为文化的教学融入语言教学是体演文化教学法的亮点和特色所在，这种教学方法在教学中更多地注重为学习者创建目的语文化环境，并且在这种环境中让学生反复地操练如何运用正确且地道的目的语来进行表演。

---

① 虞莉. 体验文化教学法学习手记：Performance [J]. 国外汉语教学动态，2004（4）：24.

② 吴伟克，王建琦，杨双杨. 体验文化教学法若干原则（上）[J]. 国外汉语教学动态，2004（2）：11.

③ Hector Hammerly. Synthesis in Second Language Learning [M]. Blaine, WA: Second Language Publication, 1982: 512.

④ 简小滨. 代序："老问题"新思路 [M]// 吴伟克，主编. 体演文化教学法. 武汉：湖北教育出版社，2010.

（二）体演文化教学法的原理图示

吴伟克教授在探索体演文化教学法的过程中，根据学习者的学习规律，建立了行为者、活动和记忆三者之间的关系图示，称为"积累的循环"，如图1所示。

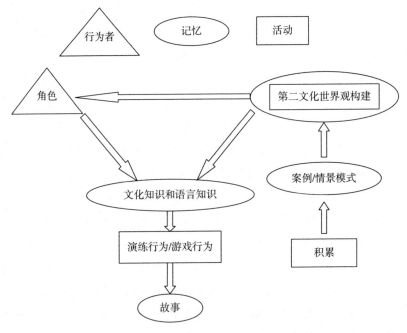

图1　行为者、活动和记忆三者之间的关系

这张流程图中的七个部分被分为三个模块：行为者（三角形）、活动（长方形）和记忆（椭圆形）。① 其中故事是核心，也是积累的最初步骤。在对外汉语的教学过程中，老师在课堂上可能会教给学生一套交际的原则，但这套原则在现实的生活中，在实际的中国人的语言交际中是否适用是存在疑问的。比如最简单的与人见面打招呼这一话题，多数课本上使用的是"你好"，但是中国人在日常生活中并不是见人都说"你好"的，不同的时间、地点、人物等因素都会导致打招呼方式的不同，有时甚至一个

---

① 吴伟克，野田真理，王庆新. 记忆未来：积累异国文化知识［J］. 国际汉语教学动态与研究，2005（1）：16.

微笑或简单的"嗨"也是一种很常见的打招呼的方式。因此，在对外汉语课堂上教师需要为学生营造相对真实的汉语交际情境，让学生通过具有一定文化知识和语言知识的演练行为带着这个"故事"或"记忆"离开课堂。最终，通过一个个具有完整情境"故事"的不断积累，构建起相对完整的第二文化世界观。下面对图1中的各部分做一简单介绍。

角色：指外语学习中的唯一行为者，在学习活动中出于自愿原则与人交流。角色是一个处于不断变化中的学习者。

文化知识和语言知识：基于目的语国家的文化信息和语言信息的记忆综合。这是书本和教师授课的主要内容，需要师生双方通过日常课堂的交流、阐释和讲解来达到沟通和传输的目的。[①] 测试的方法在一定程度上能够影响学生对这两种知识的掌握。

体演和游戏：在特定时间、地点的具体情境中既有角色又有听众的实践活动。同时，体演活动就是交际事件，在对外汉语的课堂上，体演活动由具体文化情境中的语言材料构成。[②] 体演行为可以小到道歉、见面打招呼，大到商业谈判。

故事：经历某种体演后保存在学习者脑海中的个人记忆。主要通过教室内的角色扮演和模仿活动来保存属于学习者的独特记忆。

积累：是指学习者在获得了讲述一个故事或表演这个故事的能力之后，把新故事和旧故事联系在一起所构建的知识范畴。积累的过程就是学习者把新旧知识有机融合的过程。

案例和情境模式：案例模式表现为在某一特定文化中一系列的活动行为，情境模式指的是发生在特定群体身上或特定处所中的一系列故事记忆[③]，是学习者对该情境中行为的理解。

第二文化世界观构建：通过在课堂内外不断积累起来的关于目的语国家的知识和文化进行升华从而内化为一种新知识和新技能或是建立自我感

---

① 吴伟克，野田真理，王庆新．记忆未来：积累异国文化知识 [J].国际汉语教学动态与研究，2005（1）：16.

② 吴伟克，野田真理，王庆新．记忆未来：积累异国文化知识 [J].国际汉语教学动态与研究，2005（1）：17.

③ 吴伟克，野田真理，王庆新．记忆未来：积累异国文化知识 [J].国际汉语教学动态与研究，2005（1）：19.

受。随着学习者文化交际技能的提高,积累的片段型的小故事不断汇集成复杂的知识结构①,并逐渐与本土的文化知识分开,从而构建起相对完整的第二文化世界观。

(三)体演文化教学法的教学模式和教学策略

1. 体演文化教学法的教学模式

吴伟克提出中文课程有两种基本教学方法:学习式教学法和习得式教学法。课程的基本教学模式包括演练和阐释两种。②

学习式教学法注重教学内容,例如语音、词汇、句型、文化习俗以及在特定情境下恰当的语言回应,课程设计的目标是增进学生的语言技能。习得式教学法侧重学习的进程,主要是教授学生在恰当的时间和地点使用口语和书面语的各种策略和技巧。侧重于教会学生运用语言解决实际生活中的问题。

学习式教学法分阐释(FACT)和演练(ACT)两种教学模式实施。也就是两种不同类型的课程:理论课(FACT)和实践课(ACT)。③

理论课包含语言和文化的讨论,例如语音、词汇、语法等方面的解释,也包括社会和文化问题、写作系统、读写惯例以及学习策略和话语策略的教授等。主要讲解说明性知识,其目的是为体演提供理论依据。理想地说,理论课应由曾有学习目的语经验的本地人教授,课程应主要以学生的母语教授。

实践课通过设置一定的文化场景,为学习者提供在目的语文化环境中进行体演的机会。所设置的情景必须与地道的目的语文化相符合,在帮助学习者了解体演的五要素——时间、地点、角色、脚本和观众后,教师在课堂上扮演次要的角色,负责指导和引导学生的体演活动,类似于戏剧导演。因此实践课应由目的语文化中的当地人教授。

2. 体演文化教学法的教学策略

教学策略是一种教学法理念在微观上的具体表现。体演文化教学法在

---

① 吴伟克,野田真理,王庆新. 记忆未来:积累异国文化知识〔J〕.国际汉语教学动态与研究,2005(1):21.

② 吴伟克,主编. 体演文化教学法〔M〕.武汉:湖北教育出版社,2010:58 – 59.

③ 吴伟克,主编. 体演文化教学法〔M〕.武汉:湖北教育出版社,2010:158.

不同的教学模式和课型中有自己的教学策略，特别是在实践课上，其教学策略有一定的规律，主要由以下三个部分构成。

构建语境：构建相对真实的目的语言环境是学生进行体演的前提。首先是教师可以通过多种方式来设计教室，包括选择相关的道具、图片等，目的是让学生体会环境的真实性。其次是任务真实，考虑所提供的语境在目的语国家是否会真实发生，在人们的日常交流中是否真的会出现这样的情况。再次是通过问答的方式帮助学生回忆语境中的时间、地点、人物等要素。最后是让学生在构建的相对真实的语境中进行体演。

变更语境：如果仅仅是表演已经预设的对话内容，那么教学就失去了活力。在表演的基础上，教师一方面要记下学生语音方面的错误，及时帮助学生纠正；另一方面要针对学生的表演内容进行提问，帮助学生及时巩固，还要及时地变更语境。如替换体演中的时间、地点、人物等要素，让学生在变化的基础上继续体演。

反馈与评估：体演文化教学法提倡将每节课中学生的课堂表现记录下来作为评估的一部分。课堂上教师对学生体演行为的反馈应该及时、准确。就初级阶段而言，可使用较简单的话语表达评价如"不对""对的""不好"等，在不断的体演、反馈与评估中提高学生的体演能力，进而提高学生的语言交际能力。

二 对外汉语口语教学状况研究

（一）对外汉语口语教学状况概述

初级阶段口语教学的目标主要集中在"说"上，首先对单个字、词的发音以及句子的语调能够基本掌握，并对日常生活中常见的打招呼、询问、祝贺、自我介绍等话题有初步了解，为中高级的口语教学奠定基础。

近几十年来，对外汉语口语教材的数量不断增加，形式日渐丰富多样，领域和地域针对性也有所增强，实用性与交际性原则不断受到重视。但是个别教材仍然存在一些问题：教材语言的口语化程度不够高，没有突出口语的词汇和语法特点，与实际生活脱节，语言要素的编写顺序欠缺考虑，与中国人现实生活中真正使用的口语相差甚远。这样的教材会使学习者学习的汉语口语在实际运用中出现问题，不能真正地掌握汉语口语。

对外汉语教学法多种多样，但由于各种教学法产生的背景不同，侧重点往往也有所区别，例如情景法和听说法就相对侧重口语能力的提升。但传统口语课堂的教学模式和教学方法因循守旧，依然保持着课堂教学中教师为中心、学生处于被动地位的状况。改变口语课堂教学的沉闷气氛，激发学生学习口语的兴趣，让学生在口语课堂上能说、敢说、想说是改善口语课课堂教学效果的关键。

（二）泰国对外汉语教学现状调研及分析

1. 泰国对外汉语教学现状调研

调研时间：2015 年 8 月

调研地点：泰国川登喜皇家大学素攀孔子学院

调研对象：川登喜皇家大学素攀孔子学院第 11 批赴泰实习生

调研方法：问卷调查、个别访谈

笔者采用问卷调查的方法，对川登喜皇家大学第 11 批赴泰实习生共发放问卷 56 份，回收调查问卷 56 份，有效调查问卷 54 份（调查问卷详见附录一）。

本调查问卷由 18 道选择题和 4 道简答题组成，选择题中有部分题目是多选题。1~9 题是对实习教师所在实习学校的学生、教师及对外汉语教学基本情况的调查，10~17 题是对实习教师本人的教学经历及在泰实习情况的调查，18~19 题是对实习教师所在实习学校的口语教学状况的调查。20~22 题是简答题，主要是为了进一步细致地了解实习教师所在学校的汉语教学情况，表 1 是统计数据。

表 1　统计数据

1. 你在实习学校所教学生是？

单位：人，%

选项	数量	百分比
A. 幼儿园	13	14.28

选项	数量	百分比
B. 小学	17	18.68
C. 初中	32	35.17
D. 高中	29	31.87
E. 大学	0	0.00

2. 你认为所教学生的总体汉语水平是?

单位：人，%

选项	数量	百分比
A. 零基础	27	45.00
B. 初级	28	46.67
C. 中级	4	6.67
D. 高级	1	1.66

3. 你认为学生上汉语课时的积极性?

单位：人，%

选项	数量	百分比
A. 很高	5	9.26
B. 较高	10	18.52
C. 一般	30	55.55
D. 较差	9	16.67
E. 很差	0	0.00

4. 你实习所在学校开设汉语课的时间已有?

单位：人，%

选项	数量	百分比
A. 1年以内（包括1年）	2	3.70
B. 1~2年（包括2年）	4	7.41
C. 2~3年（包括3年）	6	11.11
D. 3~5年（包括5年）	4	7.41

续表

选项	数量	百分比
E. 5 年以上	22	40. 74
F. 不清楚	16	29. 63

5. 你实习所在学校是否已有泰国本土汉语教师？

单位：人，%

选项	数量	百分比
A. 有 1 名	12	22. 22
B. 有 2 名	12	22. 22
C. 有 3 名	3	5. 56
D. 有 3 名以上	10	18. 52
E. 没有	17	31. 48

6. 你实习所在学校有无指定的汉语教材？

单位：人，%

选项	数量	百分比
A. 有	29	53. 70
B. 没有	25	46. 30

7. 你实习所在学校有无电脑、投影仪等教学器材？

单位：人，%

选项	数量	百分比
A. 有	38	70. 37
B. 没有	16	29. 63

8. 你所教的汉语课性质是？

单位：人，%

选项	数量	百分比
A. 必修课	26	46. 43
B. 选修课	15	26. 79

选项	数量	百分比
C. 基础课	4	7.14
D. 不清楚	11	19.64

9. 你是否独自教学？

单位：人，%

选项	数量	百分比
A. 是	40	74.07
B. 不是	14	25.93

10. 你上课时主要使用的语言是？

单位：人，%

选项	数量	百分比
A. 汉语	33	47.83
B. 英语	8	11.60
C. 泰语	28	40.57

11. 你在课堂上能否通过语言和学生很好地沟通？

单位：人，%

选项	数量	百分比
A. 完全可以	12	22.22
B. 勉强可以	37	68.52
C. 基本不能	5	9.26
D. 完全不能	0	0.00

12. 你认为自己的汉语课教学效果怎样？

单位：人，%

选项	数量	百分比
A. 很好	6	11.11
B. 较好	11	20.37
C. 一般	34	62.96

续表

选项	数量	百分比
D. 不好	3	5.56
E. 很差	0	0.00

13. 你的教学内容是否完全由自己决定？

单位：人，%

选项	数量	百分比
A. 完全是	27	50.00
B. 基本上是	16	29.63
C. 不是	11	20.37

14. 你之前是否出国进行过对外汉语教学，多长时间？

单位：人，%

选项	数量	百分比
A. 是，1 年以内（包括 1 年）	6	11.11
B. 是，1~2 年（包括 2 年）	1	1.85
C. 是，2~3 年（包括 3 年）	0	0.00
D. 是，3~5 年（包括 5 年）	0	0.00
E. 是，5 年以上	0	0.00
F. 没有	47	87.04

15. 你认为自己的课堂掌控能力怎样？

单位：人，%

选项	数量	百分比
A. 很好	11	20.37
B. 一般	37	68.52
C. 不好	5	9.26
D. 很差	1	1.85

16. 你对体演文化教学法的了解程度？

单位：人，%

选项	数量	百分比
A. 很了解	5	9.26
B. 知道	15	27.78
C. 听说过	19	35.18
D. 完全不清楚	15	27.78

17. 你实习所在学校的汉语课是否分课型教学（如综合课、口语课、听力课、写作课等分开教学）？

单位：人，%

选项	数量	百分比
A. 是	11	20.37
B. 不是	43	79.63

18. 你实习所在学校有没有开设汉语口语课？

单位：人，%

选项	数量	百分比
A. 有	15	27.78
B. 没有	39	72.22

19. 你认为所教学生的性格怎样？

单位：人，%

选项	数量	百分比
活泼热情	43	79.63
无纪律，不爱学习	3	5.56
男生调皮，女生安静	3	5.56
吵闹好动	2	3.70
多才多艺	1	1.85
低年级活跃，高年级一般	2	3.70

20. 你上汉语课时主要使用的是何种教学法？（如语法翻译法、听说法、游戏教学法、任务教学法、情景教学法等）

单位：人，%

选项	数量	百分比
语法翻译法	29	23.02
听说法	30	23.80
游戏教学法	31	24.60
任务教学法	18	14.29
情景教学法	18	14.29

21. 你认为实习所在学校的泰国本土汉语教师主要使用的是何种教学法？

单位：人，%

选项	数量	百分比
语法翻译法	26	38.81
听说法	11	16.42
任务教学法	10	14.92
情景教学法	3	4.48
无泰国本土汉语教师	17	25.37

22. 你上课时使用的是固定教材还是自编教材？如果是固定教材的话，使用的是何种固定教材？

单位：人，%

选项	数量	百分比
《中文》	3	5.56
《体验汉语》	11	20.37
《快乐汉语》	3	5.56
《说话》	1	1.85
《汉语应用》	1	1.85
《汉语教程》	2	3.70
《幼儿汉语》	2	3.70
《初级汉语》	1	1.85

选项	数量	百分比
固定教材和自编教材相结合	5	9.26
自编教材	25	46.30

2. 泰国对外汉语教学现状分析

通过对以上调查问卷统计结果的分析，结合笔者在实习期间与被调查者的谈话了解到的实习教师所在学校的汉语教学基本情况，总结出以下几点。

（1）泰国学校对汉语的重视程度较高，但学生的汉语水平和学习积极性有待提高

根据问卷统计结果可知，实习教师所在学校中有近33%的学校从低年级阶段就开始设置汉语课程，实施汉语教学。有40%以上的学校进行对外汉语教学的历史已有5年以上，有3年以上教学历史的占了近一半。这次被调查的实习教师所在学校有泰国本土汉语教师的超过70%，甚至有些学校还有3名或3名以上的本土汉语教师。孔子学院总部的官网数据显示：截至2016年1月，泰国共开设了14所孔子学院和11个孔子课堂，汉语课程的开设范围覆盖泰国的小学、中学和大学。这些数据说明泰国对汉语教学高度重视。大部分学校也有指定的汉语教材和教学所必需的投影仪、电脑等硬件设备。但是学生的汉语水平不尽如人意。实习教师认为大多数学生的汉语水平仍然处于初级甚至零基础阶段，学生上汉语课时的积极性也一般。

（2）实习教师与学生沟通的能力有限，教学技能不成熟，教学方法多而杂

被调查的实习教师中有近75%是独自教学，近80%的实习教师的课堂教学内容完全或基本上由自己决定。一方面，让实习教师完全自己决定教学内容和独自教学有助于实习教师尽快地把握课堂，掌握自己的教学进程；另一方面，实习教师中有国外汉语教学经历的人寥寥无几，大部分新手教师的对外汉语教学经验不足，加上泰语水平有限，使得教学效果大打折扣。只有22%的实习教师认为自己在课堂教学中能够完全运用语言和学生很好地沟通。有近70%的实习教师认为自己的课堂教学效果一般或不

好，有近 80% 的实习教师认为自己的课堂掌控能力一般或不好。大部分实习教师认为所教的泰国学生性格活泼好动，为了引起他们的学习兴趣，在进行教学时往往综合运用多种教学方法，这使得课堂教学呈现不稳定性。以上种种因素使得实习教师在进行对外汉语课堂教学的过程中心有余而力不足，教学效果令人担忧。

（3）本土汉语教师的教学方法单一，学校对口语课的重视程度不够

根据调查统计结果可知，实习教师所在学校的泰国本土汉语教师使用的教学方法主要是语法翻译法，教学方法单一，不利于调动学生的积极性。被调查的大部分学校没有实行分课型教学，所用教材多用于综合性教学。开设口语课的学校不超过 30%，大部分学校将汉语课作为选修课，基本上处于用综合性教材进行综合课教学的状态。一方面由于汉语课的性质，学校对汉语课的设置没有实行分课型教学；另一方面由于教材的限制，口语课没有合适的教材可教，导致汉语口语课在泰国的中小学汉语教学中基本上处于可有可无的地位。

（三）萨卡中学汉语教学状况概述

萨卡中学位于泰国素攀武里府萨卡中镇，设有初中部和高中部，学生 500 人左右，教师约 35 人，其中泰国本土汉语教师只有 1 人。初中部的学生较多，高中部的学生由于辍学人数相对较少。该校实行汉语教学的时间已有 8 年以上，在笔者来之前只有初中部学习汉语，孔院的实习教师每个学期教初中三个年级的汉语选修课和兴趣课。选修课是每个年级的三个班一起选修，每个班每周 2 节课。兴趣课只有一个班，是初中三个年级九个班共同选修的，每周 3 节课。本土汉语教师教授的是汉语基础课，三个年级的九个班都要学，每个班每周 1 节课。学校无明确的汉语教学大纲，无指定的汉语教材，所教授的内容完全由授课教师自己决定。但这个学期学校实行改革，初中部和高中部都开设了汉语课。其中初中部开设了汉语选修课和兴趣课，汉语选修课是在开学初由学生自愿选修的，每个年级都设有一个班，每个班每周 1 节课。汉语兴趣课则是初中三个年级的学生一起选修，每周一节课。高中部既有汉语选修课又有汉语基础课。但由于高中已经分科教学，所以汉语选修课虽然一共三个班，但和初中不一样，只有

每个年级的文科班才选修，每个班每周 2 节课。每个年级的（1）班是理科班，必修数学或科学，每个年级的（2）班和（3）班是文科班，其中（2）班必修汉语，（3）班必修艺术。本学期笔者在该校所教授的课程是初中部三个年级的汉语选修课和高二、高三两个年级的汉语选修课。其中初中部的汉语选修课人数较多，每个班平均 35 人。高中部的汉语选修课人数较少，每个班平均 12 人。汉语课在该校学生的日常学习课程中占据了一席之地，但多以选修课的形式出现。虽然每个学期的汉语选修课都有期中考试和期末考试，但汉语不是升学等正规考试的必考科目，所以学生学习汉语的外部动机不强。

1. 教师、教具和教材分析

萨卡中学近三年的汉语课程都是由该校一位泰国本土汉语教师和川登喜皇家大学素攀孔子学院所派的一位实习教师共同负责。每个学期从开始到结束，两位老师分别负责各自所教的课程，无须协商任何有关汉语课程的教学内容、教学方法。笔者参看往年该校实习生教师所写的教学日志，其所教授的内容多有重复的部分，如关于《水果》《表情》《交通工具》这几课往往一个学年之内在相同的年级重复教学，在一定程度上影响了学生学习的积极性，造成学生对所学课程渐渐失去了兴趣。

萨卡中学与川登喜皇家大学素攀孔子学院合作，在该校专门设置了一间汉语教室，可容纳约 40 名学生。教室内配置了电脑、投影仪、音响和较大的白板，能基本满足教学的硬件设施要求。教室内部的墙上还张贴了中国地图和世界地图以及具有中国元素的图画。从教学环境来看，教室内具有浓厚的中国文化元素气息，在一定程度上为学生营造了学习汉语的良好氛围。教室内还有由高等教育出版社和泰国教育部基础教育委员会合作出版的泰语版《体验汉语》（第二版）的一整套初中教材，但并未投入使用。汉语课上没有教材，完全由教师讲授，学生做笔记。在教具和教材方面，可以使用和这些教材配套的挂图、生词卡片等教学用具，但由于实习教师每个学期都要更换，学生无固定的教材，学校没有统一的教学大纲，造成该校的汉语教学比较混乱，加上泰国学生认为汉语难学产生畏难心理等原因，萨卡中学的汉语教学效果并不理想。

2. 学生分析

笔者实习所在学校多为 11～18 岁的泰国本土学生。初一的学生大部分是从萨卡小学毕业后来读的初中，也有从其他学校毕业的，他们的汉语水平基本是零基础。高中的学生大部分是初中三年在萨卡中学学过汉语的，有些学生能够勉强拼读汉语拼音，也有基础好一点的可以说个别词和句子。学生的性格较活泼，低年级学生在课堂上比较好动，在上课时会和同学打闹甚至在课堂上走动。高年级学生有时不来上课，特别是高三学生，主要是他们不爱学习，也不准备读大学，对学业没抱什么希望。这样的状态和心理也导致部分学生在上课时不认真听讲。但学生们对唱歌、画画、跳舞和手工制作等具有浓厚的兴趣。泰国学生没有太大的升学压力，不像中国有似千军万马过独木桥的中考和高考，所以学生学习汉语的外在刺激往往不强，加上汉语只是作为学生的一门选修课，不是升学考试所必须考的，所以对汉语不感兴趣的学生在课堂上往往注意力不集中，不喜欢听课。如何提高学生的学习兴趣，提升学生学习汉语的动力成为对泰汉语教学中十分值得思考的问题。

3. 萨卡中学初级汉语教学状况调研及分析

调研时间：2015 年 8 月

调研地点：泰国素攀府萨卡中学

调研对象：泰国素攀府萨卡中学学生

调研方法：问卷调查、课堂观察、个别访谈

笔者采用问卷调查的方法，对萨卡中学的学生共发放问卷 140 份，回收调查问卷 140 份，有效调查问卷 140 份。其中男生 55 人，女生 85 人，调查者的年龄大部分在 12 ~ 18 岁。（调查问卷详见附录二）

本调查问卷由 21 道单选题组成，1 ~ 4 题是对该校学生学习汉语基本情况的调查，5 ~ 14 题是对该校学生学习汉语口语相关情况的调查，15 ~ 21 题是对在汉语课上运用体演文化教学法的可能性的调查，表 2 是统计数据。

表 2　统计数据

1. 你学习汉语有多长时间了？

单位：人，%

选项	数量	百分比
A. 不到 1 年	37	26.42

选项	数量	百分比
B. 1~3 年（包括 1 年）	73	52.15
C. 3~5 年（包括 3 年）	26	18.58
D. 5 年以上（包括 5 年）	4	2.85

2. 你为什么学习汉语？

单位：人，%

选项	数量	百分比
A. 个人兴趣	93	66.43
B. 家长要求	1	0.71
C. 出国需要	5	3.57
D. 方便以后找工作	31	22.15
E. 认识更多朋友	7	5.00
F. 其他	3	2.14

3. 你喜欢学习汉语吗？

单位：人，%

选项	数量	百分比
A. 喜欢	105	75.00
B. 一般	34	24.29
C. 不喜欢	1	0.71
D. 讨厌	0	0.00

4. 你觉得学习汉语难吗？

单位：人，%

选项	数量	百分比
A. 很难	16	11.43
B. 一般	94	67.15
C. 不难	23	16.42
D. 容易	7	5.00

5. 相比较而言，你觉得自己学习汉语时下列哪项最难？

单位：人，%

选项	数量	百分比
A. 听力	25	17.85
B. 口语	28	20.00
C. 阅读	27	19.29
D. 写作	60	42.86

6. 你认为学习汉语时掌握下列哪项技能最重要？

单位：人，%

选项	数量	百分比
A. 听	29	20.72
B. 说	69	49.28
C. 读	13	9.29
D. 写	29	20.71

7. 你认为你的汉语口语怎么样？

单位：人，%

选项	数量	百分比
A. 很好	2	1.40
B. 一般	65	46.44
C. 较差	67	47.87
D. 很差	6	4.29

8. 你觉得影响你汉语口语水平的主要原因是？

单位：人，%

选项	数量	百分比
A. 自身原因	77	55.00
B. 老师原因	30	21.43
C. 学习时间短	26	18.57
D. 其他原因	7	5.00

9. 你喜欢学习汉语口语吗？

单位：人，%

选项	数量	百分比
A. 喜欢	85	60.72
B. 一般	50	35.71
C. 不喜欢	4	2.85
D. 讨厌	1	0.72

10. 你认为学习汉语口语重要吗？

单位：人，%

选项	数量	百分比
A. 重要	124	88.57
B. 一般	15	10.72
C. 不重要	1	0.71

11. 你是否期待自己能说一口流利的汉语并能和中国人正常地交流？

单位：人，%

选项	数量	百分比
A. 十分期待	76	54.28
B. 一般	51	36.43
C. 不期待	13	9.29

12. 如果学习汉语口语，你最希望学习？

单位：人，%

选项	数量	百分比
A. 中国人日常生活中的交流用语	102	72.86
B. 中国的俗语、成语之类	1	0.71
C. 口语教材上的内容	29	20.72
D. 其他内容	8	5.71

13. 在你说汉语时，如果遇到不会说或自己说的汉语对方不明白的情

况时，你会？

单位：人，%

选项	数量	百分比
A. 寻求别人帮助	30	21.43
B. 用肢体表达	44	31.43
C. 放弃，不说了	10	7.14
D. 尝试用母语和英语解释	53	37.86
E. 其他	3	2.14

14. 你认为学好汉语口语最重要的是？

单位：人，%

选项	数量	百分比
A. 上课认真听老师讲	67	47.86
B. 多用汉语交流	59	42.15
C. 自己学习	13	9.28
D. 其他	1	0.71

15. 在汉语课上，你一般是？

单位：人，%

选项	数量	百分比
A. 自己主动学习，做笔记，回答老师的问题	111	79.29
B. 积极性不高，听老师的安排	10	7.14
C. 不愿主动参与课堂，老师让我回答我也不想说	3	2.14
D. 我觉得有意思时才听课，不然就忙自己的事	16	11.43

16. 你比较喜欢什么样的上课方式？

单位：人，%

选项	数量	百分比
A. 老师为中心	38	27.14
B. 学生为中心	7	5.00
C. 老师和学生互动较多	48	34.29
D. 让学生参与课堂	47	33.57

17. 你在课下会复习汉语课学过的知识吗？

单位：人，%

选项	数量	百分比
A. 每次都会	10	7.14
B. 有时会	105	75.00
C. 不会	25	17.86

18. 下课后你会自己主动学习汉语吗？

单位：人，%

选项	数量	百分比
A. 会	13	9.28
B. 有时会	57	40.72
C. 很少自己学	49	35.00
D. 完全不会	21	15.00

19. 你对现在汉语课上老师上课的方式满意吗？

单位：人，%

选项	数量	百分比
A. 满意	117	83.57
B. 一般	21	15.00
C. 不满意	2	1.43

20. 你在汉语课上开口说话的机会多吗？

单位：人，%

选项	数量	百分比
A. 多	28	20.00
B. 一般	81	57.86
C. 不多	29	20.72
D. 完全没有	2	1.42

21. 你是否喜欢老师利用音乐、视频、表演等方式上课？

单位：人，%

选项	数量	百分比
A. 喜欢	117	83.57
B. 一般	20	14.29
C. 不喜欢	2	1.43
D. 讨厌	1	0.71

除了以上问卷调查的统计结果，笔者在实习期间还通过观察汉语课堂教学中学生的学习状况以及与教师和学生的谈话进一步了解学生学习汉语的相关情况。通过分析，得出以下几点结论。

（1）学校对汉语教学比较重视，学生学习汉语的目的和动机较明确

笔者实习所在学校的汉语教学已持续 8 年以上，今年学校对汉语课程做了一些变动：在高中部新开设汉语选修课和汉语基础课。汉语并不是高中升学考试的必考科目，但学校依然加大了汉语教学的力度，这从一个侧面反映出泰国的对外汉语教学越来越受重视。从调查统计结果来看，学习汉语 1 ~ 3 年的约占被调查人数的 50%，3 ~ 5 年的约占 20%，总体来说该校学生学习汉语的时间都不算太短。至于为什么学习汉语，个人兴趣和方便以后找工作这两个原因分别约占 66% 和 22%，学生学习汉语的动机和目的较明确，而且多是与学习个体的实际需求相关。同时调查结果显示大部分学生是喜欢学习汉语的，约占被调查人数的 75%，学生对汉语学习的兴趣和期望都较高。

（2）学生的汉语口语较差，但对汉语口语的学习期望较高

汉语的语法特征和泰语的语法特征存在很大的相似性，但是汉语的听、说、读、写等各方面的技能学习对泰国学生来说有一定的难度。其中，被调查者中约有 43% 的人认为汉语的写作技能是最难的。在被问到学习汉语掌握哪项技能最重要时，被调查者中约有 50% 的人认为"说"这一项技能最重要。在学生心目中，难度和重要性并不具有一致性，这种情况为实际课堂教学提供了一定的参考价值。学生学习汉语的时间集中在 1 ~ 3 年，但普遍觉得自己的汉语口语水平一般或较差。学生对自己的汉语口语水平并不满意，其中有 20% 的学生将这种现状归因于授课教师。

另外，调查结果显示学生对汉语口语学习的期待较高，有近90%的被调查者认为学习汉语口语是重要的，对自己能说一口流利的汉语并能和中国人正常地交流的期待也较强烈。在汉语口语学习的内容方面，有近73%的被调查者表示希望学习中国人日常生活中的交流用语，表明学习者希望学习的是"活生生"的口语，而不是死板僵硬的语言材料。学生在表达遇到困难时多半是寻找其他方法，选择放弃不说的人仅占7.1%，这也说明了学生在说汉语时试图让对方明白的动机很强烈，这种强烈的动机也会在一定程度上影响到学生口语学习的积极性。关于学好口语的方法这一方面，认为上课认真听老师讲和多用汉语交流的人约占90%，这表明在学好口语的过程中教师的重要性和用所学第二语言交流的必要性。

（3）学生的课堂配合程度较高，但课下投入的学习时间不够

笔者通过观察本土汉语教师的课堂发现，大部分学生在汉语课上都是跟着老师的教学步骤走，整个课堂基本上还是以教师为中心。在被调查的140名学生中，有近80%的学生表示在课堂上自己主动学习，做笔记，回答老师的问题。但也有近20%的学生表示不愿参与或被动参与课堂活动。而在关于上课方式的调查中，以学生为主体和让学生参与课堂的认可度较高。这一结果表明对外汉语课堂教学方法还有待改进。另外学生在课下复习汉语的时间和主动学习汉语的时间明显较少。调查结果显示只有约7%的人每次在课下都会复习汉语知识，而对于下课后自己是否主动学习汉语这一问题，有50%的学习者表示很少或完全不会。学生对现在汉语课上老师的上课方式基本满意，但是学生在汉语课上开口说话的机会并不多。至于上课的方式，有近84%的学生表示喜欢老师用音乐、视频、表演等方式上课，这些调查结果都表明了一个问题：传统的汉语课堂教学模式需要改进。

（4）体演文化教学法实施的可能性分析

通过分析调查结果可以得知：学生学习汉语的兴趣较浓，目的性也较强。对于汉语口语的学习，学生的积极性较高，有60%的学生表示喜欢学习口语，有近89%的学生表示学习口语比较重要。但学生对自身的汉语口语水平并不满意，在汉语课堂教学中开口说话的机会并不多，这些都是对

外汉语课堂教学中需要改进的地方。但相对于传统的口语课堂，体演文化教学法的演练课可以大大提高学生在课堂上的开口率，让学生成为课堂的主体，而且也更能满足学生学习中国人日常生活中的交流用语的愿望，符合学生用表演等方式学习汉语的心理。因此，在该校的汉语口语课堂教学中利用体演文化教学法教授口语具备一定的主客观条件。

三　体演文化教学法在初级口语课堂中的运用

本文的第二部分主要介绍体演文化教学法的相关理论基础，第三部分分析泰国的对外汉语教学基本情况。本部分主要从笔者实习所在学校的汉语教学现状入手，利用前两部分的相关理论和调查所得的材料，将具体的教学案例带入汉语口语的课堂教学，观察学生的反应，做好课堂记录和教学反馈工作。

（一）案例设计

笔者在实习学校所教五个班的汉语课都是选修课，其中高二的选修课只有 8 个女生选修，大部分是初中时选修过汉语课的，有一定的汉语基础，个别学生基本上能够拼读汉语拼音。笔者根据体演文化教学法实施的必要条件（为确保所有学生都有机会充分地体演，实践课应保持小班教学）建议班级的规模不应多于 15 名学生，8 ~ 12 人是最适宜的。① 选择高二的这个班作为实验班，进行体演文化教学法的相关案例设计和实施。而这个班的汉语选修课是两节课连上的，有利于教学的连续性，笔者将每次课的第一节课作为理论课，第二节课作为实践课，充分考虑到汉语口语教学中文化和交际的双重因素，参考有关教材和资料设计最简单、最基本的汉语口语对话作为教学案例。通过观察教学过程中学生的反应和课后对学生进行访谈等方法收集第一手资料，分析体演文化教学法在对泰初级汉语口语教学中的适用性及相关的经验教训。

---

① 吴伟克，主编.体演文化教学法 ［M］.武汉：湖北教育出版社，2010：159.

（二）案例实施

1. 案例一

（1）教学内容

课文：《打招呼》

情景一　两人初次见面，经第三方介绍　地点：某公司

A：XX，这是XX。XX，这是XX。

B：你好！

C：你好！

情景二　时间：早上　地点：学校　人物：学生和老师

A：老师好！

B：你好！

情景三　时间：中午　地点：学校　人物：老师和老师

A：吃过饭了吗？

B：吃了。/吃过了。/吃了，你呢？

情景四　时间：晚上　地点：超市　人物：偶然相遇的朋友

A：嗨！XX，很久没见了，你最近好吗？

B：挺好的，你呢？

A：我也挺好的。

（2）教案

课程性质：初级汉语口语课。

教学对象：汉语初级班8名高二学生。

教学理念：使用体演文化教学法设计并教授课程，让学生在真实的中国文化中体验实际生活中的中国人是如何根据不同的时间、地点和人

物的身份来打招呼的。

教学目标：

①语言知识：掌握正确的语音、语调和句子表达方法。

②文化知识：理解汉语中打招呼这一礼节性文化的内涵，能够在适当的场合得体地运用。如打招呼时如何握手，面部表情如何，眼神是如何交流的等。

③交际功能：学会在不同的情景中运用适当、得体的语言与人打招呼。

教具准备：PPT、卡片、黑板。

教学课时：2课时（40分钟/课时）。

课时安排和教学步骤：

①熟悉课文（15分钟）：教师在黑板上展示课文内容，学生在教师的带领下了解课文内容。

②关键字、词、句讲解（15分钟）：将课文中对应的生词翻译成泰语，帮助学生理解其含义。利用图片帮助学生理解课文中出现的人物身份及其关系，掌握不同人物在特定情景之下打招呼所用的不同句式，体会其中的文化含义：A. 两人初次见面，经由第三方介绍时该如何打招呼；B. 老师和学生早上在学校相遇时该如何打招呼；C. 老师们中午在学校相遇时怎样打招呼；D. 晚上在超市偶然相遇的朋友会如何打招呼。

③把握课文，初次体演（20分钟）：A. 给学生8分钟的时间熟悉课文，然后教师先和个别学生合作演练课文内容，让学生了解演练中应该注意的问题，为学生之间的体演提供示范；B. 等到学生都体演完之后，教师进行总结，指出学生在体演过程中的不足之处，包括语音、语调、动作和神态等方面；C. 学生随机组合表演课文内容，尽量使每个学生都能体演不同情景中的每一个角色。

④加强巩固，深化演练（20分钟）：A. 在所有学生都初次体演课文的基础之上，教师进行总结，既要指出个别学生的不足之处，也要对所有学生在整个体演过程中的表现给出评价，激发学生对表演的欲望；B. 制作不同的身份卡片，如"教师""学生""朋友"等，让学生随机

抽取身份卡片进行表演，了解学生对所学课文内容的理解和掌握程度。

⑤总结课文（10分钟）：教师与学生共同总结课文，回顾在不同情景中不同身份的人是如何打招呼的。

（3）教案实施记录

这是笔者在实习学校第一次用体演文化教学法进行教学设计，教案设计时较多地考虑了实用性与生活性，因此选择了打招呼这一生活中常见的话题。打招呼是初级汉语教学课程中必不可少的一节课，大部分的对外汉语教材都会以"你好"作为教授的内容，但实际生活中中国人打招呼的方式并不只有这一种，外国人学中文，学的第一句话就是"你好"，通常被译为"Hello"或"How are you?"，因此，这一词语经常在西方文化中进行问候的场合被使用。中文的问候语被想当然地认为适合于任何文化，这使得美国人一遇到人，就说"你好"，就像在戏剧或电影中看到的那样，成为美国人讲中文的笑料。① 基于这样的背景，笔者特意向学生介绍了中国人打招呼的不同情况。由于课文是笔者自己设计的，在课堂教学过程中学生没有教科书，所以在教学时学生跟着教师的节奏在黑板上抄写课文，花费了一定的时间，课堂气氛也显得有些沉闷。

在后面的教学过程中，学生表现出较高的积极性。在第二部分的讲解中，笔者充分利用图片的优势，结合必要的泰语翻译让学生较快地掌握了课文中的生字生词。而且图片中的场景变化能够让学生更直观地了解具体情景的变化，能够为课文内容的理解提供帮助。学生能够深刻地了解到在现实生活中打招呼的方式是因时因地因人而异的。第三部分的表演考虑到学生对该教学法的陌生，先是教师与学生合作表演作为示范，提醒学生应该注意的细节，然后让学生自己表演。这是学生第一次体验用表演的方式学习汉语。这个环节进行得较慢，但班级人数并不多，时间上没什么压力，整个过程中学生的表演整体上还算顺利。存在问题较多的是语音、语调，如"你好"这样的句子因为是两个上声相连要进行变调，但是学生基

---

① 吴伟克，野田真理，王庆新. 记忆未来：积累异国文化知识［J］.国际汉语教学动态与研究，2005（1）：17.

本上还是两个音都发成第三声或者第三声发不准，个别长些的句子如"很久没见了，你最近好吗？"学生不知道该如何断句，也不能把握问句的句调。还有就是忽略了文化内涵的表演，如握手时应该面带微笑看着对方的眼睛，学生在表演时由于过分关注语音和句子往往会忽略这些十分重要的细节。如学生在扮演老师这一身份时没有充分融入角色，在跟学生打招呼时低头弯腰，表现得过于谦卑。表演时根据情景的不同以两个或三个学生为一组，同一组中的每个学生会先后表演不同的角色，教师在观看学生表演时会及时地做好相关记录，在每一组学生表演结束后纠正其语音错误并提醒其表演细节方面的缺陷。这样的安排能够及时地纠正学生的错误，其改正的概率也较大。在第四部分中，因为有了前面的基础，学生基本上能够正确地进行体演，但还会存在发音和个别句子表达欠缺等问题。最后的总结部分可能由于临近下课，部分学生的注意力已经分散，所以回答问题也不是很积极，需要教师较多地进行引导。

（4）学生的反应

体演文化教学法对于学生来说是一种崭新的教学法，学生以前从未体验过，在初次教学过程中，她们表现出一种强烈的新鲜感，十分配合笔者的课堂教学。但也因为以前没有接触过，对这种教学法学生难免感到生疏。在教学的过程中，语音方面的问题较多，班级中有陈月和陈春叶这样两位同学，因为"陈月"和"春叶"的发音相似，她们在相互介绍时经常弄混，花费了好长一段时间。"你好""老师好""挺好的"等汉字中的前后鼻音和平翘舌的发音也存在问题。在表演中也有一些细节她们并没有注意到，如情景一中的角色在说话时要微笑和看着对方这种表示礼貌的细节。还有一个问题就是情景四的表演对她们来说似乎有些困难，因为句子稍长，她们记不住。总体上来说，教学内容基本完成，学生的反应良好。

（5）教学反思

这是笔者第一次运用体演文化教学法来教授汉语口语，虽然上课前已经准备了PPT和卡片，也就词语和句子的翻译和有关文化情景的问题向泰国的本土汉语老师请教过，但课堂教学的过程中还是有些问题。首先，学生并未按时上课，人也没有来齐，由于是第一次在实习学校上课，这种突发状况在笔者的意料之外。其次，由于是上午的最后两节课，临近放学时学生会表现出一些倦怠。最后，在实施体演文化教学法时，由于笔者的泰语水平有限，不能完全和学生无障碍地沟通，在表演之后也无法顺利地对学生进行提问和变换陌生场景让学生表演。这些问题在一定程度上影响了正常的教学和体演文化教学法实施的质量。笔者设计的教学内容也存在一些问题，虽然时间、地点、人物、事件的表述都十分清楚，但对话中有的细节并没有注意到。例如情景一的介绍应该是有长幼顺序的，但在对话中并没有很好地体现出来。这些都是在以后的教学中需要注意和改进的地方。

2. 案例二

（1）教学内容

课文：《问姓名》

情景一　长辈对晚辈

A：你叫什么名字？

B：我叫 XX。

情景二　晚辈对长辈

A：请问您贵姓？

B：我姓 X，叫 XX。

（2）教案

课程性质：初级汉语口语课。

教学对象：汉语初级班 8 名高二学生。

教学理念：通过不同身份的人之间询问姓名这一生活中常见的情形，使用体演文化教学法让学生体会融入汉语口语的中国文化。

教学目标：

①语言知识：掌握正确的语音、语调和句子表达方式；②文化知识：

了解询问姓名这一常见话题中隐含的文化含义，能够在适当的场合得体地运用；③交际功能：学会根据自己的身份得体地询问对方的姓名。

教学目标：

①语言知识：掌握正确的语音、语调和句子表达方式；②文化知识：了解询问姓名这一常见话题中隐含的文化含义，能够在适当的场合得体地运用；③交际功能：学会根据自己的身份得体地询问对方的姓名。

教具准备：PPT、卡片、黑板。

教学课时：2 课时（40 分钟/课时）。

课时安排和教学步骤：

①熟悉课文（10 分钟）：主要是学生抄写黑板上的课文和泰语翻译，然后教师带领学生初步了解课文。

②课文讲解（15 分钟）：A. 这篇课文的内容较少，句子也较简单，讲解时主要抓住个别字词的读音，如"你"和"您"以及询问姓名的两种句型"你叫什么名字"和"请问您贵姓"。B. 在对课文中的两种句型出现的不同情景进行解说时配上具体的图片，如在解释第一种情景出现的具体情况时，配上一幅老人面带微笑蹲着和小孩说话的画面，并在图上标明老人和小孩的对话。解释第二种情景出现的具体情况时，配上一幅年轻人和白发苍苍的老人说话的图片。这样的设计能将许多潜在的因素清晰地展现，再加上具体的泰语解释，让学生很快记住课文内容。C. 在学生掌握这两种句型的情况下呈现更多的图片，如年纪相仿的年轻人、正式场合中记者采访别人等，让学生思考在这些场合选择使用哪种句型更合适。通过解释让学生明白"你叫什么名字"不仅可以用于长辈对晚辈的询问也可以用于同辈之间的交流，"请问您贵姓"不仅可以用于晚辈对长辈的询问也可以用于正式场合向别人询问以表达尊敬。

③文化补充（10 分钟）：A. 补充说明课文中"你"和"您"的区别，让学生感受汉语中敬辞的使用和礼仪文化；B. 汉语中的姓名文化，姓氏和名字的不同，并将泰语名字和汉语名字进行简单对比。

④把握课文，初步体演（15 分钟）：A. 让学生两两组合体演课文中的内容，通过角色互换的形式让每个学生都有机会表演课文中的每一

个人物；B. 根据学生的表演，教师进行点评，指出其中的不足之处和值得肯定的地方。

⑤加强巩固，深化演练（15 分钟）：利用制作好的姓名和年龄卡片，让学生随机抽取卡片，根据卡片上的信息两两组合进行表演，看学生是否能够根据说话者和回答者的身份选择合适的句式。

⑥提升总结（15 分钟）：A. 汉语中询问姓名的方式不仅"你叫什么名字"一种，根据说话者身份的不同会有不同的询问方式，这在一定程度上也是中国礼仪文化的一种表现；B. 通过对中泰两国姓名文化的对比，体会两国文化的异同；C. 运用今天所学的知识思考文化对语言的影响。

（3）教案实施记录

这一次的教案设计得较为简单，教学各部分的时间也比较充裕。条件所限，这份教案的基本思路是课文内容的讲解与体演，创设情境的对话和课外的实践部分没能涉及。虽然教案设计得较为简单，时间也较为充裕，但教学效果并不尽如人意。在教案的实施过程中，课堂的学习气氛不浓，在前两部分的教学过程中，学生的积极性并不高，只是单纯地跟随老师的步伐，在利用图片进行讲解时，学生很快就掌握了要学习的内容，加上部分学生以前可能已经学习过"你叫什么名字"这样的句子，所以没有了新鲜感。文化补充部分是作为补充知识来讲解的，只要求学生理解，不要求识记，学生们也并没有重视。后面的体演部分，除了个别的语音错误之外，学生基本能掌握所教的内容。但还有些地方值得思考：在学生掌握课文内容的基础之上，她们能够在多大程度上理解隐藏在语句背后的文化含义还没有办法检测，这也是后面教学中希望达到的目标。

（4）学生的反应

第一节课时，学生只是跟着老师的步骤走。第二节实践课时笔者很明显感觉到学生的兴趣已经没有第一次课那样强烈，部分学生开始走神。在表演对话时部分学生也不认真，只是觉得说完句子就行，不注意面部表情和肢体动作。这样没有任何情感和文化元素的刻板表演与体演文化教学法的初衷已经有些距离了。

（5）教学反思

鉴于第一节课学生学习得比较慢，接受度有限，这次的教学内容笔者设计得比较简单，希望学生能够体会这种教学法的意义。但结果是太简单的内容让学生失去了学习的兴趣，也没能很好地领会体演文化教学法的意义。这一课的设计主要参考了《快乐汉语》① 和《体验汉语》② 的相关内容，但考虑到所教学生的汉语水平问题，对话设计得比较简单，主要是利用图片展示对话中人物的身份及长幼等文化含义。内容虽然简单，但涉及的文化含义十分丰富。在分析课文内容时向学生介绍了"你"和"您"的区别以及"请问"和"贵姓"的使用。考虑到泰国人姓名和中国人姓名的不同，还简单地补充说明了中国人的姓名文化。当然，还有一些地方因为文化的差异，不能一一表述清楚。如"免贵"这样的用语，笔者请教泰国本土汉语老师后发现泰语中并没有合适的词能够表达这种含义，所以在教学中只好省略不说，导致对话的设计较为生硬。又比如在实际生活中中国人有时为了表示对对方的尊敬或表达自己的谦虚有礼，也会出现"请问您贵姓"这样的问句。这些都是在教学中不能准确解释的地方，也给这次教学留下了遗憾。

3. 案例三

（1）教学内容

课文：《问年龄》

情景一　老人对小孩

A：你几岁了呀？

B：我 7 岁了。

情景二　年轻人之间

A：你多大了？

---

① 李晓琪，罗青松，刘晓雨. 快乐汉语（泰语版）[M]. 北京：人民教育出版社，2009.

② 朱晓星，岳建玲，吕宇红. 体验汉语生活篇（泰语版）[M]. 北京：高等教育出版社，2006.

B：我 25 岁，你呢？

A：我 23 岁。

情景三　年轻人和老人

A：请问您贵庚？

B：我 75 岁了。

（2）教案

课程性质：初级汉语口语课。

教学对象：汉语初级班 8 名高二学生。

教学理念：将体演文化教学法带入询问年龄这一贴近实际生活的话题中，让学生在体演中理解并体会不同情景下的语言表达。

教学目标：

①语言知识：掌握正确的语音、语调和句子表达方式；②文化知识：了解询问年龄这一交流中常见话题的文化含义，能够在适当的场合得体地运用；③交际功能：学会根据自己的身份得体地询问对方的年龄。

教具准备：PPT、卡片、黑板。

教学课时：2 课时（40 分钟/课时）。

课时安排和教学步骤：

①熟悉课文（15 分钟）：学生跟着教师抄写黑板上的课文和泰语翻译，教师带领学生初步了解课文。

②课文讲解（15 分钟）：A. 生词及句子的泰语翻译及讲解。B. 询问年龄时根据询问者及被询问者的身份、年龄的不同而选择不同的句式，分别有：你几岁了呀？你多大了？请问您贵庚？重点向学生解释这些句子的含义相同但使用的对象不同。C. 利用图片及特定的情景展示加深学生对课文的理解。

③把握课文，初步体演（20 分钟）：A. 给学生 5 分钟的时间理解课文，然后教师先与学生合作示范演练情景一，让学生明白体演中应该注

意的问题；B. 学生随机组合表演课文内容，让每个学生把每个角色都演练一遍，教师认真记录学生的错误并及时指出，加深学生对课文的印象。

④加强巩固，深化演练（20分钟）：A. 教师提前准备好写有不同数字的年龄卡片，例如7岁、8岁、24岁、25岁、78岁、79岁等；B. 两名学生随机抽取卡片，根据自己抽取到的年龄卡片及对方的年龄卡片来确定询问年龄的相应句式；C. 每组学生上台表演的时候，其他学生要保持安静，教师在每组学生表演完之后进行点评；D. 当所有学生都表演完之后教师进行总结。

⑤总结提升（10分钟）：A. 教师与学生共同总结课文内容；B. 体会中国文化中的长幼观念，以及这种文化对语言表达的影响。

（3）教案实施记录

由于案例二的设计较为简单，整个课堂气氛较为沉闷，学生的学习兴趣不高。这次的教案吸取上次的教训，内容相对丰富，但是依然选取生活中较为常见的话题作为教学内容。整体上看，教学效果比上次好，学生的积极性也有所提高。在课文讲解部分针对前面案例出现的学生对语音把握不准以及注意力分散的问题，笔者采取了让学生一个接一个读生词和句子的办法。这样每个学生都有机会开口说话，并且教师可以及时纠正，学生之间也可以相互学习，较好地解决了学生在该部分注意力不集中的问题。至于后面的体演部分，经过前两次的教学实践，学生已经对体演文化教学法比较熟悉，在这次的提升环节中，学生都能够根据自己和对方拿到的年龄卡片选择合适得体的句式询问年龄，教学效果较好。

（4）学生的反应

针对上次课堂教学中部分学生注意力不集中的现象，在这次的理论课上，笔者在教授生词和句子时采取了让学生按顺序朗读的方法，提高她们在口语课堂上的开口率。对于这样的方式，学生也十分积极地配合，问题较多的是"七""几""岁""二"等字的发音以及个别句子的语调。在读的过程中个别同学发音较准，笔者便让她读给其他同学听，然后让她们自己相互交流。学生也比较乐意接受这种方法，基本上能集中注意力听讲。

实践课上增加的环节,她们也能根据所学的内容正确地表演。整体来说,这次的教学是师生配合较好的一次。

(5) 教学反思

这次上课前笔者准备得较为充分,提前将学生迟到等时间因素考虑在内,因此两节课的教学内容和教学进度基本在掌握之中。在教学过程中,学生经过前两次的课对体演文化教学法的基本程序已有大概的了解,整个教学过程很顺利。但是鉴于学生水平有限,设计的教学内容不得不简洁明了。就问年龄这一话题来说,似乎这样的对话是正常的也是符合实际生活的,可是上下文的情景说明部分就显得相对苍白了些。虽然可以通过图片来展示相关情景,但是估计学生体会到的内容和情景有限,潜在的台词笔者又无法用泰语解释给她们听。语言沟通上的障碍也在一定程度上影响了该教学法的实施效果。

4. 案例四

(1) 教学内容

课文:《问路》

情景一　询问者:男,15 岁,学生　被问者:女,45 岁

A:阿姨,您好!请问汽车站在哪儿?

B:汽车站在前面。

A:谢谢!

B:不客气!

情景二　询问者:男,中学生　被问者:女,中学生

A:同学,你好!请问火车站在哪儿?

B:火车站在左边。

A:谢谢!

B:不客气!

情景三　询问者:女,22 岁　被问者:男,23 岁

A:帅哥,你好!请问飞机场在哪儿?

B：飞机场在后面。

A：谢谢！

B：不客气！

（2）教案

课程性质：初级汉语口语课。

教学对象：汉语初级班 8 名高二学生。

教学理念：将体演文化教学法与问路这一话题相结合，学会根据询问对象的不同使用恰当的称谓词来问路以及致谢。

教学目标：

①语言知识：掌握正确的语音、语调和句子表达方式；②文化知识：问路时根据对象的不同选择合适的称谓词，理解中国人日常交流中的礼节文化；③交际功能：学会根据自己及对方的年龄和身份选择恰当的称谓词和礼貌用语来实现问路这一交际目标。

教具准备：PPT、卡片、黑板。

教学课时：2 课时（40 分钟/课时）。

课时安排和教学步骤：

①熟悉课文（5 分钟）：主要是学生跟着教师抄写黑板上的课文和泰语翻译，然后教师带领学生初步了解课文。

②讲解生词和课文（20 分钟）：A. 这篇文章的内容较短，但是要学习的地点名词、方位名词和称谓词较多。在讲解地点名词如火车站、汽车站、飞机场时主要配合实物图片来进行解释，至于前面、后面、左边和右边等方位名词主要提供泰语翻译并在解释时借助肢体动作，亲属称谓词则提供汉泰互译版的学生手绘《家庭树》图片来帮助学生复习。B. 句子的讲解主要是根据泰语翻译帮助学生分析句式，并且通过替换地点名词和方位名词的办法让学生了解句子结构。

③文化补充（5 分钟）：A. 问路是向别人寻求帮助的一种行为，汉

语里为了表示友好和尊敬，一般会先和对方打招呼，引起别人的注意。比如问路者的年龄是 16 岁，那么根据对方的年龄和性别，则会有"爷爷""奶奶""叔叔""阿姨"这样的称呼。考虑到初学者的汉语水平和接受度的问题，这里没有涉及更多的职业称呼。B. 问路过后，问路者要表示感谢，被问路者要表示不用谢。

④把握课文、初步体演（10 分钟）：让学生随机两两组合，表演课文内容。通过角色互换，保证每个人都有机会表演每一个角色，教师及时记录并指出表演中的不足之处。

⑤加强巩固、深化演练（30 分钟）：A. 借助泰语翻译和图片帮助学生熟记生词。B. 课前先准备好写有角色设定的卡片，如"男，45 岁""女，68 岁"等。扮演回答者的同学先抽取一张卡片确定自己的身份，然后问路者根据对方卡片上的身份确定称呼来进行问路。C. 确保每位同学都有机会进行表演，由教师进行点评。D. 增加难度，将地点名词和方位名词也做成卡片，让学生随机抽取进行表演。教师可先做示范，例如在表演时可以加上肢体动作指示地点所在。E. 学生在教师的随机分配下两两组合，根据抽到的卡片进行演练。F. 教师及时记录并将学生表演中的错误和不得体之处反馈给学生。

⑥总结课文（10 分钟）：教师与学生对所学内容进行总结。

（3）教案实施记录

经过前几次的教学，学生对体演文化教学法已经有了大概的了解，对课堂教学流程也已经熟悉，在这次的教学中学生已经开始表现得有些不耐烦。课堂中学生依然会跟着老师的教学步骤走，但时常会出现注意力不集中的现象，如第一部分和第二部分的教学中，需要教师吸引学生的注意力，提示学生专心听讲。在后面的体演部分，学生基本能完成任务，但是需要教师提示，并且依然存在语音方面的问题，至于体演过程中应该注意的表情和肢体动作等细节，学生完成得并不理想。

（4）学生的反应

在这次的教学过程中，学生的反应一般。在生词的发音方面依然存在一些问题，表演对话时基本上能根据卡片内容选择合适的称谓词来询问对方，表演时的表情和肢体动作依然不到位，句子虽然已经简短，但还是有个别同学记不住。上课时的积极性不是很高，学习的兴趣也不是很浓。

（5）教学反思

每次的教学内容设计都会考虑学生的水平并进行相应的简化，但过分简化也造成一些问题，即对话的适用性和真实性大打折扣。如这次设计的问路这一情景，按正常情况来说，像红绿灯、斑马线、十字路口这些生词应该是必不可少的，但所教学生的汉语基础较差，上课时的积极性也不高，教授太多的生词反而会给她们带来压力，因此对这些生词做了适当删减，对话内容也变得较为空洞、乏味，缺乏生活气息。这几次教学案例中有一个通病，即没有布置课后作业。原因包括以下几点。一是笔者所教的课程是选修课，在学生心中的地位不高，如果布置作业，学生不愿意。二是根据以往实习教师的教案反馈，泰国学生不喜欢课下有作业，即使有作业也是让她们在课堂上完成。三是没有固定教材，课前预习这样的作业也就更无从谈起。不仅作业是个问题，检测也是一个问题。这几次的教学基本是观察学生的课堂反应和运用卡片随堂检测，没有将所学内容串联起来的整体测试，这样也就不能完全了解学生的掌握情况。

结　语

本文在对体演文化教学法的理论知识进行充分的阐述之后，结合对外汉语口语的教学目标和泰国的对外汉语口语教学现状，根据体演文化教学法的教学理念设计具体的教学案例并应用于泰国汉语口语课堂的教学实践。实践证明，将体演文化教学法应用于泰国的对外汉语口语课堂具有一定的可行性。首先，泰国学生对汉语口语的学习表现出极大的兴趣，相对于传统的对外汉语口语课堂教学中学生缺乏开口说话和交流的机会而言，体演文化教学法能够给予学生更多参与课堂的机会，而且泰国学生大部分活泼好动，在老师的正确引导下能够充分发挥该教学法的优势，在表演中体会到学习的乐趣。其次，泰国与中国同为亚洲国家，且中泰的文化传统中有许多相似之处，在运用该教学法进行教学时可以很好地利用这一特点，提高教学效率，也能更有效地发挥该教学法的长处。最后，在运用该教学法进行教学的实际过程中，笔者发现学生对该教学法表现出较浓厚的兴趣，教师在课堂教学中也能够合理地利用该教学法保持学生在课堂上注意力的集中，提高教学效率。

笔者根据将该教学法运用于对泰汉语口语教学的课堂经验和对泰国汉语教学基本情况的了解，提出以下建议。第一，在将该教学法运用到泰国的对外汉语课堂教学中时可以根据学校的实际情况有选择性地加以应用，突出"体演"的优势。如可以充分利用中泰文化的相似之处，在口语课堂的教学中发挥该教学法的长处，让学生在口语课堂上通过体演的方式学习汉语。第二，有条件的学校可以实行不同的课型由不同的教师进行教学的方法，鉴于泰国一些学校有本土汉语教师的现实情况，可以由本土汉语教师进行理论课的教学，由中国汉语教师进行实践课的教学并加强任课教师之间的相互配合。由于该教学法对教师的要求较高，就泰国本土的汉语教师以及赴泰进行汉语教学的中国教师而言，汉语教学对其中泰语言能力和文化背景的要求也进一步提高，这也是在泰进行汉语教学的教师今后努力的一个方向。第三，在针对泰国研发关于该教学法的教材时可以先从中泰两国文化中相似和相通的方面着手，由浅入深，循序渐进地设计教学内容。如从初级汉语口语教学中的打招呼问姓名继而逐渐过渡到中高级口语教学中的发表演讲进行谈判等。从口语教学扩展到阅读教学、写作教学等。

体演文化教学法是一种正在研究和持续发展的教学法，国内对该教学法基本上处于理论介绍层面，只有一些论文涉及将该教学法应用于对外汉语教学实践，但将该教学法应用于泰国汉语口语课堂的研究几乎为零。本文通过设计具体的教学案例将体演文化教学法与对外汉语口语教学相联系，以期能够为对泰汉语教学提供一些经验和教训。由于主客观条件的限制，本论文的研究还存在许多不足之处。第一，由于笔者在泰实习的相关条件有限，在将该教学法应用于课堂教学中时只能针对口语课，未能在整个学期的教学中全面综合地使用该教学法，且笔者仅针对实习所在学校做个案研究，对于该教学法在对泰汉语教学使用时的实际效果无法得出全面准确的结论。第二，在实际教学过程中，由于教材和教学设施等条件的限制，口语课的教学内容是笔者根据相关对外汉语教材和自己的实际生活经验设计的，难免有不妥之处。第三，由于笔者的泰语水平有限，关于教学评估与测验的问题没有得到很好的解决。在调查该教学法的效果时，主要依据的是观察法、谈话法和问卷调查法，因此结果的反馈方面带有主观成分。此外，体演文化教学法本身也有需要进一步探索和改进的地方。就教材开发而言，目前主要是针对欧美国家的多媒体教材，在将该教学法用于其他国家的汉语教学时缺少教材是一个实际问题。就课程设置而言，该教学法有一套完备的课程设置和结构模式，但如果是针对将汉语作为选修课或兴趣课的课堂教学而言，还需要再进一步探索。就对任课教师的要求而言，该教学法要求任课教师不仅具有扎实的汉语本体知识而且还要对中国文化有充分的了解，在教学中能够敏锐地觉察到影响语言的文化要素。更高的要求是教师最好同时具备所教学生的母语和目的语的语言知识和文化知识。就教学效果的评价和反馈而言，观察学生的体演活动能够反映学生对所学知识的基本掌握情况，但对于体演材料中具体文化要素的掌握不能完全单方面从体演活动中做出判断。测量与评价学生对文化要素的掌握情况需要和其他的测试方式相配合。总体来说，体演文化教学法是相对比较年轻的一种教学法，该教学还需要通过不断探索来丰富其理论知识和实践经验。在以后的研究中，应加强该教学法在不同国籍、不同水平、不同课型的对外汉语教学中的适应性研究，有关教材的进一步研究与开发、教学反馈与测试的能效性研究等都是富有挑战的任务。

参考文献

［1］安小可．"体演文化"教学法在旅游英语教学中的现实意义 ［J］．海外英语，2012
（7）．

［2］陈建民．汉语口语 ［M］．北京：北京出版社，1984．

［3］陈晓桦．短期初级汉语口语教材分析研究 ［D］．暨南大学硕士学位论文，2007．

［4］陈作宏．多媒体在对外汉语高级口语教学中的运用 ［J］．民族教育研究，2006
（1）．

［5］崔达送．汉语口语的教学方法 ［J］．汉语学习，1994（6）．

［6］崔希亮．语言交际能力与话语的会话含义 ［J］．语言教学与研究，1992（2）．

［7］戴悉心．留学生汉语口头言语交际能力的层次及其训练标准［J］.语言文字运用，2001（2）.

［8］冯小钉．标记理论与口语教材中的偏差现象［J］.云南师范大学学报，2004（6）.

［9］冯小钉．关联论对初级口语教材编写的指导意义［J］.广东外语外贸大学学报，2007（5）.

［10］郭红．对外汉语口语教学研究的回顾与思考［J］.云南师范大学学报（对外汉语教学与研究版），2007（3）.

［11］国家对外汉语教学领导小组办公室，编．高等学校外国留学生汉语教学大纲（长期进修）［M］.北京：北京语言文化大学出版社，2002.

［12］国家汉语国际推广领导小组办公室，编．国际汉语教学通用课程大纲［M］.北京：外语教学与研究出版社，2008.

［13］国睿．基于体演文化教学法的高级汉语综合课教学设计［D］.山东大学硕士学位论文，2014.

［14］郝影．对外汉语口语教学中的"体演文化"教学法［D］.曲阜师范大学硕士学位论文，2012.

［15］黑琨．对外汉语口语教学中的纠错问题［J］.中国大学教学，2006（8）.

［16］胡文仲．跨文化交际学概论［M］.北京：外语教学与研究出版社，1999.

［17］黄芳芳，孙清忠．浅析对外汉语初级口语教材的课文编排——以《初级汉语口语》、《汉语口语教程》、《汉语口语速成》为例［J］.华文教学与研究，2010（2）.

［18］汲传波．对外汉语口语教材的话题选择［J］.云南师范大学学报（对外汉语教学与研究版），2005（6）.

［19］贾霄霄．"体演文化"教学法在对外汉语口教学中的应用［D］.辽宁大学硕士学位论文，2014.

［20］李聪．初级汉语教学中的文化体演教学——基于上外初级汉语口语教学的实践［D］.上海外国语大学硕士学位论文，2012.

［21］李海燕．从教学法看对外汉语初级口语教材的语料编写［J］.语言教学与研究，2001（4）.

［22］李建国，顾颖．口语教学中的相关理论问题刍议［J］.云南师范大学学报，2004（4）.

［23］李犁．从三套教材的"语"、"文"安排看对外汉语汉字教学的路子［D］.北京语言大学硕士学位论文，2006.

［24］李明．近20年短期速成初级汉语教材发展概览［J］.云南师范大学学报（对外汉语教学与研究版），2007（3）.

［25］李泉．近 20 年对外汉语教材编写和研究的基本情况述评［J］.语言文字应用，2002（3）.

［26］李晓琪，罗青松，刘晓雨．快乐汉语（泰语版）［M］.北京：人民教育出版社，2009.

［27］李晓琪．对外汉语口语教学研究［M］.北京：商务印书馆，2006.

［28］李晔东．对外汉语口语教学研究综述［J］.青春岁月，2013（22）.

［29］连吉娥．功能法与预科汉语口语教学［J］.语言与翻译，2004（3）.

［30］刘珣．对外汉语教育学引论［M］.北京：北京语言大学出版社，2000.

［31］刘杨文艳．谈谈汉语作为第二语言教学中的口语教学［J］.学子（理论版），2016（4）.

［32］刘英林，主编．汉语水平等级标准与语法等级大纲［M］.北京：高等教育出版社，1996.

［33］卢晨．《初级汉语口语》教材使用与评价［J］.教育教学研究，2008（2）.

［34］毛金霞．任务型语言教学法与对外汉语口语教学［J］.语言教学研究，2008（3）.

［35］曲抒浩，潘泰．美国"体演文化"教学简论［J］.教育评论，2010（5）.

［36］莎娜．体演文化教学法在对蒙汉语口语教学中的运用［D］.内蒙古师范大学硕士学位论文，2014.

［37］申修言．应该重视作为口语体的口语教学［J］.汉语学习，1996（3）.

［38］孙宁宁．支架式教学法及其在对外汉语中级口语教学中的应用［J］.暨南大学华文学院学报，2004（4）.

［39］孙清忠．浅析对外汉语口语教材中文化项目的选择和编排［J］.暨南大学华文学院学报，2006（2）.

［40］孙雁雁．对外汉语口语教材编写与研究［J］.云南师范大学学报（对外汉语教学与研究版），2010（3）.

［41］唐春燕．谈体演文化教学法在对外汉语教学中的特色——OSU 汉语旗舰工程暑期项目实习报告［J］.青春岁月，2012（2）.

［42］〔英〕佟秉正．初级汉语教材的编写问题［J］.世界汉语教学，1991（1）.

［43］王琪琪．对外汉语高级口语课堂教学设计研究［D］.广西师范大学硕士学位论文，2014.

［44］王若江．对汉语口语课的反思［J］.汉语学习，1999（2）.

［45］王秀娟．插入语和对外汉语口语教学［J］.江西金融职工大学学报，2006（1）.

［46］吴伟克，王建琦．体验文化教学法若干原则（上）［J］.国外汉语教学动态，2004（2）.

［47］ 吴伟克，王建琦．体验文化教学法若干原则（下）［J］.国外汉语教学动态，2004（3）.

［48］ 吴伟克，野田真理，王庆新．记忆未来：积累异国文化知识［J］.国际汉语教学，2005（1）.

［49］ 吴伟克．体演文化教学法［M］.武汉：湖北教育出版社，2010.

［50］ 吴越．中高级对外汉语口语教材中口语语体情况考察与分析［D］.北京语言大学硕士学位论文，2007.

［51］ 徐丽华，蓝蕊．对外汉语口语课中的词汇教学问题［J］.浙江师范大学学报（社会科学版），2006（6）.

［52］ 徐子亮．汉语作为外语的口语教学新议［J］.世界汉语教学，2002（4）.

［53］ 许希阳．对外汉语口语成绩测试新模式之探索［J］.语言教学与研究，2008（4）.

［54］ 许希阳．以问题为导向的任务型教学研究——以对外汉语口语教学为例［J］.暨南大学华文学院学报（华文教育与研究），2009（3）.

［55］ 杨惠元．论《速成汉语初级教程》的练习设计［J］.语言教学与研究，1997（3）.

［56］ 杨继光．交际法与对外汉语初级口语教学——兼评北大版《初级汉语口语》教材［J］.成都师范高等专科学校学报，2003（1）.

［57］ 杨寄洲．对外汉语教学初级阶段教学大纲（一）［M］.北京：北京语言文化大学出版社，1999.

［58］ 于芳芳．近十年来对外汉语口语教学综述［J］.现代语文，2006（5）.

［59］ 虞莉．体演文化教学法学习手记：Performance［J］.国外汉语教学动态，2004（4）.

［60］ 曾玉．也评《汉语口语速成（基础篇）》［J］.长沙大学学报，2008（7）.

［61］ 张憬霞．高等HSK考试中学生书面语能力考察与分析［D］.北京语言大学硕士学位论文，2009.

［62］ 张添威．体演文化教学法在韩国高级汉语口语课堂中的应用研究［D］.辽宁师范大学硕士学位论文，2014.

［63］ 张云艳．对外汉语口语教学策略研究［J］.云南师范大学学报，2003（6）.

［64］ 章娟．对外汉语教学中的"体演文化"教学法研究［D］.湖南大学硕士学位论文，2014.

［65］ 赵金铭，主编．汉语口语与书面语教学2002年国际汉语教学学术研讨会论文集［M］.北京：北京大学出版社，2004.

［66］ 赵金铭．"说的汉语"与"看的汉语"［A］.汉语口语和书面语教学——2002年国际汉语教学学术研讨会论文集．北京：北京大学出版社，2002.

［67］赵雷．建立任务型对外汉语口语教学系统的思考［J］.语言教学与研究，2008 （3）.

［68］周百义．吴伟克和他的"体演文化"教学法［J］.中国新闻出版报，2010（6）.

［69］周林．"体验文化"教学法在旅游英语教学中的应用［J］.海外英语，2011（7）.

［70］周梅．2003年以来对外汉语口语教学研究综述［J］.咸宁学院学报，2010（4）.

［71］朱靓，梁亮．游戏教学法在零起点汉语口语课堂的合理运用——兼论对于任务型对外汉语口语教学系统的思考［J］.中国轻工教育，2008（4）.

［72］朱晓星，岳建玲，吕宇红，等．体验汉语生活篇（泰语版）［M］.北京：高等教育出版社，2006.

附录一

在泰实习生教师对外汉语教学状况调查问卷

亲爱的实习生们：

你们好！本调查问卷旨在了解实习生教师所在学校汉语教学的相关情况，希望你们根据自己的实际情况认真填写，谢谢你们的配合！

姓名：_____　性别：_____　年龄：_____　学历：_____

一、选择题，其中第1、2、10题可多选。请将你认为正确的选项填在"（　　）"里。

1. 你在实习学校所教学生是？（　　）

A. 幼儿园　　　　　　　　　　B. 小学

C. 初中　　　　　　　　　　　D. 高中

E. 大学

2. 你认为所教学生的总体汉语水平是？（　　）

A. 零基础　　　　　　　　　　B. 初级

C. 中级　　　　　　　　　　　D. 高级

3. 你认为学生上汉语课时的积极性？（　　）

A. 很高　　　　　　　　　　　B. 较高

C. 一般   D. 较差

E. 很差

4. 你实习所在学校开设汉语课的时间已有？（　　　　）

A. 1 年以内（包括 1 年）   B. 1 ~ 2 年（包括 2 年）

C. 2 ~ 3 年（包括 3 年）   D. 3 ~ 5 年（包括 5 年）

E. 5 年以上   F. 不清楚

5. 你实习所在学校是否已有泰国本土汉语教师？（　　　　）

A. 有 1 名   B. 有 2 名

C. 有 3 名   D. 有 3 名以上

E. 没有

6. 你实习所在学校有无指定的汉语教材？（　　　　）

A. 有   B. 没有

7. 你实习所在学校有无电脑、投影仪等教学器材？（　　　　）

A. 有   B. 没有

8. 你所教的汉语课性质是？（　　　　）

A. 必修课   B. 选修课

C. 基础课   D. 不清楚

9. 你是否独自教学？（　　　　）

A. 是   B. 不是

10. 你上课时主要使用的语言是？（　　　　）

A. 汉语   B. 英语

C. 泰语

11. 你在课堂上能否通过语言和学生很好地沟通？（　　　　）

A. 完全可以   B. 勉强可以

C. 基本不能   D. 完全不能

12. 你认为自己的汉语课教学效果怎样？（　　　　）

A. 很好   B. 较好

C. 一般   D. 不好

E. 很差

13. 你的教学内容是否完全由自己决定？（　　　　）

A. 完全是　　　　　　　　　　B. 基本上是

C. 不是

14. 你之前是否出国进行过对外汉语教学，多长时间？（　　　）

A. 是，1 年以内（包括 1 年）　　　B. 是，1~2 年（包括 2 年）

C. 是，2~3 年（包括 3 年）　　　D. 是，3~5 年（包括 5 年）

E. 是，5 年以上　　　　　　　　F. 没有

15. 你认为自己的课堂掌控能力怎样？（　　　）

A. 很好　　　　　　　　　　B. 一般

C. 不好　　　　　　　　　　D. 很差

16. 你对体演文化教学法的了解程度？（　　　）

A. 很了解　　　　　　　　　　B. 知道

C. 听说过　　　　　　　　　　D. 完全不清楚

17. 你实习所在学校的汉语课是否分课型教学？（如综合课、口语课、听力课、写作课等分开教学）（　　　）

A. 是　　　　　　　　　　B. 不是

18. 你实习所在学校有没有开设汉语口语课？（　　　）

A. 有　　　　　　　　　　B. 没有

二、问答和填空。

19. 你认为所教学生的性格怎样？（例如活泼、安静等）

_____

20. 你上汉语课时主要使用的是何种教学法？（如语法翻译法、听说法、游戏教学法、任务教学法、情景教学法等）

_____

21. 你认为实习所在学校的泰国本土汉语教师主要使用的是何种教学法？

_____

22. 你上课时使用的是固定教材还是自编教材？如果是固定教材的话，使用的是何种固定教材？

_____

附录二

泰国素攀府萨卡中学汉语口语学习情况调查问卷

同学们：

你们好！本调查的目的是了解学习者学习汉语的基本情况和汉语口语的教学现状，试着发现体演文化教学法在对泰汉语教学特别是对泰汉语口语教学中实施的可能性。请在你认为正确的选项上打"√"，谢谢！

性别：_____ 年龄：_____ 班级：_____

1. 你学习汉语有多长时间了？

A. 不到 1 年   B. 1 ~ 3 年（包括 1 年）

C. 3 ~ 5 年（包括 3 年）   D. 5 年以上（包括 5 年）

2. 你为什么学习汉语？

A. 个人兴趣   B. 家长要求

C. 出国需要   D. 方便以后找工作

E. 认识更多朋友   F. 其他

3. 你喜欢学习汉语吗？

A. 喜欢   B. 一般

C. 不喜欢   D. 讨厌

4. 你觉得学习汉语难吗？

A. 很难   B. 一般

C. 不难   D. 容易

5. 相比较而言，你觉得自己学习汉语时下列哪项最难？

A. 听力   B. 口语

C. 阅读   D. 写作

6. 你认为学习汉语时掌握下列哪项技能最重要？

A. 听   B. 说

C. 读   D. 写

7. 你认为你的汉语口语怎么样？

A. 很好   B. 一般

C. 较差   D. 很差

8. 你觉得影响你汉语口语水平的主要原因是？

A. 自身原因   B. 老师原因

C. 学习时间短   D. 其他原因

9. 你喜欢学习汉语口语吗？

A. 喜欢   B. 一般

C. 不喜欢   D. 讨厌

10. 你认为学习汉语口语重要吗？

A. 重要   B. 一般

C. 不重要

11. 你是否期待自己能说一口流利的汉语并能和中国人正常地交流？

A. 十分期待   B. 一般

C. 不期待

12. 如果学习汉语口语，你最希望学习？

A. 中国人日常生活中的交流用语   B. 中国的俗语、成语之类

C. 口语教材上的内容   D. 其他内容

13. 在你说汉语时，如果遇到不会说或自己说的汉语对方不明白的情况时，你会？

A. 寻求别人帮助   B. 用肢体表达

C. 放弃，不说了   D. 尝试用母语和英语解释

E. 其他

14. 你认为学好汉语口语最重要的是？

A. 上课认真听老师讲   B. 多用汉语交流

C. 自己学习   D. 其他

15. 在汉语课上，你一般是？

A. 自己主动学习，做笔记，回答老师的问题

B. 积极性不高，听老师的安排

C. 不愿主动参与课堂，老师让我回答我也不想说

D. 我觉得有意思时才听课，不然就忙自己的事

16. 你比较喜欢什么样的上课方式？

A. 老师为中心   B. 学生为中心

C. 老师和学生互动较多   D. 让学生参与课堂

17. 你在课下会复习汉语课学过的知识吗？

A. 每次都会   B. 有时会

C. 不会

18. 下课后你会自己主动学习汉语吗？

A. 会   B. 有时会

C. 很少自己学   D. 完全不会

19. 你对现在汉语课上老师上课的方式满意吗？

A. 满意   B. 一般

C. 不满意

20. 你在汉语课上开口说话的机会多吗？

A. 多   B. 一般

C. 不多   D. 完全没有

21. 你是否喜欢老师利用音乐、视频、表演等方式上课？

A. 喜欢   B. 一般

C. 不喜欢   D. 讨厌

泰国零基础学生汉字书写偏误
及教学策略研究

童平（2012 届汉语国际教育专业硕士）

导师：黄南津　陈天湖

摘　要：在长期的汉语教学理论研究和教学实践的基础上，泰国汉语教学得到了大力的推广，但是汉字研究与教学的滞后已经成为提高对外汉语教学效率的重要制约因素。笔者对 27 所泰国大中学校的汉字书写教学情况做了相关的问卷调查、收集了素攀府川当学校零基础学生的汉字书写材料，分析汉字书写偏误情况；并根据问卷调查和偏误情况，分析零基础学生产生汉字书写偏误的原因。最后，对比国内传统和对外汉字教学的教学模式和方法，结合笔者汉语教学实践，总结出一套针对泰国零基础学生的汉字书写教学策略。

关键词：零基础　汉字书写偏误　教学策略

绪　论

（一）汉字教学几个相关概念

1. 字本位、词本位

"本位，这是研究语言结构的理论核心，牵一发动全身，如果能正确地把握语言结构的本位，就有可能深入地分析语言结构的规律，为顺利地解决有关问题的争论开辟前进的道路。"①

何为"本位"？本位指语言的基本结构单位，是语言研究的基础。本位论不仅是一个理论问题，在汉语教学实践过程中，也是一个非常现实的应用问题。在语言教学中，"本位论"体现在两个层面上：一是对语言基本结构的确认；二是教学方法，而教学方法势必以确定基本结构单位为前提。所以，本位论问题是本文探讨汉字教学的前提。

针对采取何种本位这一问题，学术界讨论不休，未有统一的说法。始终存在"语"和"文"即口语教学和书面语教学之间的矛盾，听说能力跟读写能力总是不平衡。在学术上出现过语素本位、字本位、词类本位、词本位、小句本位、句本位等，但是，归根结底，这些类可归入"字本位"和"词本位"两大观点中。

何为"字本位"？"字"就是"作为一个形音义结合的汉字，它是汉语中最基本、最重要的结构单位"。徐通锵认为："字不同于词，汉语是不计词的，字是汉人观念中的中心主题。"字本位理念下的对外汉字教学，就是要在对外汉语教学中，把字作为汉语的基本教学单位，以字为基点，分析汉字的结构特点，考虑汉字的构词因素，并且在课程安排、教材编写、教学方法等方面突出汉字教学，逐步开辟一条适合外国学生学习汉语的新路子。

对于"字本位"本身"字"的界定是模糊的，它也有一些弊端："字本位"排斥了词的重要性，甚至不承认词的存在。但是从教学语法的角度看，我们无须也无法否定"词"作为一种活跃但不稳定的结构单位存在的现实。在给具体的事物、动作或意象命名时，依靠的还是"词"。

何为"词本位"？"词"是由语素构成的，比语素高一级的语言单位。词是最小的能够独立运用的语言单位；"词本位"又称词类本位，是指以词法为重点，以词类为基础来描写语法现象的语法体系。

基于"词本位"的汉语教学，较之基于"字本位"的汉语教学，也

---

① 崔岑岑. 字本位、词本位与对外汉语词汇教学基础［J］.现代语文（语言研究）（下旬刊），2007（27）.

同样有它的缺陷：词为基本教学单位的汉语教学，忽略了对汉字构成以及意义的理解，忽略了汉字和汉语的关系，在书写上面对汉字的字形和间架把握不准确，对单个汉字的认识是囫囵吞枣式的。基本的简单日常用语，并不能按照从简到繁的顺序出现，无疑增加了外国学生的负担和畏难情绪。

在对外汉语教学过程中，可见各种本位都有自己的缺点，汉语教学从某种意义上分为听说读写，或者分为书面汉语教学和口语汉语教学，针对不同的能力要求，字本位更加适合于书面汉语教学，而词本位则更加适合于口语汉语教学。选择以哪种本位为出发点，要看教学的需要，不过两者并不是没有结合点的，两者可以统一。

半个世纪以来，对外汉语教学基本上走的是"词本位"的路子，而学习汉语初期"词本位"确实可以带来短暂的成就感，口语有显著的提高，但是对于未来的学习，不能够认读和书写汉字，是无法顺利持续学下去的，把难题留在最后，就导致始终没能摆脱"汉字难学"及教学效率不高的困境。本文是关于汉字书写的，在本位论问题上，笔者主要从字本位出发来讨论，而将以词为单位的教学作为汉字教学的辅助方法之一。

2. 第二语言习得顺序研究

第二语言习得顺序研究产生于 20 世纪 70 年代初，心灵学派从大脑本身去寻找第一语言获得的根源，提出了"语言习得机制"（Language Acquisition Device）。这一思潮也影响着第二语言习得的研究者探索自己的领域。

第二语言习得顺序研究包括两个方面。一是学习者习得某个特定语言项目所经历的动态发展过程（the sequence of acquisition）。学习者对某个目的语规则的习得是一个从"零"到"完全"掌握的渐进过程。二是学习者习得多个不同语言项目时的次序（the order of acquisition）不同，语言项目有的会先习得，有的会后习得。[①]

在第二语言汉语的教学过程中，尊重习得顺序，汉字教学事半功倍，那么泰国学生习得汉字的基本顺序是怎样的呢？

泰国属于非汉语文化圈，对于非汉语文化圈的学生，在零基础入门阶

---

① 王建勤. 第二语言习得研究［M］.北京：商务印书馆，2010.

段，在学好拼音的基础上，必须遵循以下习得汉字的规律：一、汉字基本笔画的书写；二、学习汉字的基本知识；三、汉字笔画书写方向；四、练习数字，巩固以上所学；五、学习独体字，重点要帮助他们建立字形与字义关系的概念；六、学习合体字，教他们注意合体字的结构方式，以及部首的位置与表意或者表音之间的关系，教相关字组或者搭配；七、教学生识别形似字和多音字；八、适当增加一些繁体字；九、前面的每一类都要通过练习或测试加以巩固。

（二）HSK 考试大纲对零基础入门阶段汉字书写的要求

对于零基础的学生而言，接触汉语，首先接触的是和 HSK 考试大纲一级词汇相关的汉字，按照 HSK 考试大纲一级词汇的要求，需要掌握的词共有 150 个，名词 63 个（其中地点名词 8 个、方位名词 5 个、时间名词 14 个、称谓名词 11 个、普通名词 25 个）、动词 36 个、形容词 9 个、代词 14 个、数词 11 个、量词 5 个、副词 5 个、助词 4 个、连词叹词介词各 1 个。包括的话题分别为：打招呼、告别；简单介绍个人信息（姓名、年龄、住所、家庭、爱好、能力等）；表示感谢、道歉；表达数量；表达时间（分钟、小时、天、星期、日、月、年等）；简单描述（天气、方位、大小、多少等）；提问、回答简单的问题（购物、交通等）；表达、理解简单的要求或请求（学习、工作等）。

HSK 考试大纲说明学习书写简体繁体字均可，要求会书写汉字。学习一级词汇的外国学生多数处于零基础阶段，这个阶段也是汉字书写基础训练阶段，是外国学生第一次接触汉字教学到写出第一个汉字的过程。但是因为处于零基础这个特殊阶段，在教学过程中，教师教学要充分激发学生对汉语的兴趣，而这些词也比较适合在交际语境中进行教学，而且，该论文对泰国素攀府 10 所中学进行了问卷数据调查，在泰国汉语教学入门阶段，汉字口语教学重于汉字书面教学，所以零基础阶段的汉字书写教学就变得相当有必要。另外，HSK 大纲一级汉字中独体字并不多，也没有顾及外国学生习得汉字的顺序，无法从系统上完全与以后更高级别汉字书写教学相联系。所以汉字书写方面的教学研究还需要进一步探索。

（三）研究意义与目的

中国迅猛的经济发展速度，带动了"汉语热"的持续升温，现在世界范围内流行着这样一句话："如果你想领先别人，就学汉语吧！"作为东南亚非汉语文化圈的泰国学生的学习热情尤为高涨，形成了一个良好的教学环境，有利于研究对外汉语教学的具体开展情况。

经过教学理论和实践上的不断创新和进步，泰国汉语教学情况得到了较大的改善。在政府和学校的大力支持下，孔子学院纷纷建成，孔子学院分派大量师资到泰国从事汉语教学工作，高至大学，低至小学幼儿园，大多数学校也开始开设汉语课，学校对汉语的重视程度提高，教师供不应求。在泰国学习汉语的人越来越多，对汉语的教学方法也提出了更高要求。

汉语难，从某种程度上说，是大家公认的事实。汉字书写又是增加汉语学习难度的因素之一。在汉语教学过程中，尽管很多专家学者呼吁加强汉字和汉字教学的研究，可是汉字研究与教学的滞后已经成为提高对外汉语教学效率的重要制约因素。这个事实不得不让我们进一步思考，加强汉字教学特别是书写的重要性。

在与汉字教学相关的学术讨论和论文中，第二语言习得经历了以下发展路径。20世纪五六十年代是第二语言习得研究的理论初创阶段。在这个时期，第二语言习得研究与第二语言教学研究尚未分离。当时占主导地位的是以行为主义为心理学基础的"对比分析"方法。由于行为主义学习理论遭到乔姆斯基的激烈批评，"对比分析"本身在理论和实践上存在许多问题，20世纪60年代后该理论逐渐衰落。20世纪70年代，第二语言习得研究已经发展成为一个独立的研究领域。这个时期是第二语言习得研究理论大发展的阶段。对比分析衰落之后，偏误分析应运而生。第二语言习得研究开始关注学习者的语言偏误，而不是学习者的母语和目的语。在具体的关于汉字书写教学研究上，在汉语教学理论、汉字特点、中国传统汉字字形教学法、汉语作为第二语言教学在泰国或其他国家教学的教学策略研究、汉语作为第二语言教学在学生不同学习阶段的教学策略研究等方面都得到了较好的理论研究。

　　相比之下，关于泰国汉字教学偏误分析的论文，大多是以汉字作为基本单位进行偏误分析，并且没有特别针对泰国零基础阶段汉字书写偏误分析的论文，较多涉及的是初级、中级水平汉字书写偏误分析。这些论文并未将汉字书写教学作为零基础入门阶段教学的重点。另外，在关于各种论文提出的教学法结论中，主要是建议运用何种教学法，提出部分教学法可以解决部分偏误，也有些论文只是提出了各种教学法在教学中有何优缺点，并没以变化的眼光去分析从零基础入门时怎么循序渐进引导学生去解决前系统带来的偏误或者之后会遇到的偏误问题，并没提出根据学生的具体学习情况调整教学方法。本论文则弥补了这个不足，因为具体的教学方法在不同教学时期，优缺点也会发生变化。比如"简笔画和图片教学法"这一重要的教学方法，入门阶段都会应用到。但是在此阶段，学生会产生"汉字是图"的误解，写出的汉字是没有笔画的，这是运用此法要注意的地方。所以，虽然一直有各种流派，各种教学法层出不穷来解决汉字书写这个难题，但是至今这个问题还是没能完全解决，未达成共识。北京师范大学教授王宁指出："没有一种教学法是适用于教学的各个阶段以及各种汉字字符的，也没有一种一元化的教学法是万能的、没有局限的。"依靠单纯的教学方法已经不可能，只能摸索出一种较为科学的汉字书写教学模式。

　　按照汉字的规律，汉字书写本应该在入门阶段成为重点教学，现实中泰国汉语教学并非这样。在教学课堂上以及和外国学生接触的过程中，发现外国学生的书写能力严重滞后于口语、听力的能力，可见学生的兴趣不在汉字书写上，然而大多数老师也没提出特别的解决方案，面对学生的畏难情绪大多数教师首先放弃了汉字书写的教学，忽视了汉字和汉语的关系，将口语听力的教学放在入门阶段的第一位。这样一来，学生后期学习汉字变得更加困难。

　　另外，笔者利用赴泰的教学实习机会，搜寻翔实的语料，对这个课题进行进一步的探索。目的是经过调查研究，找出泰国学生零基础入门阶段汉字书写偏误以及偏误产生的原因，并且对比分析国内外汉字教学模式，结合泰国学生的特点，经过实践验证找出解决的办法，总结出适合于泰国零基础入门阶段汉字书写的教学模式。

一 相关调查情况

（一）调查方法

1. 调查对象简介

本论文是针对泰国零基础学生在入门阶段汉字书写策略的研究，笔者利用为期四个月的泰国实习机会，对泰国 27 所大中学校汉语汉字书写教学状态做了一个详细的调查。这 27 所泰国大中学校，分布在泰国的尖竹汶府、素攀府、红统府、佛统府、佛丕府、春武里府、北碧府、北榄府、春蓬府 9 大府，多位于泰国的中部，所调查的泰国学生都是所在学校的零基础汉语学生，其书写能力属于零基础阶段或者入门级别。

其中素攀府的班韩一中学、邦立学校、班韩五中学、东猜迪学校、川当学校、乌通苏萨莱学校、萨亚索姆学校、萨卡中中学、班韩七中学、乌通中学 10 所学校没有固定的汉语老师，都是只靠素攀孔子学院提供的实习老师进行实习教学，在调查中很有代表性。这些泰国学生都是零基础阶段的中学生，在学校没有学习汉语的环境，学生几乎不会汉语，即使学过一年的汉语，但因为学校的课时少或者师生重视程度不足，学生仍停留在入门阶段或者零基础阶段，汉字书写更是零基础。

另外，笔者在汉语教学实习期间，对汉字书写教学做了相关的实践探索，主要的对象是素攀府川当学校初一到初三的中学生，他们的汉语基础为零，没有进行过任何的汉字书写训练，平时写汉字都是依样画葫芦"画"的汉字；只有一个学期的基本拼音和少许交际词的教学，但是到这个学期已经完全遗忘。

2. 记录方法与统计方法总说

（1）调查问卷介绍

该调查问卷题目为《关于泰国汉字教学情况分析调查问卷》，该调查问卷发出 29 份，收回 27 份，主要是电子版问卷调查的方式。问卷对位于泰国中部 9 个府的 27 所中国实习教师所在的学校进行调查。问卷包括五大板块，分别是：关于 27 所泰国学校汉语学生情况分析、关于 27 所泰国学校汉语教师情况分析、关于 27 所泰国学校实习老师汉语教学情况分析、关于 27 所泰国学校教材情况分析、关于 27 所泰国学校情况分析。

问卷回收之后，用统计数据软件进行数据情况的分类总结，并分析原因和解决的策略。

（2）书写材料收集方式总说

对于偏误分析的书写材料主要来自素攀府川当学校初一到初三的中学生，主要以对比的方式收集书写材料。其中对比的方面主要有以下几个。①关于泰国零基础学生汉字书写之笔画偏误分析，在笔画教学前后做了相关的材料对比。②零基础汉字书写的泰国学生和学过一个学期后，相同汉字书写材料对比。③认写分流和认写同步实践尝试的汉字书写材料对比。④第一次课学生汉字誊写材料和学后誊写材料对比；素攀府川当学校初一到初三学生的笔记、作业；给学生起中国名字，对学生每堂课的签名拍照并收集；素攀府其他学校的零散的课堂笔记作业的汉字书写材料。

对这些汉字书写材料进行偏误分析，并分类整理。

3. 研究所用的语料材料

本论文研究所用的语料主要包括以下几个。

其一，在素攀府川当学校对零基础学生做的学前学后对比的前系统偏误调查，即对所教的汉字进行的学前和学后的临摹材料收集。

其二，素攀府川当学校初一到初三年级平时上课的笔记、作业、考试、签名等书写材料；由于没有教材，课堂教授的汉字大多是交际场景和话题类的字词，主要参考标准是《HSK 大纲一级词汇》并结合主要的交际场景词汇。

其三，素攀府部分学校零基础学生的作业和考试书写材料。

其四，实习前和实习后，对素攀府川当学校所教班级做的关于《HSK 大纲一级词汇》的汉字书写偏误分析。

其五，结合邵敬敏《现代汉语通论》中对笔画的汇总，选择相对全面的笔画总汇表，作为进行笔画偏误调查的基础材料。

由于时间、地域条件的限制，笔者无法对所有学校的语料进行整理统计；另外，学生汉字书写能力确实十分有限，几乎不能默写汉字，这对汉字调查相当不利，笔者只能尽可能地收集学生的书写材料。

4. 统计的理论参考依据

（1）偏误分析理论

偏误分析理论主要依据王建勤主编的《第二语言习得研究》。

偏误分析的五个步骤：收集资料、鉴别偏误、描写偏误、解释偏误、评价偏误。由 Corder 提出的偏误分析的分类方式可以将学习者的偏误分成三种类型："前系统偏误""系统偏误""后系统偏误"。所谓"前系统偏误"指学习者还没有意识到目的语的特定规则时发生的偏误，是凌乱无序的，学习者也不知道为什么选择了这种特定的规则形式；"系统偏误"指学习者能够发现一些特定的规则，但是这些规则往往是错误的，而且学习者不能纠正错用的规则；"后系统偏误"是学习者了解了正确的规则，但在运用时出现了偏误。另一种偏误分类法是"表层策略分类"，即根据学习者偏误产生的方式对偏误进行描写和分类，包括"省略""附件""类推""错序"。①

本文对汉字书写偏误的分类，主要依据所收集到的零基础泰国学生入门阶段的材料。由于时间的限制，笔者对泰国学生后期汉字书写偏误类型的分析有可能出现遗漏。

（2）汉字字形理论依据

本文中书写相关的笔画以及汉字结构特点，主要以邵敬敏主编的《现代汉语通论》中关于汉字字形的理论为基础。

但是因为收集到的材料都是手写体，与印刷体有很大差别，所以笔者自己抄录拍照，并用语言进行描述，插入相关文字图片，附上学生所使用的汉字书写材料。不可否认，在偏误分析的过程中，存在一定的主观性。

偏误产生的原因很多，所以在对原因的调查过程中，本着实事求是的态度，尽可能地根据材料以及泰国的真实情况进行总结分析。

---

① 王建勤. 第二语言习得研究［M］. 北京：商务印书馆，2010.

（二）调查成果

1.27 所泰国学校问卷调查成果概述

（1）教材

泰国中学汉语教学条件有限，很多学校是没有教材的，据统计 27 所泰国学校中 29% 的学校没有教材，教师主要通过自编教材以及网上下载的方式进行教学。

笔者对教材中是否包括相关汉字书写练习进行了统计，没有相关汉字书写练习的占 4%；有汉字书写教材的学校中，老师并非都按照汉字书写练习来进行汉语书写的教学，问卷对这个问题也进行了调查统计。

（2）汉语教师

根据对 27 所泰国学校汉语教师的分析可知，泰国学校汉语教师大致分为泰国汉语教师、中国汉语教师、志愿者、实习生四个部分。但是统计的这些学校里面，从师资力量上看，泰国汉语教师是比较稳定的教师群体，笔者对这一部分力量在泰国学校的分布做了一个调查，发现他们的汉语能力水平不同。这些泰国汉语教师有些是自学汉语，有些是到中国学习，有些是在泰国高校学习，在中国学习的泰国汉语教师汉语水平比较高。此外，笔者对志愿者和实习生的专业和教学经验也进行了调查统计。

（3）实习老师教学

笔者针对 27 所泰国中学实习老师的教学情况，做了以下几个方面的统计：对书写的重视程度、书写教学是否为教学必备环节、教学方法种类、泰语对汉语教学的影响程度、教学用语、汉字书写是否以笔画和结构讲解起头、汉字书写占汉语作业的比例、板书是否强调拼音、汉字教学基本单位、是否及时纠正汉字书写偏误、是否使用多媒体教学、是否写出汉字则可以忽略笔顺、经过一学期学习学生的书写水平。

通过上面的分析，笔者发现实习老师不是很重视书写教学，对学生要求比较低，学生书写水平进步效果不明显。

（4）学生

实习生所在班级的学校几乎都是零基础入门级别的学生，除了个别大学和华校以外，学习汉语的时间差别很大，有 1～3 年的，有 4 个月的，但是很有趣的现象是，没有哪所学校学生的汉字书写能力很强，只有 20% 的学校处于基本的书写水平，其他学校都比较弱。笔者对学生具体的汉字书写情况做了调查，分别是课堂秩序情况、听说和书写兴趣和水平之间的比较、是否认为汉字书写难、是否离不开拼音、是否不重视笔顺等。

（5）学校和社会

问卷对 27 所学校对汉语教学的重视程度也做了调查，包括汉语课的性质、泰国学生汉语课课时、泰国指导老师是否要求实习生进行汉字书写教学、学校是否可见汉字、是否举行汉字书写活动和比赛、在生活中繁体字可见与否。

关于问卷调查统计出的具体相关数据，会在第三部分对泰国零基础学生汉字书写偏误产生原因分析里面以多样的图表形式具体展现出来。

2. 泰国学生汉字书写偏误类型

零基础阶段泰国学生有一个特点，学生接触的字并不多，对汉字字形不了解，由于接触的汉字并不多，容易混淆的形近字也就很少了。而且，在结构上面，并未出现中高级阶段学生出现的大量相互混淆不清的汉字书写情况。

在零基础入门阶段，容易混淆不清的是对汉字特点的认识和一些具体的笔画细节。

（1）汉字笔画偏误分析

关于汉字笔画偏误分析的材料主要来源于泰国素攀府川当学校初一到初三汉语课程的三个班的学生，初一 31 人，初二 36 人，初三 34 人，总共 101 人。这三个班级都处于汉语零基础入门阶段。主要分两个阶段进行偏误统计：第一阶段是在泰国零基础学生从未对汉字笔画有过了解这个基础上的偏误分析；第二阶段是在泰国零基础学生在学习了汉字笔画基础上的偏误分析。

汉字笔画方面的汉字书写材料主要来源有两个，具体见下文。

收集材料一：调查对象是笔者所教的三个汉语零基础的班级，主要是课堂上学生笔画书写练习的书写材料。下面以其中一个班的课堂调查为例来说明调查步骤。为了让调查有效，调查前提是教师在学生没有接触任何汉字书写知识的基础上，让学生知道汉字是由笔画构成的，并且明白笔画在汉字书写中的地位。笔者首先用不同颜色的笔展示出汉字的构成，告诉学生这个就是笔画。另外，还要让学生能够识读常见的拼音。

然后将打印好的笔画总汇表发给班级的学生，笔画后面配有笔画的拼音和简单例字。整个教学和统计过程，分为两个阶段，耗时共2节课。

第一阶段：以从简到繁五个笔画为一组进行，老师先示范书写某个笔画，但是并不点出笔画的书写要点，请几名学生到黑板上书写这五个笔画，老师做好记录，依次类推。这个主要是为了统计零基础学生在学习之前对笔画书写的偏误。老师认真讲解学生错误的书写，让学生多加练习以巩固记忆。

第二阶段：在第二节课上课之前，让学生在黑板上听写，老师记录，然后再选出容易混淆的几组笔画让学生在黑板上面听写，或者写出笔画，让学生念出来，老师记录。

收集材料二：有意收集学生平时书写材料。可作为汉字书写中笔画偏误的补充证明材料。

其一，在第一节汉语课的时候，笔者给了每班每个人一个名字，教他们书写了自己的名字，并将各自名字的书写方法记在了每个人的笔记本上，以便每次课都要签名报到。每个班每周有2节课，除去假期一共上了14周课，每个学生一共签名28次。

其二，考试中有关书写的考题。因为学生水平有限，没办法考学生大量的汉字书写。

其三，学生平时抄生字的家庭作业，因为是抄写，这一部分的价值不大，只能做一下补充证明的材料。

笔者最后对应着汉字笔画表，对每一个笔画的偏误进行了归类整理，一种笔画会有很多种偏误方式，而且在零基础入门阶段，同一笔画出现多种偏误的概率相当大。

总的来说，泰国零基础汉语学生书写模拟的能力很强，但是在第一次课的统计中，在汉字书写偏误方面主要有以下几种偏误类型。

第一，笔画增损。如"横"写成印刷体横上带一个钩；"竖"结尾处多了个钩；"撇"在尾笔处多了个钩；"竖弯钩"写成竖弯；"卧钩""斜钩""竖弯钩""横钩""横折钩"等书写时容易漏掉钩;"竖弯""横折弯"容易多钩写成横折弯钩;"横竖""横折"容易带钩。

第二,笔画变形。如:"点"写成小数点,"横"写成提或捺;"撇"写成了提或者一个弯;"提"写成了撇、横;"竖弯钩"写成卧钩;"横折弯钩""横折弯""横折折折构""横折折撇""横撇弯钩"写成数字2或者3;"横折提"写成数字7。

第三,笔向颠倒。汉字笔画大多数是从上到下,从左至右,但是没有经过训练的学生大部分会写倒笔,其中容易出现倒笔和乱笔画的笔画,都可以在图1中发现,笔者在统计中标注了箭头的,均为方向错误,如"横"写法是从右往左;"竖"是从下往上。

第四,一拆为二。这种情况主要存在于派生笔画中,如"撇点",学生分开写为撇和点,学生将"横折"拆开写成横和竖;"横折提"分开为横和竖提,更甚者一分为几地胡乱拆分;"横折弯钩"也是将横孤立看成一笔;等等。

在第二次课中,由于老师讲解之后,学生对汉字笔画有了较为正确的认识,第一次课中出现的由于不了解汉字笔画书写规律等因素产生的偏误减少,但混淆笔画的偏误相对增加了,经过分析,容易混淆的有以下几组:

横——横钩——横折——横撇点——捺

竖钩——竖提弯钩——卧钩——斜钩

横折——横折钩

撇点——撇折——竖折

横撇弯钩——横折折折构

这几组容易混淆的偏误延伸到了学生后期的汉字书写中,笔者对泰国零基础学生初级阶段的汉字书写偏误的分析,可以证明此点。

(2)从汉字结构看汉字书写的偏误

笔者对泰国零基础学生,进行了与汉字书写偏误相关的两个调查。其一,结合HSK考试大纲词汇,对所学汉字的摹写,对象是零基础汉语学习的泰国学生,收集其在学习汉字书写前和学习汉字书写后的汉字材料;其二,笔者所教授汉语课的泰国学生的汉语名字签名。

第一，汉字中同一笔画长短，倾斜的程度偏误。同一笔画长短影响汉字书写的正确与否，"横""撇""捺"等都有各自不同的变体形式，如："美"字，四横长短不一，不影响意思，但是学生若将"未"误写成"末"，则影响汉字的意思了；在倾斜程度上如"撇"，学生常把"采"上的一撇写成横。

第二，汉字笔顺偏误分析。对于汉字书写中的笔顺，在教授汉字书写前泰国学生几乎没有书写正确的。繁复的笔顺，要按顺序一笔不错地把握确实很困难。学生在笔顺方面有两个偏误：其一，无法辨别汉字是由哪些笔画构成的，在笔画内部笔顺错乱，比如"口"字，泰国学生以为是由两横两竖组成，有的甚至一笔写成；其二，则是常见的汉字笔顺顺序错误。

第三，笔迹关系。所谓笔迹关系，大致有"分离关系""相接关系""相交关系"，每个汉字的组合含着多种关系，在书写汉字的时候，泰国学生经常分不清楚各笔画之间到底应该是怎样一种笔迹关系。

A. 相交和相接混淆：如"天"写成"夫"，"夫"写作"天"，另如"再"中间那一竖，学生写的时候会超出那一横；"日"很容易超出下面那一横，看上去如"月"。

B. 分离和相接混淆："八"写成了"人"；"大"上面的一横不是在三笔的交接处，而是在人字的下半部分。

C. 分离和相交混淆：如"水"字写成了三笔相交。

第四，汉字结构偏误分析。泰国学生初学汉字书写的时候是没有结构概念的。"娜"字，三个部分写得不够紧凑，相距较远。上下结构写成左右结构，如"智"写成口在右边。

第五，汉字的笔画缺增。如"今"写成"令"；"目"写成"日"。

第六，汉字的笔画混淆。汉字笔画混淆表现出来的形式也是部分笔画的增缺，但是产生的原因是对已经学过的汉字笔画没有足够的把握。笔画构成依旧出现了增减。

第七，汉字字形图像化。泰国学生中，刚接触汉字书写的时候，汉字是一幅画，学生学"口"字的时候，口就是一个圆形，甚至是由"＜＞"组成的。

（三）偏误调查分析总结

由以上的关于笔画和汉字书写分两阶段的调查实验总结得出：在泰国零基础学生汉字书写上，不同阶段主要的偏误类型是不同的。

泰国零基础学生系统学习汉字书写之前，没有接触过笔画，没有认识过汉字，受到已有的知识结构和泰国文字写作的影响，之前讨论的那些偏误都可以归到前系统偏误中。

1. 前系统偏误

一方面主要是泰国学生受母语的影响；另一方面是在对汉字的特点不了解的情况下，没有意识到汉字书写问题。

首先，笔向问题。泰语字母在书写的过程中存在各个方向的笔向，汉语的书写则有一定的规律，如横应该从左到右、竖应该从上到下等。受本国书写方式的影响，泰国学生常出现倒笔画的现象。

其次，笔顺问题。汉语的笔顺是有一定的规则的，通常是从上到下，从到右。而泰语在辅音上面叠加元音的字母组合时，要先写下面的辅音，再写上面的元音。受这种书写习惯的影响，泰国学生往往会出现倒笔顺的现象。

最后，笔数问题。汉语的书写讲究"一笔一画"，而泰语字母很多是一笔就可以完成的。受这种书写习惯的影响，泰国学生在书写汉字的过程中遇到笔画相连的汉字或汉字部首时，往往会将其一笔完成。

2. 系统偏误

形似的笔画是泰国学生最容易混淆的笔画，在书写的时候总是增删"零件"，在学生没能完全掌握这些笔画之前，这样的影响更大。另外，还有教师进行汉字讲解后出现的偏误。教师对待不同的汉字有不同的教学方法，学生产生了误解或者是知识的负迁移。汉字教学必须遵循一定的规律，运用符合规律的教学方法，但是不同的教学方法，有可能会产生不同的偏误类型。如果教师过分强调汉字是图画，并且没有溯源汉字的演变过程，学生便会认为汉字就是图画，不注意汉字的精准性，出现增笔少笔如"目"写成"日"。如"鸟"字，教师运用图片法教学，学生会将"乌"写成"鸟"，因为在他们看来乌鸦是有眼睛的。

二 原因分析

（一）偏误产生的原因之一：汉字本身

1. 中国汉字的总体特点

（1）汉字的难

汉字，其名来源于汉朝，历史十分悠久，所含文化积淀浓厚，是世界上使用人口最多的一种文字。而汉字的"难"似乎也是公认的"真理"。瑞士著名语言学家索绪尔将所有的文字分为两种体系：一种是表音体系，另一种是表意体系。表音文字指文字或字母是表达或标明读音的，不同的读音与不同的意义相联系；而表意文字则是指字符的特定结构和形状表达或标明不同的意义，不同的字符结构代表不同的意义。这是世界文字演化发展出的两大种类。1892 年卢戆章提出："当今普天之下，除中国而外，其余大概皆用二三十个字母为切音字。"他将汉字与表音文字相比，得出"中国字或者是当今普天之下之字之至难者"。卢戆章是第一个提出汉字难学的人，出发点是汉字和表音文字的比较。

据统计，世界上绝大多数文字属于表音文字，包括泰国的语言。泰文属于元音附标文字，即用在辅音字母的四周标示代表元音的符号。属壮侗语系侗台语族。有 44 个辅音字母、21 个元音字母、4 个声调符号和一些标点符号。泰语字母书写规律从左至右，不分大写和小写。泰语是一种分析型语言，不同的声调有区分词汇和语法的作用。而对比表音文字，汉字属于表意文字，其字的构成部分具有表意的性质，其结构是通过表意建立起来的。对于这些以表音文字为母语的学者，在把汉语作为第二语言的学习过程中，面对一个全新的文字体系，势必觉得难。

（2）汉字的特点

那么汉字具体有什么特点呢？说汉字难，汉字有着笔画多、数量多、结构多、字形多的特点，只是这一点，对于以表音文字为母语的学生来说确实已经很头疼了。这在于表音拼音文字和笔画表意汉字的巨大差异：对于非汉字文化圈的人们，只要掌握了母语字母的拼音规律，见词就能够读出并知道它的意思了；相反会读的词一般也都能正确拼出来。这就是说，形、音、义三者知道一项，也就知道了其余两项。而汉字虽然也是音、形、义三者的结合体，但是演变至今，三者关系已经不够明显了。以至于这些母语为表音文字的学生，在接触汉语初期，更偏向于应用拼音。教学课余时间，一位泰国学生说："汉语教师如果一味地标注拼音，久而久之学生便会依赖拼音，那么，学生后期学习就真的离不开拼音了，也就不需要汉字了。"可见学生对表音符号的依赖程度有多大。

第一，汉字笔画多，笔形、组合关系多。笔画是构成汉字字形的最小单位。现代汉字整字的笔画数，少的只有一笔，如"一、乙"，多的有二三十笔，如"矗"便有 24 笔。笔画数的多少是区别汉字字形的重要依据。据统计，《现代汉语通用字表》收录了 7000 个汉字，9 笔的字最多，其次是 10 笔和 11 笔的字。每个汉字都是一笔一画写成的，缺一不可。

笔形，即笔画的形式。根据笔势和走向，现代汉字的笔画可以有 31 种不同的形式。笔形可以分为基本笔形和派生笔形，根据汉字笔形五类说，书写时笔画的方向自始至终没有变化的是基本笔形，笔画的方向有所变化的是派生笔形。基本笔形大概有五类：横、竖、撇、点、折。派生笔形有横折、撇点等。所以就笔画的方向而言，难度又增加了。不仅如此，笔画的组合关系又大致分为三种。

A. 分离关系：指笔画之间都有或大或小的距离，如"二、小、川"。

B. 相接关系：指前一笔和后一笔都是相互连接的关系，如"口、人、工"。

C. 相交关系：指前一笔和后一笔都是相互交叉的关系，如"十、戈"。

在笔画的组合关系上，一个字，笔画的组合关系多种多样，不同的组合关系，可能变成另外一个字，如八、人、入，这也增加了汉字书写的难度；相交、相接还是分离成了学生需要记忆的点，然而众多的笔画、众多的组合关系，也造成了汉字书写难的事实。

第二，汉字笔顺要求严格、结构复杂。笔顺是指书写汉字时笔画的走向和次序，其一是笔势，如横"一"是从左到右；其二是笔序，即笔画出现的先后次序，如"三"，必须从上往下写，同样是三横，但是长短要求又不一致，这就是汉字的复杂性。

总的来说，笔顺规则的总出发点是：书写的起点在左、在上，终点在右、在下，两个相关笔画之间以最短距离为运笔最佳选择。概括说来，有以下 10 条：从左到右，如"川"；从上到下，如"草"；先横后竖，如"于"；先竖后横，如"非"；先撇后捺，如"人"；先撇后折，如"刀"；先外后内，如"寸"，缺口在上的字，又需要先内后外，如"进"；先外后内再封口，如"圆"；先中间后两边，如"办"；包在主体内的右上角的点最后写，如"兔"。规则太多太细，并不利于泰国学生记忆和学习，所以掌握这些笔顺规则最好的办法就是学生长时间地练习，之后才是总结归纳学习这些规则，加深对笔顺感觉的培养。可见，学习汉字书写耗时过长，无疑增加了汉字书写的难度，消磨了学生学习的热情。

第三，汉字字形结构复杂。现代汉字是用 30 多个不同形状的笔画组合成的六七百个部件，然后再用这几百个部件组合成数以万计的整字。可分为两类：独体字和合体字，其中独体字占 3% ~ 5%，绝对数量为 300 个左右，是构成现代汉字字形的基础。合体字基本结构有左右结构、上下结构、包围结构。派生结构有左中右结构、上中下结构、品字结构、对称结构、半包围结构等。这也是外国学生容易出错的地方。

第四，汉字数量多、近似字多。汉字体系完整，经历了历史长河的筛选，总数一般认为有五六万个，数量如此之多，要完全掌握难度十分大。而且，汉字当中又有许多字形相似的汉字，外国学生没有养成仔细观察字形的意识，常常会写错汉字。形近字是指字形相近而音、义有别的字。形近字的差异大致表现在以下三个方面。

其一，笔画数的微小差异，如"鸟"和"乌"。

其二，个别笔形的差异，如"旧"和"归"。

其三，笔画组合关系上的差异，如"开"和"井"。

笔者对泰国学生做了一个调查，在没接触汉语之前，认为汉字难的人将近 100% 。这种先入为主的观念，确实给后期的汉字教学带来了一定困难，学生对汉字有抵触心理，在学习的过程中，变得不愿意接受这一新文字体系，存在重视口语听力，忽视书写认读的心态。

问卷调查显示（见图 1），这 27 所泰国中学里的中学生，长的学了 1 ~ 3

年，短的学了一个学期。但是即使有部分学生学了很长时间，很有趣的现象是，除了几所学校学生的汉语水平一般以外，60%以上的学校学生的汉字书写能力较弱（见图2）。并且，经过一个学期的汉语实习，51.8%的教师觉得学生的汉字书写能力进步不大；18.5%的教师觉得学生的汉字书写能力依旧很差，没有多大进步（见图3）。

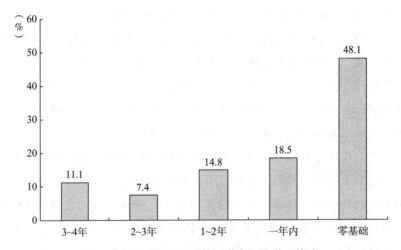

图 1　27 所泰国学校零基础学生汉语学习基础

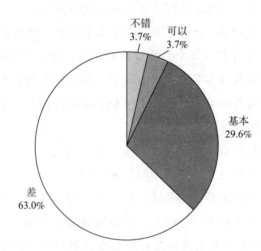

图 2　27 所泰国学校零基础学生汉字书写能力

综上对比分析，学生的学习时间和汉字书写能力并不成正比，并且汉字书写方面的学习效果也并不明显。

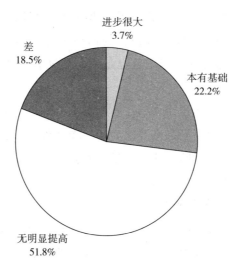

图3　一学期汉语学习后，学生汉字书写能力调查

汉字确实有它的难度，但是汉字也有自己简易的一面。不难看出，说汉字难学的，都是通过比较得出来的结论；从另一个方面来比较，汉字似乎又有它容易的一面。

因为较之表音文字，汉字有它显著的特点。

第一，汉字的形成有一定的规律可循。汉字有一定的规律可循，其并不是由一些无关的笔画和结构拼成的文字。前文提到许慎在《说文解字》中阐述了汉字形成的"六书"理论。其中的"象形""指事""会意""形声"是从我国传统文字理论中归纳出来的四种造字方法。汉字的字形比较多，其中的象形字都有图可解，大概占4%；指事字，字数极少，占1.1%左右；而会意字是在象形字基础上创造的，占12.4%左右。根据文字的演变规律，这些都可以追根溯源，并且生动有趣。这些独体字也是形声字的组成部件，且大部分是形声字，掌握了独体字字形，再来教形声字，也是有法可依的。

第二，汉字常用字数量不多，构词能力强。虽然汉字的数量有好几万，但常用字不多（2500个常用字即可覆盖9%的语料，次常用字1000个）。更重要的是汉字具有很强很灵活的构词能力，有的常用字能组几百个词，《现代汉语词典》中共有5600个词条，由3000多个汉字构成。因此，学习词语相对而言比较容易，往往是生词熟字，似曾相识。而只要掌握了 500 个一级常用字，一般书刊上 70% 的字都能认识。这样，零基础外国学生学习这些基本的具有强大构词构字功能的字，在整个汉语学习的过程中就显得尤为重要了。这也是书写要从开始学习汉语抓起的重要原因之一。

综上可知，汉字确实难，可是在教学中总有解决的方法，积极总结难点并寻找解决策略是提高汉字书写能力的一个关键环节；另外，也不能忘记汉字确实有其优势，教师应让外国学生看到汉字并不是那么难，减少他们的畏难情绪，增加对汉字的了解和兴趣。

2. 形声字、形近字太多

汉字另一个比较独特的特点是包含大量的形声字，据统计，形声字占汉字总数的 80% 左右，克服了这部分汉字书写难题，汉字书写问题便基本解决了。由于该篇论文主要讨论泰国零基础阶段学生汉字书写问题，在这个入门阶段，按照教学实践的规律和科学的第二语言汉字书写习得顺序进行教学为后期的大量复杂的形声字教学做准备。所以，在教学过程中，教师应该有这个意识，做好笔画独体字和部分简单形声字的教学工作。

在汉字中，虽然有大量形近字，但是并不影响入门阶段的学习，只有少部分的字会混淆，如"天"和"夫"，但是要做好准备工作。

3. 汉字图像性减弱

汉字简化后与图像对应的记忆已经抽象，大多数学生依旧靠死记硬背。

约公元前 14 世纪，殷商后期形成了初步的定型文字，即甲骨文。甲骨文既是象形字又是表音字，至今汉字中仍有一些和图画一样的象形文字，十分生动。

后来，为了提高书写的效率，人们发明了柔软的毛笔和纸张。到了西周后期，汉字演变为大篆。大篆有两个特点：一是线条化，早期粗细不匀的线条变得均匀柔和了，它们随实物画出的线条十分简练生动；二是规范化，字形结构趋向整齐，逐渐离开了图画的原形，奠定了方块字的基础。汉字字形形象性的减弱和符号性的增强，要求构成汉字字形的线条本身具有鲜明的个性，只有这样才能保证每个汉字字形有较大的区别。

后来秦朝丞相李斯对大篆删繁就简，改为小篆。小篆除了把大篆的形体简化之外，还使线条化和规范化达到了完善的程度，几乎完全脱离了图画文字，汉字成为整齐和谐、十分美观的长方形的方块字体。但是小篆也有缺点，那就是它的线条用笔书写起来是很不方便的，所以几乎在同时也产生了形体向两边撑开成为扁方形的隶书。

至汉代，隶书发展到了成熟的阶段，汉字的易读性和书写速度都大大提高。隶书后又演变为章草，而后又出现了今草，至唐朝又有了抒发书者胸臆、寄情于笔端的狂草。随后，糅合了隶书和草书而自成一体的楷书（又称真书）在唐朝盛行。我们今天所用的印刷体，即由楷书变化而来。介于楷书与草书之间的是行书，它书写流畅，运笔灵活，据传是汉代刘德升所创，至今仍是我们日常书写所习惯使用的字体。汉字字形和图画已经不能完全对应起来了。据统计，象形字、指事字、会意字共占 17.5%。形声字运用固定的部件与表达的意义联系起来，比如"提手旁"表示与手相关这一含义。

（二）偏误产生的原因之二：教师方面

1. 教学方法单一，学校、老师重视程度不足

（1）汉语教师水平参差不齐，教师资源不稳定，语言不通

自从掀起了"汉语热"，泰国国内对汉语教师的需求也增加了。根据对 27 所泰国中学师资力量的调查（见表 1）笔者得出了以下结论。其一，并不是所有的学校都有固定的中国汉语教师和泰国汉语教师。其二，很多学校的教师来自孔子学院，其中包括志愿者和实习生；志愿者任教期一般为 1~3 年，实习生的教学时间更短，多至一个学期。其三，只有实习生的学校占 44.4%，其中 93.6% 的实习生没有实习经验，且本科专业为语言类的占 56%；据统计有志愿者的学校也仅占 33.3%，并且志愿者的教学经历也不是十分丰富。在泰国长期居住的师资应该属于泰国汉语教师，但是据调查，这一部分比较稳定的教学资源，在泰国学校的分布也是不均衡的。除了 1 所大众华校和公立健华学校有 10 名以上的泰国汉语教师以外，只有 44% 的学校有 1~3 名泰国汉语教师，将近一半的学校没有泰国汉语教师，只有实习生。其四，中国来的志愿者实习生流动性较大，相对稳定的是泰国汉语教师，但是泰国汉语教师的水平也是参差不齐，水平高的多为华裔（见表 2）。

表1　27所泰国学校师资力量调查

单位：%

师资类别	泰国汉语教师	中国汉语教师	志愿者	实习生
27所学校各类教师所占比例	44	5	33.3	44.4（只有实习生）

表2　泰国汉语教师汉语能力分析

单位：%

学习汉语的地方		学习汉语的方式	是否为华裔		汉语教学的能力	
泰国	61.5	自学	是	30.7	高	53.8
		泰国求学			一般	38.5
中国	30.7	中国求学	否	69.3	低	7.7

　　泰国教师资源如此不稳定，严重影响了泰国学生持续学习汉语的积极性，没有任何教学经验的志愿者和实习生，在教学方面无疑还有一段摸索期，其教学质量并不是很高。

　　另外，实践证明，泰国虽是比较开放的旅游国家，但是泰国中学英语普及率和教学质量很低，并非人人都会英语，所以，到泰国教学的汉语教师，如果不懂泰语，课堂教学会很吃力，更谈不上给学生解说汉字中的文化。所以，语言不通也是要克服的障碍。

　　据二十几位不会泰语的实习生反映，课堂上，泰语对汉语课堂的影响程度可以用1~4来衡量，字数越大影响越大，认为影响程度为4的占48.1%，认为影响程度为3的占29.6%，认为影响程度为2的占14.8%，认为影响程度为1的占7%，认为影响不大的实习生大多来自基础比较好的华校和英语普及率较高的学校（见图4）。

　　（2）汉字书写教学不讲规律，方法单一，让学生死记硬背

　　汉字虽然难，但是有其构成规律，传统的教学方法是老师示范汉字书写，学生跟着写。单一的教学法，让学生对汉字书写的兴趣全无，而且死记硬背无疑增加了负担，学生无法记住大到一个汉字的形状，小到一个汉字中的笔画与笔画之间的关系，放弃书写也是无奈之举在教学学生书写汉字时常用的教学方法如图5所示。

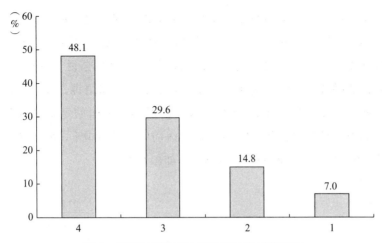

图4　泰语对零基础课堂汉语教学影响程度

说明：横轴的4、3、2、1表示泰语对汉语课堂影响程度递减。

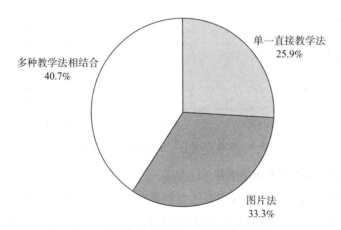

图5　教师教学生书写汉字运用的教学法

（3）教师重视程度不足

汉字课堂上，汉语教师的板书书写不规范，自己的汉字都不过关。有缺点少钩的、有写别字的、有笔顺存在严重问题的，自然教不好学生。

课后，大多数汉语教师不布置有关汉字书写的家庭作业。教师为了减轻泰国学生对汉语的畏惧感，对刚入门的泰国学生要求并不严格，有33.3%的老师不布置书写家庭作业，40.7%的老师视情况而定。

在课型的安排上，有些学校是以选修课或者兴趣班的形式开设的。而且每一个星期安排给泰国学生的汉语课时很少，有些学校甚至一周一节课，学生忘性大，效果不明显，而泰国学生没有回家复习的习惯，所以到下个星期来上课的时候，已经把上周学习的内容忘得差不多了。有一个很有趣的现象，部分学校的学生学习汉语两年了，也只会说"你好"，每个学期都是从拼音开始学。此外，大部分学校统称为汉语课，没有专门分听说读写四类教学，短短的时间不足以面面俱到。泰国的学生热爱各种活动，据调查，经常举行和汉字书写有关活动的学校为0%，偶尔举行一次的为22.2%，从来不举行的有77.8%，如图6所示。

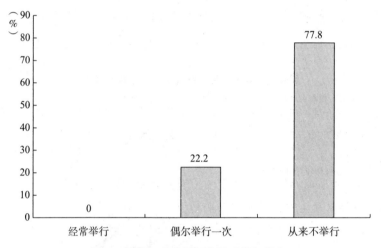

图6　学校汉字书写相关活动举行频率

2. 教师自身知识水平有限

泰国的学校对汉语老师的要求是很高的，不是"中国人都会教汉语"。然而调查显示，在泰国任教的汉语老师身份复杂多样，这也直接影响到了教师自身的知识水平。27所泰国中学的调查数据显示出以下几种情况。其一，部分学校早就有了开设汉语课的打算，但是不知到何处去寻找汉语教师，学校自主选择泰国老师担任汉语教师，但是这些泰国老师有会一点汉语的，也有一点都不会的，少数不会汉语的泰国老师要到中国学习汉语，待到学成归来再教学，但是耗时太长。所以有些泰国老师一边自学一边教泰国学生汉语，这些自学汉语的泰国老师，水平较差。其二，一些学校开设汉语课，通过孔子学院的帮助，调来了实习生，这些实习生大多是中国高校临近毕业的本科生或者研究生，且一些研究生生源比较复杂，本科专业为语言类的只有56%。其三，还有一些学校，有华裔老师教汉语，这些人的口语水平较高，但是他们未必接受过专业的培训。在泰国教授汉语的老师应该具备以下汉字基础知识和汉字教学理论知识。

第一，教师首先应该对汉字的性质、历史和现状有所了解。对于汉字的性质，要了解汉字是意音文字，是形音义的结合体等；对于汉字的历史，比如，最早的成熟的文字是甲骨文，汉字距今约有3300年的历史了；对于汉字的现状，教师至少要知道现代汉字的字量有多少，还应该知道通用字和常用字两个概念。

第二，教师应该知晓汉字字体的演变，至少要清晰演变脉络。汉字经历了甲骨文、金文、篆书、隶书、楷书等发展阶段，应该清楚它们的特点。如"蚕头燕尾"，是隶书字形的特色。让学生在汉字中寻找爱好，感受汉字演变的历史，感受中国文化的深厚和色彩。

第三，教师必须知道汉字与汉语的关系。了解汉字的来源以及汉字的发展，在对外汉语课堂上面，这些能力必不可少。教学生书写汉字是教师的授课任务之一。

第四，了解与汉字教学相关的从古至今的教学法知识。

3. 教师对学生掌握汉字字形的要求

笔者根据对27位实习教师的调查得知，泰国学校泰方指导老师对实习老师进行汉字教学的态度不一，明确要求实习教师进行汉字书写教学的只占3.7%，且如果泰国学生能够写出汉字，多于一半的老师会忽略其笔顺笔形是否正确（见图7）。可见，老师在教学中也存在取轻避重的态度。

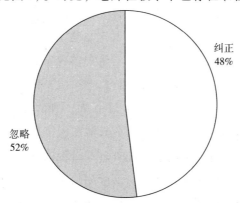

图7　教师对学生书写汉字字形所犯错误的要求

（三）偏误产生的原因之三：学生方面

1. 泰语母语的负迁移

根据"母语迁移"理论，在第二语言的习得过程中，学习者的第一语言即母语的使用习惯会直接影响第二语言的习得，并对其起到积极促进或消极干扰的作用。根据教育心理学原理，母语由于其与外语的相似成分而对外语习得产生的有益的、积极的影响叫作正迁移，它能促进学习者对外语的掌握与运用；反之，母语由于其与外语的相异成分而对外语习得产生的不利的、消极的影响叫作负迁移，是学习者掌握和运用外语的障碍。在习得过程中，正、负迁移同时存在并共同作用于外语习得。

泰语属于非汉字文化圈的语言，是表音文字。泰语和汉语的差别十分明显。从语音、语法上看，泰语对第二语言汉语的学习，正负迁移作用均有。从汉字的书写上看，主要还是负迁移起很大的作用。

零基础学生的汉语入门阶段是汉字教学的开始阶段，根据问卷调查，将近100%入门阶段的学生认为汉语书写难，是什么原因导致了这种先入为主的畏难情绪？

（1）缺乏对汉字的整体感知能力

零基础的泰国学生最初接触汉字的时候，对汉字的结构形式很不习惯，无法理解汉字的理据性，受母语泰语文字的影响，只把它们看成一种由曲线直线等点画线条组成的方块图形，因为没能够建立起适合汉字学习的视觉记忆能力，对汉字字形的快速辨认是基础阶段的主要难点。

（2）重视拼音，并不重视书写，甚至忽略了汉字的存在

为了方便处于零基础阶段的泰国学生识读汉字，教师通常会在汉字的上面标注拼音，泰语是记录发音的语言，学生并不明白汉字和拼音的关系，并不知道拼音仅仅是读汉字的一个工具，所以会错误地选择重视拼音。据统计，在汉字教学中，认为拼音教学在汉字教学中重要的占70.4%（见图8）。另外，当前在泰国的教材中，入门阶段的汉语书几乎都是以日常交际用语引入，吸引学生更多的是交际用语的发音，从而更加强调了拼音的重要性。而较之汉字的复杂，在短时间内，学生可以学会基本的拼音拼读，甚至可以说出汉语，这种鼓励也刺激学生更倾向于重视拼音，前期

的交际用语更是让他们忽略汉字的重要性，只看拼音，不看汉字。

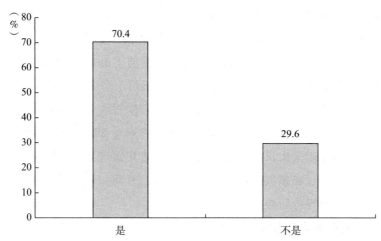

图8　拼音教学在汉字教学中是否重要

2. 书写基本笔画、笔顺、结构严重受到母语影响

如果面对一个整字，泰国学生会不知道从何处下手书写，因为他们并没有笔画的概念，只有图画的概念。而对图画的汉字的书写，深受泰语书写的影响。

泰语的书写方式与汉字的书写方式存在很大的差异，其运笔的方向和汉字有明显的不同，母语的正字法和负迁移是造成此类偏误的重要原因。泰语中大量字母的运笔方式是从下往上的，或者先从上往下，再向上，导致泰国学生在汉字书写过程中容易出现倒笔画的现象。笔者做了一个很有趣的调查，在第一次汉语课开始前，让学生临摹几个汉字，结果是从没有学过汉字的学生，只要态度认真有耐心，总是可以利用他们绘画的能力，将汉字写得很工整，不过"十"这个汉字，学生可能会用四个不同方向的横、竖写出来。

泰语中还有从右往左的书写方式，这样的书写方式汉字中是没有的。从右往左的书写导致学习者在写汉字时，出现大量的倒笔画现象，具体表现为在书写横时由右往左运笔，在书写整个汉字时也是从右边写到左边，这就造成了写汉字时的偏误。泰语字母基本上是一笔写完的，即使很繁杂的字母，中间也不停笔，学生在写汉字时出现的偏误就表现为连笔现象较多，将本来由多个笔画组成的部件、偏旁或者整字一笔写完。如"口"从下往上再往下，最后往左，一笔写完，写成后就是英语中的"O"。泰语中辅音与元音拼合时，也是先写下面的辅音，再写上面的元音，这也是学生在汉字书写时出现倒笔画的原因。具体表现为学生在写汉字时，先写下面的部件，往上依次再写上面的部件。这样，常将上面的结构写得分散，整个结构处于松散状态，甚至出现将一个字写成两个字的情况。

总之，泰语的书写方式对汉字的书写会产生很大的负迁移影响，经常会导致笔顺、笔画偏误，部件变形，间架结构不对等偏误的发生。这样一来，在泰国零基础学生汉语入门阶段，只有让其知道方块汉字是由有序的笔画构成的，并且必须按照汉字结构来书写，时间一长，则能逐渐减少母语书写对汉字书写的影响。

3. 学生汉字学习态度

（1）课堂秩序方面

相比中国学生规矩的课堂秩序，泰国学生的学习态度确实比较散漫，课堂上纪律不佳，学生好动。据调查，来自中国的 27 位实习老师 100% 承认这个事实，课堂秩序不好也严重影响汉字教学，如果遇到较难的汉字，一个学生的情绪带动其他学生的情绪，大家容易浮躁，进而不听课。

（2）汉字学习方面

第一，有畏难情绪，取轻避重，懒惰。汉字难写难认，无可否认。大多数学生没有自主学习的习惯。汉字总量很多，但是现代汉语中构词能力最强的常用字为 152 个，它们的构词数都在 101 组以上，其中 134 个字为汉语水平汉字大纲中的甲级字，约占总数的 88.1%；18 个字为乙级字，约占总数的 11.8%。这些常用字都会在初级汉语教材中出现，所以零基础的学生，在入门阶段，识别书写这些常用字是十分必要的。学好汉字开头难，泰国学生总会怀着畏难情绪。问卷调查显示，这 27 所泰国中学里，长的学了 1~3 年，短的学了一个学期汉语的中学生，汉语水平除了几所学校的学生一般以外，80% 以上学校的学生汉字书写能力较弱，甚至没有能力可言。

从认知心理方面考察，佟乐全、张一清在 1993 年指出："学习者在识记汉字时要依次经历'混沌阶段'、'清晰阶段'和'模糊阶段'。"在"混沌阶段"，学生对汉字几乎一无所知，也有了解汉字的，但容易产生误解，把汉字看成"奇特的图画""奇形怪状的图案""一把散开的筷子""一种艺术"等。这个时期，学生写汉字毫无章法可言，就是摸索着画图。这个阶段开始有畏难情绪。到了"清晰阶段"，老师讲解了汉字的构成，一笔一画地教学生，学习难度降低了，但是学生容易取轻避重。到了"模糊阶段"，学生才可能在知识的积淀上获得顿悟，进入汉字学习的适应期。

这三个阶段需要持续学习，并且勤奋地去观察和了解汉字的特点，但是泰国的学生并不把学习看成最重要的事，并且，在一些学校汉语仅仅是选修课，所以，要攻破这个汉字书写的瓶颈，学生的不主动无疑增加了难度。

第二，对书写的重视程度不足。非汉语文化圈的泰国学生，并不是很重视书写，特别是零基础阶段的学生，更是习惯性地认为学会拼拼音便算是学会了汉语。

泰国的学生只要可以写出汉字，内心就满足了，不是十分重视少点多点，更是不注重笔顺，但是这和教师的强调程度以及学生对汉字特点的认识相关。据统计，教师尽管不断地纠正学生的错误，学生依旧会犯相同的错误。27所泰国学校中，反复犯错的概率为62.9%，较少犯错的是33.3%，只有约3%的学校没有这种情况（见图9）。

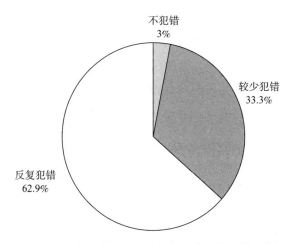

图9　教师纠正书写错误后，学生依旧会犯相同错误的概率

第三，教学知识的负迁移，在给零基础学生上课时，为了激发学生的兴趣，克服学生的畏难情绪，老师总是会告诉学生，汉字其实是图画文字。在教学法的选择上，图片法在汉语教学初期运用得十分广泛，据笔者对 27 所泰国学校的教学情况调查，在零基础学生的汉语课堂上，几乎都会用到图片教学法；文章前面有提到，使用单一教学法的占 25.9%，使用多种教学法的占 40.7%，偶尔使用图片教学法的占 33.4%。由于刚接触汉字，部分学生就这样片面地认为汉字就是图，所以以为画图即是书写汉字。

第四，认知缺乏。零基础泰国学生，刚接触汉字，对汉字的认识不够全面，认为汉字有形即可。在书写汉字的时候，经常少写部件或者笔画，主观上以为这并不影响汉字的书写正确性。

4. 学习者个体差异因素

第一，左撇子现象。在中国，很少见到左撇子的学生，汉字完全适合右手书写，从左至右，从上到下。但是在泰国，左撇子的学生不少，对于英语书写，左撇子影响并不大，但是这些学生不能适应汉字书写的方向。在教学过程中，汉语教师应该着力提醒这一点，纠正左撇子特立独行的汉字书写笔向，统一书写方向。

第二，个人重视程度不足。任教期间，笔者发现这样一个现象，第一堂汉语课老师给每个学生起了中文名字并教会他们书写，并且要求每堂课上课前每个学生都要签上自己的中文名字，如果上课前学生不会写可以询问老师，下课前老师也务必将写错的名字进行纠正，并且指出偏误出现的要点。但是，即使这样，有 3% 的学生每节课都会写错，如少点、增点问题。据问卷统计调查，实习教师反映纠正后依旧会出错的情况在 27 所学校中均存在。所以，学习者个人的重视程度也影响着汉字教学。

（四）偏误产生的原因之四：教材和社会方面

1. 词本位的弊端

泰国的汉语教学，出于教材编排体系、老师方便教学、学生口语兴趣使然等原因，汉字教学囿于"词本位"，以词作为基本教学单位，而把汉字只作为单纯的书写符号，使汉字固有的形、音、义三位一体的本质特征被阉割。在这样的教学方法下，学生学习汉字与记忆汉字的编码以及对词汇的理解搅在一起，久而久之，汉字由易学的文字变为难学的文字。

经过对 27 份调查问卷的分析，笔者发现在教写汉字过程中，教师以词为教学基本单位的占 74.1%，以字为教学基本单位的占 22.2%，以句子为教学基本单位的占 3.7%。很有趣的现象是，以字为教学基本单位的教师，几乎都很注重汉字书写的教学，而以词和句子为教学基本单位的教师注重口语练习多于汉字书写教学（见图 10）。

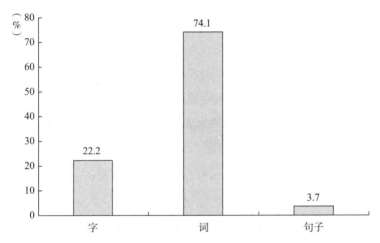

图 10　泰国汉语教学中教学基本单位所占比例

2. 汉语教学历史的负迁移

在泰国历史上，华人是泰国的一个重要族群，约有 7300000 人（2003 年），占总人口的 12%，绝大部分来自广东与福建。

在 20 世纪初，潮州人占绝对优势，占 40%，其他如海南人占 18%，客家人占 16%，福建人占 16%，广府人占 9%。所以，在泰国华人圈中，繁体字的汉字书写方式也流传了下来，在泰国汉语教学中除了简体字，也有繁体字的推广。另外，因泰国处在东南亚国家的贸易中心，泰国华侨、华人一直以来与新加坡以及中国台湾、中国香港、中国澳门存在贸易来往，书面语交往使用的全是繁体汉字，造成以往泰华社会里普遍使用繁体汉字，街上的中文招牌、广告以及中文的书籍、报刊等都习惯使用繁体汉字。

学生在生活中随处可见繁体字据调查，85% 的学生表示在生活中见过繁体字（见图 11）。

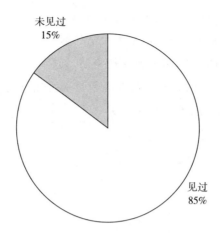

图 11　学生在生活中繁体字可见率

3. 教材短缺，不重视书写

国内汉语教学从古至今都重视汉字书写，中国国内最早传统识字教材要算西汉史游的《急救篇》，以后有《三字经》《千字文》《百家姓》等。古代的教学方法是先识字后学文。然而在泰国，汉语教材短缺，有 29% 的学校没有教材，这和学校的重视程度以及经济支持有关，学校没有教材，对该学校汉语教学的影响是相当大的，且不说任教的汉语教师调换频繁，每一个汉语教师都是按照自己的意志来选编课堂内容，而一本好教材的编辑并不如想象的那么容易，学校的汉语教师按照自己的喜好选择场景话题或者主题来上课，十分不科学。教师总是在一开始上课时，选择容易的话题来教学，这样固然简单；但是场景话题毕竟有限，而汉语的词汇和语法，并不是简单的话题可以完全包括的。汉语教师能力有限，在编写教材时不仅被自己的能力制约，还受话题场景牵涉到的词语的限制。另外泰国的教师不停地更新，由于场景话题有限，学生学了就忘，来的新汉语老师又只能重复讲解那些场景话题，学生的能力永远得不到提高。

另外，所调查的 27 所学校平时所使用的教材主要有《泰国人学汉语》《体验汉语》《跟我学汉语》《快乐汉语》《长城汉语》《汉语乐园》《汉语教程》《实验汉语》《汉语会话 301 句》等。笔者还对泰国素攀府 10 所中学所用汉语教材做了一个调查，分别有《体验汉语》《跟我学汉语》《长城汉语》《汉语教程》《实验汉语》，但是这些教材大都是先语后文，更加强调口语，忽视书写，虽然有配套的汉字练习，但是因为受场景话题的影响，并不能遵循从简到繁的规律进行教学，泰国学生学习书写颇为费力。比如问候场景中出现的"谢谢"，"谢"字比较烦琐，让学生头疼。

在教材的应用上，大多数教材虽然配有汉字书写练习，但是据来自27所泰国中学的汉语实习老师提供的信息，11%的教师会严格按照书本汉字书写练习进行教学；25%的教师不会按照书本汉字书写练习进行教学；64%的教师视具体教学情况而定（见图12）。

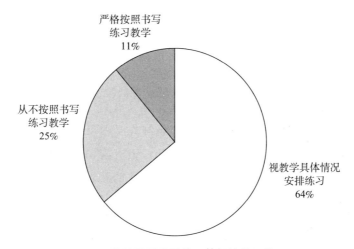

图12　教师汉字书写练习教材的使用情况

可见老师在教材应用上对汉字书写的重视程度也是存在问题的。

4. 其他原因

多媒体教学在泰国的应用也比较广泛，笔者从对27所泰国中学的调查得知，多媒体教学在泰国汉语课堂上的应用占37%，多媒体教学虽然方便展现汉字和汉语之间的关系，可以直观地展现出汉字的演变规律，丰富教学方法，有利于促进泰国学生的汉字学习，培养学生学习汉字书写的兴趣；但是多媒体教学也有其局限性，泰国学生对汉字的认识是全新的，在没有正确认识汉字之前，可能误解汉字的笔画，因为多媒体教学主要是印刷字体，一笔一画和书写的笔画还是有差别。利用在泰国的实习机会，笔者做了这样一个实验，在没进行任何汉字教学的情况下，让刚学习汉语的泰国学生抄写多媒体上面的汉字，结果几乎都将横写成了印刷体，也就是横的右边还带有一个小勾，其他的笔画也犯了这样的错误。

不得不承认，泰国学生的模仿能力很强，但是汉语教师如果是在多媒体教学的环境下进行入门教学，就要及时给学生讲解汉字笔画的书写规律。

三 汉字教学模式及各种教学方法的分析对比

（一）汉字教学模式

1. "先语后文"和"语文一体"两者比较

所谓"先语后文"，是借鉴母语习得的心理机制，先建立文字字音、字义联系，然后在此基础上将字音、字义与字形联系起来。它形成的原因，主要是很多外国留学生，特别是来自非汉语文化圈的学生觉得汉字很难，其中最难的就是书写，取轻避重，选择先学习汉语口语，待到口语练成了，再回过头来书写汉字。但是汉字和汉语有密切的关系，和拼音文字不同，汉语是表意文字，这就决定了先语后文的教学模式不可取，逃避中国文字的这一特性，是汉语教学的悲哀。

并且如果不学习书写汉字，对汉字的识别也存在难度。近似于文盲的语言学习不是真正意义上的学习。另外，如果没有正确的汉字书写教育，学生胡乱书写汉字，时间久了养成了错误的书写习惯，待到学习汉语书写的时候，纠正书写错误可能会成为最大的难题。

所谓"语文一体"的教学模式，是随文识字的教学，在综合课（精读课或读写课）内与课文、生词、语法学习一道完成，汉字学习时间安排上更灵活，避免了枯燥单调的单一性汉字教学。英语、法语等拉丁语系的文字是拼音文字，在教学上采用"语文一体"的做法是很自然的。因为文字可以辅助发音，学会发音有利于记忆和书写词汇，所以"语文同步"，听、说、读、写并进，对"语"和"文"两方面的教学可以起到互相促进的作用，而汉字不是拼音文字，采用这种模式来进行汉语教学，效果就截然不同了。

"语文一体"必然形成"文从语"的教学模式，即汉字教学服从于口语教学，也就是说，学什么话就教什么字。但是，我们忽略了一个重要事实，就是汉字的形体构造是有规律的，是可进行分析的。而"文从语"的结果就是，汉字出现的顺序不可能按照汉字书写教学的系统性来进行，必然使汉字的书写教学变得杂乱无章，显示不出汉字系统的规律性，从而使汉字书写难上加难。比如大部分入门阶段的教材先教问候用语，如"你好、再见、谢谢、不客气"，而这些字很明显不能在第一节课的时候就教零基础的学生书写，太难了，反而让学生重视口语，忽略书写。

目前，泰国的教材，在对外汉语基础阶段基本采用"语文一体"的教学模式，"语文一体"并不是没有优点，但是在零基础入门阶段，应该选择性地教学生写汉字，而不是碰见什么教什么。

2. "认写同步"和"认写分流"两者比较

所谓"认写同步"是指要求学生对所学汉字既会认又会写、强调每个汉字的认读和书写训练同步进行，实际上学生花在汉字书写上的时间占汉字学习时间的绝大部分。"认写同步"要求初级阶段学生对所学的生字达到"三能"[1]，即能认、能写、能用，把汉字认读和书写作为一个整体来要求，对学生掌握汉字的要求没有区分"认读"和"书写"。

所谓"认写分流"是指把汉字的认读和书写暂时分开，要求学生首先多认字、少写字，强调增加识字量、降低写字量，以达到迅速扩大识字量、尽早进入阅读阶段的目的。在对外汉字教学中，不应当把汉字的认读和书写看成一个整体，而应当看成两种不同的、可以分步骤完成的任务。例如佟乐泉认为，和母语为汉语的学习者相比，母语为非汉语的学习者要同时完成汉字认读和书写两项任务，困难要大得多，因此他提出对外汉字教学可以实行"读写分步走"。[2]

（二）关于国内汉字字形教学策略以及原则的相关观点分析

1. 儿童启蒙汉字教学——先语后文

中国儿童处于启蒙阶段不会写汉字，表面上虽然情况和外国学生一样，不过，儿童在启蒙阶段的时候已经会说汉语了，所以儿童启蒙汉字教

---

① 张静贤.关于编写对外汉字教材的思考 [J].语言教学与研究，1998（2）.
② 佟乐泉.中国语言文字使用情况调查正式启动 [J].中国语文，1999（6）.

学属于先语后文的范畴。那么先语后文是否也可以运用到零基础外国学生的身上呢，是否可以先教外国学生口语再教他们汉字书写呢？

无可否认，第一语言习得和第二语言习得是有很大差异的，第一语言习得顺序更是不同于第二语言习得顺序。先语后文如同会说话但是不会书写的儿童学习汉语，先教外国学生口语，等口语达到一定的水平后再回过头来教其书写汉字。虽然，学生的口语水平很高，也能够很快地理解教学语言；但是外国学生不比幼儿，有些会去自主学习，倘若教师不在一开始进行汉字书写的教学，学生总会按照自己的理解去写汉字，汉字出错的情况会千奇百怪，到口语练成了，教师再从"一"开始教书写，每个汉字学生要再学一遍，以前养成的错误的汉字书写习惯，很难得到纠正。所以先语后文的儿童启蒙汉字教学模式未必完全适合零基础阶段的外国学生。

2. 中国传统识字教育——认写分流

自汉字产生之日起，识字教育活动也随之出现了。中国传统识字教育注重的是对"字"的认识。据张志公介绍，传统的语文教学包含三个阶段[①]：第一阶段是启蒙阶段，以识字教学为中心；第二阶段是进行读写的基础训练阶段；第三阶段是进行进一步的阅读训练和作文训练的阶段。

我国汉字教学的历史源远流长，就是从西周说起，距今也近 3000 年了。而且中国古代的语文教育历来都把识字教学作为突破口，从古代流传下来的启蒙教材看，最早的是西周宣王时太史籀所著的《史籀篇》，它是我国的"字书之祖"。后人多以此为蓝本，编撰识字教材。秦代的《仓颉》《爰历》《博学》三书合并为《仓颉篇》，共收入 3300 字。汉代的《急就篇》对后世影响也较大。南北朝的《千字文》，是我国历史上最著名的儿童识字课本。而宋朝出现的《百家姓》与《三字经》，则同《千字文》合称"三、百、千"蒙学识字课本，流传甚广，基本上都是以韵语和部首为识字基础。元朝出现的《新编对相四言》，以图文对照为基础，已经开始注意直观教学的问题。

到了清代，文字学家王筠的《教童子法》，明确提出利用汉字构形规律进行识字教学的主张。而他所著的《文字蒙求》就是按象形、指事、会

---

① 张志公. 中学语文教学改革之我见 [J]. 天津教育，1992（C1）.

意、形声等造字方法进行编写的。他从《说文解字》中选辑常用的 2000 多个汉字，按象形、指事、会意、形声分类汇编，是第一本以汉字构字规律为线索的识字教材，在吸收前人以吟诵加强记忆的基础上，提出根据汉字的构字规律来认知汉字。

我国古代的识字教学，首先是集中在一段时间内吟诵和识记 2000 个左右的汉字。王揭在《教童子法》中说："蒙养之时，识字为先，不必遽读书。能识二千字，乃可读书。"崔学古在《幼训》里也说："凡训蒙勿轻易教书。识字至千字外，方用后法教书。"而清人潘子声统计发现，连续学习"三、百、千"可以累计识字 1452 个。因此，在入学之初集中力量学习，应当说是前人确立的既有目的又有方法的识字原则。其次是识字与阅读并重。先集中认识一定量的汉字，然后通过阅读扩大识字量。如在学习"三、百、千"等教材的基础上，再依次学习《神童诗》《千家诗》《大学》《中庸》《论语》《孟子》等，逐步扩大识字总量。而以背诵记忆和吟诵为主的识字教学，在一定程度上强调遵循汉字的构造规律，可以说在识字教学科学化的道路上迈出了一大步。

通过以上对我国古代识字教材及识字教学的简单回顾可知，古代主要提倡识字。

3. 现代小学汉字教育的启发

现代小学汉字教育可谓包含多种多样的教学方法，小学注重字的教学，经过漫长而艰苦的探索，取得了很大的成绩。

根据戴汝潜等的研究可知识字教学理论和方法主要有以下几种。[①]

生活教育分类识字（1952 年），依据陶行知的生活教育理论，以现代科学分类作为汉字的分类依据。

分散识字（1958 年）。强调字不离词，词不离句，句不离文。主张随课文识字，寓识字于阅读之中，在语言环境中学用结合。在一、二年级安排学习一百五六十篇课文，每篇课文 10 ~ 15 个生字，每年大约学习 2000 字。

集中识字（1960 年前后）。以"基本字带字"为主要方法，辅以形声字归类、形近字归类等集中认知的办法。先学构字率高的最常用字（500

---

① 戴汝潜，主编. 汉字教与学［M］. 济南：山东教育出版社，1999.

个），便于尽早阅读。打好识字的基础，如汉语拼音、笔画笔顺、偏旁部首、基本字，继承汉字识字传统，突出字形。代表性论文是张田若的《集中识字教学的理论和实践》，到了 1985 年张田若又进一步提出了"集中识字、大量阅读、分步习作"的汉字教学新体系。

字族文识字（1960 年）。将汉字构字规律转为识字规律，将儿童识物规律转为认知规律，将规律化结构的一组字编为一族。代表性论文是《字族文识字教学研究》。

部件识字（1965 年）。分散与集中结合，汉字以部件为核心，分为笔画、部件、整字三级结构。整体优先，简化识字，感知记忆。先看字形整体、分析结构、析出部件，最后再组合成整字。代表性论文是苏净白的《部件识字和语言训练化》。

汉标识字（1978 年）。以精选之汉字代替拼音启蒙识字；先学会基本字，再学拼音，扩大识字，代表性论文是魏大义的《"汉标识字"实验方案》。

快速循环识字（1981 年）。以心理学为依据，合理循环，高效率科学识记。代表性论文是刘振平的《快速循环识字法原理》。

注音识字提前读写（简称"注·提"，1982 年）。以发展语言能力和思维能力为重点，解决学语言与写汉字之间的矛盾。先学汉语拼音，做到能直呼音节，使拼音成为提前读写的工具。在汉字掌握不多的情况下，开始阅读拼音读物，借助拼音进行写作训练（不会写的字用拼音表示）。该方法 1992 年得到国家教委和语委的支持和推广，发展迅速。代表性论文是李楠等的《注音识字提前读写构想与实践》。

听读识字（1984 年）。听读过程为识字提供字义场，无意注意与有意注意相结合，听读、识字、写字分步进行。代表性论文是谷锦屏的《幼儿听读识字的理论和实践研究》。

韵语识字（1987 年）。充分发挥字音字义场优势效应，按先记忆后理解，先整体后部分的认知规律，依赖定位联想和快速记忆原理，利用儿童喜欢活动和具有较强表现欲的心理。代表性论文是姜兆臣的《小学高效率语文教学理论和实践》。

字根识字（1987 年）。汉字有序，纵序 28 个字根，横序 1000 个字件。代表性著作是张继贤的《中小学快速识字手册》。

成群分级识字（1990年）。以形示义，科学有序，与未来数学技术教育有机结合。代表性论文是曾悠源的《成群分级识字法》

解形识字法（1990年）。这是一套以解形为本，偏旁带字、形音义相结合的识字教学法，由杨洪清、朱新兰夫妇创立，已出版《快速识字字典》。

字理识字（1991年）。汉字结构的形义有渊源，理解记忆优于机械记忆，化抽象符号为形象联想。如对独体字溯源，对合体字先分解再溯源，采用图示法、联想法、故事法、演示法、推理法等方法。代表性论文是贾国均的《字理识字教学实验》。

此外还有"猜人识字法""立体识字法""字谜识字法""趣味识字法""多媒体电脑辅助识字法""双拼计算机辅助识字法"等。

以上的这些方法和理论，都是建立在国内长期教学实践并取得成效的基础上的，大致可以分为三类：第一类是从汉字的形音义结构规律入手开展识字教学，这也是最主要的一类；第二类是从心理认知特征出发开展的识字教学方法；第三类是借助教具和多媒体技术的识字教学方法。各种汉字教学方法，有利有弊，没有任何一种汉字教学方法是十全十美的，但是这些国内汉字教学的教学方法，结合国外具体教学环境和情况可以形成一套比较实用的汉字书写教学策略。

四 一套可实施的教学策略模式

（一）基本原则

在讨论适合泰国零基础学生汉字书写的教学策略之前，首先要结合泰国学生以及泰国零基础学生容易产生的汉字书写偏误，确定出这一套教学策略的基本原则。

前文谈到汉字教学在初级入门阶段是十分重要的，只要把握好了这个阶段，中后期的汉字教学就容易得多，所以在零基础泰国学生刚学习汉字的时候，教师应该树立科学教汉字的理念，培养学生学习汉字的热情和信心。第二部分结论中指出，泰国零基础学生汉字书写在不同的时期存在不同侧重的偏误类型，在泰国学生入门阶段，则要针对这些有可能产生的偏误，采取应对措施。

1. 由简到繁

泰国的汉语教材并不是按照汉字的难易顺序编写的。反之，出现的汉字有简单的有复杂的。如果一开始将教材中的汉字按照先后顺序教给学生，那么最后导致的结果是学生对书写汉字失去了该有的兴趣，超大的记忆量也让学生感觉十分困难。笔画较多的汉字并不是在教师教过一遍之后学生就能够丝毫不错地正确书写该字。所以教汉字应该从基本的笔画入手，从笔画少的汉字教起。较难的汉字可先不要求学生默写，只要照着写能把笔画笔顺写对就可以了。

所以，在汉字教学初期，应该教那些构词能力强的字，或者是成字的部件。在后期的汉字教学中，再涉及更多的合体字。

2. 重复强调基础

对于刚入门的泰国零基础学生而言，最大的困难是他们根本不知道什么是汉字，在感性上还没认识汉字。泰国零基础学生笔画和汉字学习前和学习后的实践对比证明，没有接受过基本笔画和汉字结构教育的学生，汉字基础相当薄弱，写汉字的时候，运笔方向五花八门，而接受了汉字笔画和结构的基础教育的学生，写字会有一定的章法可依。

泰国学生处于非汉字文化圈，学校应该开设单独的汉字课，汉字笔画和结构基础不是讲一次就行，在经过了一段时间的汉字书写演练后，教师还应该带领学生复习这些基本知识，加深学生的印象，也从侧面对学生提出汉字正规书写的要求。

针对泰国学生容易出现的偏误问题，教师应该更加重视笔画的教学，加强书写规范以及相似易混笔画之间的比较；对于整个汉字的书写，笔画之间的关系和组成汉字的笔画，教师都有必要加强教学实践。

3. 强调规律

汉字固然难写，但有其自身的特点，运用"六书"理论来指导教学，利用汉字规律教学可以事半功倍。现代汉语中，形声字占80%以上，形声字是开启汉字之门的钥匙。在这之前，让学生掌握象形、会意、指事汉字是很有必要的，只有在有了一定的汉字知识积累后，学生才不会觉得写汉字那么难。不同种类的汉字，也有属于自己的教学方法，把握汉字的规律是激发学生兴趣的钥匙。

4. 突出重点

之前也提过，汉字总数达五六万个，但是常用汉字不过 3000 左右，在初级阶段，教师不必要求学生掌握课文中出现的所有汉字，应该把教学重点放在常用的甲、乙级汉字上。

5. 语文并进

非汉字文化圈的泰国学生，从未接触汉语，让其模仿国内儿童汉字习得顺序——"先语后文"，忽略了第一语言习得和第二语言习得是有差异的，在泰国的汉语教学对象中，大部分不是牙牙学语的幼儿。如果先学习口语，学生难免会自己写汉字，习惯了错误的书写方法，到后面学书写的时候，很难纠正其错误的书写习惯，反而得不偿失。所以，最好的方法是语文并进，遵循由简到繁的原则，循序渐进地教给学生汉字书写知识。

6. 培养兴趣

汉字书法本身是一门艺术，以书法的魅力去吸引学生，学生爱书法了，也就有积极性去学习汉字书写；另外，汉字本身是一种很有意思的文字，在教学实践中，如讲到会意字"休"，教师描绘出这个画面，学生一定会觉得很有意思，学着解说汉字，也是培养学生对汉字的兴趣的方法之一。

（二）针对泰国零基础学生的一套可实施的汉字书写教学策略模式

在泰国实习期间，笔者总结了以往汉字书写教学的经验，从实践对比中吸取经验，弥补不足，最后总结出一套可实施的针对泰国零基础学生汉字书写的教学策略模式。

泰国零基础学生汉字书写教学模式，每一种都不是十全十美的，参考学生学习汉语汉字书写的阶段性灵活运用教学模式就显得尤其重要。

先语后文的教学模式带来的教训是，先口语再书写忽略了汉字和汉语的关系，势必影响学生后期汉语的学习；汉字书写长时间的自主学习，有可能会导致习惯性的偏误，后期再来学习困难增大。所以，汉字书写虽然是难中之难，但是因为畏难情绪，取轻避重，也并不可取。而一旦学生掌握了汉字书写的基本规律，学会了分析汉字和汉语的关系，形成了一定的自学能力，先语后文的弊端就显得不是十分明显，老师在学生掌握了汉字书写能力后，在适度注意汉字书写的情况下，可以灵活教学。

所以，在泰国零基础学生入门阶段，开设单独的汉字书写课是十分必要的，虽然据统计，汉字书写课后期单调的汉字书写学生满意程度不高，但是根据笔者的实践，面对庞大的汉字系统，在汉字让泰国学生十分头痛的情况下，教师传授汉字书写规律，学生是十分感兴趣和认真的。所以，在入门阶段，主张开设单独的汉字书写课，但是学生掌握了汉字书写规律的基本方法后，教师可以渐渐地过渡到所学的课本上。以下几点值得注意。

1. 以汉语拼音为拐杖

本文一再强调汉字书写的重要性，提到过分重视汉语拼音教学会使学生对拼音产生依赖，本末倒置。但是在汉字教学入门阶段，以汉语拼音为拐杖又显得很必要。泰国学生和教师有可能存在语言不通的情况，讲授汉字书写，需要拼音的帮助。以拼音为媒介采用迂回的办法，提前进入读写基础培训阶段，是探索汉语学习的新路子。学生入学后，可以先集中学习两三周的拼音，培养认读音节和书写音节的能力，使汉语拼音成为系统讲解汉字笔画，进行语言训练的工具。另外，汉字笔画的拼音拼写，也可从另一侧面来巩固拼音所学，有利于后期的学习。

2. 汉字手写体的教育

问卷调查统计数据表明，泰国有 37% 的中学使用多媒体教学，多媒体教学可以用声情并茂的图片和动画来展示汉字书写顺序和汉字与汉语的关系，但是前文提过，在认识汉字和汉字基本书写的入门阶段，教师不强调汉字手写体，学生会产生多媒体教学印刷体带来的偏误，写出的汉字如同印刷体。所以即使运用多媒体教学，教师重复示范汉字手写体也是必要的，并且要提醒学生注意多媒体印刷体的特点，学生应该跟随教师学习汉字手写体。

在汉字书写教学初期，教师自始至终应该用正楷字进行教学。在学生学习了基本笔画、笔顺和间架结构以后，要努力培养其对汉字的感知能力，在教学中融入一些汉字的书写知识，如横平竖直、疏密匀称、突出主笔、收放得当等，培养学生的实际书写技能，提高书写质量和速度。在学生掌握了一定量的汉字以后，可以在教材中编排一些行楷对照的汉字，让学生对行书有一定的感知，也可以编排一些接近于楷书、连笔不多的行楷让学生描临（依学生兴趣而定），行书看起来飘逸、美观，也许比死板、拘谨的楷书更能激起学生的学习兴趣。

3. 选字、集中识字

"集中识字"有别于"随文识字"，"随文识字"要求课文中出现的生字、词都要作为生字来一一讲解，给学生的汉字学习带来极大的困难。

吕必松指出，与"语文一体"和"词本位"教学相联系的是说什么话，就教什么字，无法按照汉字形体结构的特点由易到难地进行汉字形体结构教学，造成"汉字难学"。①

集中识字分为前、后两个阶段，和以往的集中识字不同，这里安排的集中识字耗时不长，主要是为了进行入门阶段的汉字书写教育，汉字笔画笔顺结构知识点离不开例字，选择好的例字是非常必要的。所以，在学完了拼音后，还应该选一些简单笔画的字进行音义的学习，以便之后笔画学习举例之用，还可以起到巩固记忆这些例字的音、形、义的作用。这里是第一次集中识字阶段。

选字要注意三点：一是字应该尽量是简单的独体字，在语言不通的情况下，利用各种媒介可以解说清楚意思的字；二是选择的字应该包括所有的基本笔画和派生笔画；三是尽可能地选择构字能力比较强的可以充当形声字部件的独体字。

第二个阶段，是在完成了汉字基本笔画和派生笔画的情况下，进一步讲解汉字结构规律的特点。如果之前有开设口语课，那很好，尽可能地用短时间内开设的口语课所学的合体字拿来教学，在这里，"语、文"得到了统一。如果课时有限，则可以选择合适的合体字，或者运用相关教材进行"语文同步"的汉字汉语教育。值得注意的一点是，单独的汉字书写课，依旧要归纳和教授汉字结构规律，主要是以举例子的方式让学生感知。完成了汉字书写基本方法的教育后，可以减少或者取消独立的汉字书写课程，走进正常的"语文同步"课堂。

---

① 吕必松. 汉语教学路子研究刍议 [J]. 暨南大学华文学院学报，2003（1）.

那么究竟要选择什么字呢？根据前面分析的泰国零基础学生汉字书写习得顺序，结合入门阶段先简单后复杂的特点，这些字必须有以下的特点：作为合体字的部件，造字功能强；文字简单，笔画不会太繁复；生动有趣，图画形象性较强。

教师可以通过看图识字等方法，先学习一下111个具有较强组字功能的独体字，这些文字参照了周健的《汉字教学理论与方法》一书（见表3）。

表3 111个具有较强组字功能的独体字

一	二	三	四	五	六	七	八	九	十
人	头	手	足	口	舌	耳	目	方	向
东	西	南	北	上	中	下	左	心	大
小	多	少	日	月	水	火	云	电	风
雨	山	石	田	土	禾	米	竹	马	牛
羊	毛	皮	虫	鱼	爪	子	尾	巴	工
厂	门	车	舟	勺	皿	戈	弓	刀	丈
尺	寸	斤	两	元	角	分	开	关	出
入	来	去	个	千	太	天	止	巾	王
广	尸	立	走	父	母	儿	女	士	干
万	力	了	户	玉	才	儿	右	鸟	坐
木									

这些独体字的教学方法有以下三种。一是直接图片法，如表示事物的字，鱼、羊等，但是这些字和图片是有差别的，汉字字体经过了很长时间的演变，虽然现在的字体中国人依稀可以察觉出它的形状，但是零基础的泰国学生入门阶段还没形成对汉字的感觉，所以在讲解这些字的时候，要追溯这些文字的演变历程，列出文字变化的历史，使学生一目了然，这个也是运用直接图片法需要注意的一点。二是比较识字法，比较识字法对于笔画的教学相当重要，在教学生基本笔画之前，要让学生对汉字形成感性的认识，如清楚知道"横"和"撇"的差别，这也是应对后期偏误出现的一种方法。如"千"和"干"，教师着重强调二者不同，学生便明白了汉字的特点之一，更加重视笔画的学习。三是字、词、语结合学习法。学生学习了生字"父、母、儿、女"，再学组词"父母、儿女、女儿、儿子"，

最后学短语"父母爱儿女，儿女爱父母"。

在学生学完了这些汉字的音义，初步了解简单的笔画后，接下来就是汉字书写知识的讲解了，汉字书写知识习得顺序是：选字（独体字）—笔画—部件—更多独体字—简单合体字—合体字。

4. 以字形教学为突破口

第一，笔画分为基本笔画和派生笔画，这些笔画主要是用前面所选的独体字作为教学举例。任何时候都要注意笔顺的教学，用罗列铺开的方式展示。在后期的汉字教学过程中，遇到笔画的变形，应该给学生强调指出，不要让学生困惑，觉得烦琐无解。

第二，部件教学，罗列出所选字和部件的对应意义关系。这个时候过渡到"语文同步"阶段，集中教所学过的汉字，或者新汉字。但是遵循先教笔画少的字，再教笔画多的字的原则。并且要展示出该字部件的组合情况。

第三，对新部件的汉字，要一笔一笔展示清楚新部件的笔画、笔顺以及笔画和笔画、部件和部件之间的正确位置和布局，然后让学生模仿。对于具体的汉字，先让学生根据自己掌握的汉字知识，誊写一次汉字，老师再示范一次，学生按照老师的示范模仿3~5次，并且要求学生发现自己写错的地方。当然，老师示范的时候，切记不可用单一的教学方法教授汉字，汉字众多，单一的教学方法会让学生产生疲惫和厌倦感。由于汉字中的多个部件可能由一个单字派生而来，所以遇到这种情况，老师要补充讲解部件中笔画的变形。

第四，象形字、指事字、会意字都可以根据学生的理解能力做适当的字体渊源的说明。

第五，注意形声字的教学，指出形旁和声旁，但是也要注意有些形声字声旁表音能力已经弱化。

第六，归类对比形近字、同偏旁字、同音字、同义字、反义字等。

第七，注意纠正学生的错别字，避免写错字别字，学生自身所产生的偏误，只有注意纠正以免下次再继续犯错。

第八，在学生掌握了足够多的汉字后，可以适量介绍汉字的构形理据，帮助学生进一步正确认识和理解汉字。

第九，课堂上多设计一些与汉字书写笔画、汉字辨别有关的游戏，开设书法、剪汉字这些课程，让学生增强兴趣自主学习更多的汉字。

第十，布置与汉字相关的家庭作业。汉字教学是一个循序渐进的积累过程，每节课所学都应该下课后进行巩固学习。泰国的学生缺乏积极主动性，课时又少，如果没有相关的汉字家庭作业，遗忘性会非常大，这样汉字教学可能半途而废，影响后期学习。

在后期的汉字教学中，学生口语有了一定的提高，对于比较复杂的合体字，结合国内小学汉字教育的方法，可以借助学生的自主创造性，大胆激发其想象力，让其将复杂的汉字编成故事，自主分析字形，自己来学汉字，老师只起辅助的作用。

结　语

汉语必定是未来世界不可或缺的语言之一，在有着光辉前景的前提下，汉字教学的路上必然出现困难，汉字书写更难，外国学生面对困难取轻避重，但是传播中国汉语和文化的我们，应该想办法去解决问题，多鼓励外国学生，重视汉字和汉语的关系。

本文主要是在字本位的基础上，介绍泰国汉字书写教学滞后这一现象，并且认可汉字书写教学应该放在零基础汉语学习的入门阶段，此举在整个汉字书写教学中有重要作用。对于汉字书写偏误，鉴于零基础学生汉语学习的阶段性特点，以及调查环境条件限制，笔者把偏误分析重点放在汉字学习之初的偏误类型上面，其中包括汉字笔画偏误分析，而一改以往笼统地将汉字作为偏误分析的重点的做法。在问卷调查中，对参与汉字书写教学有关的要素都进行了分析。

本文尝试性地提出了一套汉字书写教学策略，希望能为了解泰国汉字书写教学情况，以及泰国零基础学生汉字书写教学方面的研究，提供一定的参考。

参考文献

[1] 安然，单韵鸣.非汉字圈学生的笔顺问题——从书写汉字的个案分析谈起 [J].语

言文字应用，2007（3）.

［2］安然. 从多元认知的角度看留学生汉字书写过程［J］.云南师范大学学报（对外汉语教学与研究版），2009（1）.

［3］陈娟. 汉字等级大纲 2905 字综合分析［D］.湖北大学硕士学位论文，2008.

［4］陈俊羽. 字本位理论在对外汉语教学中的作用于认识［J］.云南师范大学学报（对外汉语教学与研究版），2008（3）.

［5］崔岑岑. 字本位、词本位与对外汉语词汇教学基础［J］.现代语文（语言研究）（下旬刊），2007（27）.

［6］高垚. 汉字部件格式塔教学理论研究［D］.内蒙古师范大学硕士学位论文，2008.

［7］管春林. "字本位"与"词本位"教学方法结合质疑——兼与刘颂浩先生商榷［J］.暨南大学华文学院学报，2008（4）.

［8］何文潮. 借助电脑技术改革对外汉语教学大纲［J］.语言研究特刊，2000（6）.

［9］黄晓颖. 对外汉语课堂教学艺术［M］.北京：北京语言大学出版社，2008.

［10］李金兰. 泰国学生汉字习得途径和方法研究［D］.南京师范大学硕士学位论文.2004.

［11］李明. 常用汉字部件分析与对外汉字教学研究［D］.北京语言大学硕士学位论文，2006.

［12］李妍. 论根据汉字的特点指导对外汉字教学［D］.延边大学硕士学位论文，2007.

［13］李银屏. 欧美留学生汉字部件难易度调查及部件成字性的实验研究［D］.北京语言大学硕十学位论文，2006.

［14］凌帅. 从外国学生汉字书写偏误看形声字意符在对外汉语汉字教学中的作用［J］.赤峰学院学报（哲学社会科学版），2009（5）.

［15］刘国画. 泰国中学生汉字偏误分析及教学策略［D］.暨南大学硕士学位论文，2008.

［16］刘颂浩. 关于字本位教学法和词本位教学法的关系［J］.暨南大学华文学院学报，2010（1）.

［17］刘珣. 对外汉语教育学引论［M］.北京：北京语言大学出版社，2010.

［18］吕禾. 新 HSK 一、二、三级词汇大纲用字情况研究［J］.黑龙江社会科学，2010（5）.

［19］马明艳. 初级阶段非汉字圈留学生汉字学习策略的个案研究［J］.世界汉语教学，2007（1）.

［20］裴斐斐. 关于字本位和词本位争议的思考［J］.徐州教育学院学报，2007（2）.

［21］彭泽润，潘文国. "词本位"还是"字本位"有利于汉语语言学？——第一届"汉语独特性理论与教学国际研讨会"学术观点综述［J］.通化师范学院学报，

2010（9）.

［22］彭增安，陈光磊. 对外汉语课堂教学概论［M］.北京：世界图书出版公司，
2007.

［23］秦建文. "字本位"观与汉字教学［J］.曲靖师范学院学报，2010（1）.

［24］邵敬敏. 现代汉语通论［M］.上海：上海教育出版社，2007.

［25］施显生. "汉字难学论"与比较方法论［J］.课程·教学·教法，2005（11）.

［26］孙静雅. 泰国乌汶府两套高中汉语教材比较研究［D］.扬州大学硕士学位论
文，2009.

［27］孙文访. 不同学习阶段外国留学生汉字偏误类型的统计与成因分析［C］//戴汝
潜，主编. 识字教育科学化论文集粹. 北京：中国轻工业出版社，2006.

［28］唐智芳. 字本位理念下的对外汉字教学［D］.湖南师范大学硕士学位论文，2005.

［29］陶建敏. 中西典型思维影响下的汉英文字构架比较［J］.汕头大学学报，2004
（3）.

［30］万日升. 对泰汉语初级阶段教学词表研究［D］.厦门大学硕士学位论文，2008.

［31］万业馨. 从汉字研究到汉字教学［J］.世界汉语教学，2004（2）.

［32］王建勤. 第二语言习得研究［M］.北京：商务印书馆，2010.

［33］王荔. 多媒体条件下的对外汉字教学［D］.华中师范大学硕士学位论文，2009.

［34］王宁. 汉字教学的原理与各类教学方法的科学运用［J］.课程·教材·教法，
2002（11）.

［35］王笑楠. 越南留学生汉字书写偏误分析［J］.华章，2009（8）.

［36］魏红. 泰国中学汉语教材编写和使用中的几个问题［J］.云南师范大学学报（对
外汉语教学与研究版），2007（1）.

［37］吴佑寿. 将方块汉字带入电子时代［J］.科技成果管理与研究，2009（8）.

［38］吴玉蓉. 汉语水平考试大纲（HSK）制订、调整的历史演变研究［D］.吉林大学
硕士学位论文，2006.

［39］伍英姿. 初级阶段"语文并进"模式下的汉字教学［J］.华南师范大学学报（社
会科学版），2010（3）.

［40］〔埃及〕希夏姆. 从系统性教学法的角度探讨汉字教学的新倾向［C］//《第八届
国际汉语教学讨论会论文选》编辑委员会，编. 第八届国际汉语教学讨论会论文
选. 北京：高等教育出版社，2007.

［41］徐翠英. 泰国汉字教学的现状与教学对策研究［D］.厦门大学硕士学位论文，2008.

［42］许丹. HSK形近字研究［D］.四川外语学院硕士学位论文，2010.

［43］姚建华. 运用多媒体进行生字教学的反思［J］.陕西教育，2005（10）.

［44］尹文婷．略论对外汉语教学中汉字难写的成因及对策［J］．保山师专学报，2008
（11）．

［45］余国江．中国传统识字教学理论和方法在对外汉字教学中的应用研究［D］．安徽
大学硕士学位论文，2007．

［46］张田若．中国集中识字教学的认知机制［C］//2005 年西方学习者汉字认知国际
研讨会论文集，2005．

［47］章章．使汉字成为对外汉语教学的工具——"字本位"理论与教学法探讨［J］．
怀化学院学报，2007（10）．

［48］赵德麟．汉字教学方法与教材［C］//2005 年西方学习者汉字认知国际研讨会论
文集，2005．

［49］赵丽．整字教学和部件教学在对外汉语教学中的作用探析［D］，湖北大学硕士
学位论文，2008．

［50］钟燕凤．外国留学生汉字学习的笔画策略使用状况调查：以新疆师范大学和新疆
大学中亚留学生为例［J］．乌鲁木齐职业大学学报，2010（1）．

［51］周建．汉字教学理论和方法［M］．北京：北京大学出版社，2009．

［52］周蕾．泰国高校初级汉语精读课教材对比研究［D］．厦门大学硕士学位论文，2009．

［53］周旭东．泰国学生汉字习得研究——以 WALAILAK 大学学生为例［D］．云南师
范大学硕士学位论文，2006．

附　录

泰国汉字教学情况调查问卷

本问卷分为四个部分：关于各类汉语老师个人情况的调查、关于泰国
汉语课实习教学方面的调查、关于泰国学校与教材情况的调查、关于泰国
27 所大中学学生情况的调查。

一、关于各类汉语老师个人情况的调查

1. 现在学校有汉语实习生（　　　）名；汉语志愿者（　　　）名；泰
国汉语老师（　　　）名

2. 作为汉语实习生，你实习的基本情况：

性别（女、男）　本科专业（　　）　本科有无对外汉语教学经验（有、无）

泰国实习学校名称（中文：　　　）

年级（　　）

课时（　　\班\　　周）

学生基础\学习汉语时间（　　　）

学生汉字书写能力（　　　）

教学用语主要为（　　　）

A. 汉语　　　　　　　　　　　　B. 泰语

C. 英语

汉语课性质（　　　）

A. 兴趣班　　　　　　　　　　　B. 必修课

C. 选修课

3. 有无教零基础班的志愿者（　　　）

A. 有　　　　　　　　　　　　　B. 无

如果有，志愿者毕业学校是（　　　）、从事汉语教学时长（　　　）

4. 有无泰国汉语老师（　　　）

A. 有　　　　　　　　　　　　　B. 无

如果有，该老师学习汉语是在（　　　）

A. 中国　　　　　　　　　　　　B. 泰国

C. 自学

自身汉语水平（　　　）

A. 高　　　　　　　　　　　　　B 一般

C. 低

是否为华侨后裔（　　　）

A. 是　　　　　　　　　　　　　B. 不是

二、关于泰国汉语课实习教学方面的调查

1. 作为实习老师，相比其他听、说、读方面的汉字教学，对汉字书写的重视程度为（　　　）

A. 十分重视   B. 重视

C. 一般   D. 不重视

2. 在教学中，教汉字书写是必有的一个环节（　　）

A. 是   B. 不是

3. 在汉字书写教学过程中，运用到的关于汉字书写的教学方法有（　　）

A. 单一教学法   B. 偶尔会运用图片教学方法

C. 多种教学方法

4. 由于泰国语言限制，影响汉字书写教学的程度为（　　）（数字越小影响越小）

A. 4   B. 3

C. 2   D. 1

5. 在教学生书写汉字的过程中，是否从笔画和结构开始进行汉字教学（　　）

A. 是   B. 不是

6. 汉字书写在作业中占的比重（　　）

A. 每次课都有练习书写的作业

B. 视课堂上汉字掌握的情况而定

C. 如果有汉字其他方面的作业，则省略书写作业

D. 基本不布置练习书写的作业

7. 教学过程中，强调拼音教学，黑板上每个出现的汉字都标注了拼音（　　）

A. 是   B. 不是

8. 教学过程中，教学内容最基本的单位为（　　）

A. 字   B. 词

C. 句子

9. 对于学生汉字书写的偏误，是否及时纠正（　　）

A. 是   B. 不是

C. 视情况而定

10. 是否运用多媒体教学（　　）

A. 是   B. 不是

11. 学生只要可以写出汉字，老师会故意忽略笔顺（　　　）

A. 是　　　　　　　　　　　　　B. 不是

12. 经过一个学期的汉字教学，学生的书写能力（　　　）

A. 进步很大

B. 一般，本来就有基础在

C. 有了初步认识，但是书写还是有难度

D. 差，无明显进步

三、关于泰国学校与教材情况的调查

1. 学校用过的汉语教材有（　　　）

2. 这些教材中，有关于书写的教学和练习吗（　　　）

A. 有　　　　　　　　　　　　　B. 没有

3. 你会严格按照教材上的书写练习进行教学吗（　　　）

A. 会　　　　　　　　　　　　　B. 不会

C. 视情况而定

4. 学校会举行一些汉字书写比赛吗（　　　）

A. 经常　　　　　　　　　　　　B. 偶尔一两次

C. 几乎没有

5. 学校里面是否可以见到汉字（　　　）

A. 很容易看到　　　　　　　　　B. 见到过，但是不多

C. 几乎没有汉字

6. 学校指导老师强调培养学生的汉字书写能力吗（　　　）

A. 没听说过　　　　　　　　　　B. 有老师提醒过

C. 十分重视

7. 在泰国生活或者教学中，可否见到过繁体字（　　　）

A. 见过　　　　　　　　　　　　B. 没见过

四、关于泰国 27 所大中学学生情况的调查

1. 汉语教学课堂秩序怎么样（　　　）

A. 很好　　　　　　　　　　　　B. 个别不听讲

C. 不同班级情况不同　　　　　　D. 不好

2. 学生的听说兴趣大于书写（　　　）

A. 是   B. 不是

3. 学生听说水平比书写能力强 （　　　）

A. 是   B. 不是

4. 大多数学生认为书写很难 （　　　）

A. 是   B. 不是

5. 一般情况下，学生离开了拼音就不认识汉字 （　　　）

A. 是   B. 不是

6. 有没有这样的学生，同样的字，反复纠正他的错误，他仍会犯同一错 （　　　）

A. 大多数   B. 少数

C. 没有

7. 只要学生能写出汉字，老师并不是很重视笔顺 （　　　）

A. 是   B. 不是

＊对于汉字书写教学，你认为最好的教学方法或者顺序是什么？

_____

＊对于汉字书写教学，你觉得前景怎么样？教学中，有何心得？

_____

非常感谢您的合作！

初级阶段对泰汉字笔画笔顺教学法
与部件结构教学法教学效果对比分析

——以泰国尖竹汶府东英学校为例

徐贝贝（2014 届汉语国际教育专业硕士）

指导教师：黄南津　陈天湖

摘　要：随着中国经济的飞速发展和综合国力的不断增强，全球学习汉语的热潮也在不断升温。泰国汉语教学事业发展更是迅速，对泰汉语教学同样具有重要的研究意义。鉴于汉字教学是对外汉语教学的重要组成部分，同时也是对外汉语教学的一大瓶颈，因此本文以泰国汉字教学为切入点，对两种汉字教学方法进行比较研究，尝试从国别化角度对对外汉字教学进行教学设计。

本文由绪论、汉字教学设计、教学效果对比分析、教学反思和结语五个部分组成。笔者于 2015 年在泰国尖竹汶府东英学校进行了为期四个月的教学实习，对研究对象进行了汉字学习情况的调查，并在已有的研究成果基础上，分别用两种汉字教学法进行汉字教学设计，对笔画笔顺教学法和部件结构教学法进行实践验证，对教学效果进行对比分析，归纳总结泰国中学生汉字偏误类型及原因，对教学设计及教学实施过程进行反思，结合前人的教学经验，提出了相关的教师教学策略和学生学习策略。本研究试图通过对两种汉字教学法的对比，探讨更适合泰国中学生的汉字教学方法，希望借此提高汉字教学效率。

关键词：对泰汉字教学　笔画笔顺教学法　部件结构教学法　教学设计　教学效果

绪　论

（一）选题背景及课题来源

近年来，中泰两国在经济、政治、文化等方面的往来逐渐增多，泰国汉语热不断升温，泰国汉语教学与推广工作在汉语国际教育与推广工作中已占有重要的地位。

汉字是记录汉语的工具，汉字教学是对外汉语教学的重要组成部分[①]，汉字教学法的实证研究有助于提高汉字教学效率。从 2015 年 5 月 28 日到 9 月 26 日，笔者以泰国东英学校初二年级两个平行班的学生为教学对象，开展为期四个月的对外汉语教学实习，通过在泰国的实地教学，对两种汉字教学方法进行比较研究，试图比较出这两种汉字教学法哪种更适合教授泰国学生学习汉字，期望给其他赴泰汉语教师提供一定的借鉴和参考。

泰国尖竹汶府东英学校是一所华校，从幼儿园到初三都开设汉语课，汉语虽作为主修课，但学生们的汉语水平，尤其是汉字水平仍处于初级阶段。经过对多种汉字教学法的筛选和考量，本研究最终选择笔画笔顺教学法和部件结构教学法进行对比。

笔画笔顺教学法是传统的汉字教学法之一。汉字书写规则是以称说笔画名称为基础的，如"先横后竖"中的"横"和"竖"，故基本笔画的书写及称说是讲授汉字时首先要讲的内容，且现代汉字基本笔画数量有限，汉字有六种基本笔画：横、竖、撇、点、捺、提。学生接受起来比较容易。笔顺的重要性体现在以下两个方面。一是笔顺正确可以使字写得又好又快。"先横后竖、先撇后捺、从上到下、从左到右、先外后里、先中间

---

① 孟斌斌．文化视角下的对外汉语汉字教学［J］．文艺评论，2015（12）：159－160.

后两边"等，掌握好这些笔顺规则，就可以避免很多汉字偏误，也可以提高书写速度。二是很多字典、词典等工具书和手机、电脑的输入法都是根据笔画和笔顺设计的，故学生只有掌握正确的笔顺才能顺利使用电脑。

部件结构教学法是一种较新的汉字教学法，起源于 20 世纪 80 年代。徐彩华认为，字形的可分解是汉字知觉属性的重要特点。[1] 如"们"字可分解为"亻"和"门"。而汉字分解与汉字结构类型有密切的关系。赵金铭指出："现代汉字的基础部件和基本结构是相辅相成的一对概念，结构因部件而产生，部件因结构而存在。"[2] 笔者采用这种教学法的原因如下。一是部件的数量有限，且相同部件会重复出现在不同的汉字中。认知心理学者认为，人们短时记忆的容量一般为 7±2 个单位，学生以部件作为识记单位，可以使记忆单位大大低于人的短时记忆的容量，符合记忆规律。二是彭聃龄认为：汉字部件大多具有较高的可称谓性；且汉字部件的含义基本固定，利用汉字部件的表音及表义特性，有助于学生识记汉字。[3] 总之，学生掌握了一定数量的部件及其位置关系后，可以更快地理解和识记汉字，汉字的记忆和书写也会相对容易。

鉴于笔画笔顺教学法和部件结构教学法各有优势，且具备可实施环境，故笔者决定采用这两种汉字教学法进行教学设计和对比研究。

（二）文献梳理

重视汉字教学是学界自 20 世纪 90 年代以来达成的共识，学者们在汉字本体研究、外国学生的汉字习得研究等方面取得了丰硕的成果。本文对汉字教学总论及本体研究、汉字教学原则和教学法研究、泰国汉字教学研究三个方面进行文献梳理。

1. 汉字教学总论及本体研究

汉字属于表意体系的文字，每个汉字都包含形、音、义三个要素。汉字本体研究，即围绕汉字的形、音、义进行的研究。

（1）汉字字形研究

外国学生学习汉字首先要面对的就是母语文字与汉字在形体上的巨大

---

① 徐彩华. 汉字认知与汉字学习心理研究 [M]. 北京：知识产权出版社，2010：119.

② 赵金铭. 对外汉语教学概论 [M]. 北京：商务印书馆，2005：419.

③ 彭聃龄. 语言心理学 [M]. 北京：北京师范大学出版社，1991.

差异，非汉字文化圈的学生尤其如此。故字形研究是汉字研究的一个重要方面。汉字字形研究主要是对汉字笔画、笔顺、部件、整字的研究。

笔画是组成现代汉字字形的最小单位①，统一笔画名称和数量，对提高汉字教学效率起着重要作用，很多学者还对汉字笔形及笔顺进行了研究。费锦昌对四本代表性著作中的笔画类别和名称进行了统计，指出：现代汉字笔画分类和名称仍不统一，笔形归类、笔画组合和形变及笔顺规则也不一致。最后针对这几个方面的笔画规范问题，提出了建议。如将笔画规范和字形整理联系起来，可减少一批多折的笔画，使复杂笔形命名简单化。② 易洪川在研究了折笔的判定和命名后，指出："折笔的教学应该从笔向教学入手。"③ 张静贤指出掌握好汉字笔画是学习部件和整字的基础，掌握笔画主要是学会辨认和书写。他列举了汉字笔画的分类和形变规律，并对外国学生书写汉字时的常见错误进行了归类分析。④ 万业馨通过笔顺规则发展的三个阶段，对汉字书写的实际情况和特点进行了总结，分析并讨论笔顺规则形成的依据及受何种因素支配，最后指出影响笔顺的因素主要有均匀、平衡和连续三项，而均衡是最主要的因素，对汉字教学很有启发意义。⑤

部件是汉字的基本构成单位，介于笔画和整字之间，是学者在过去的十几年中研究的热点之一。苏培成讨论了汉字部件切分的两个问题：一是如何确定末级部件，二是如何确定切分原则。他提出了两条原则：一是单纯字形原则，二是构字原则。⑥ 邢红兵指出了六种部件的拆分原则和拆分步骤，基于两个数据库，对 2905 个汉字的基础部件进行了统计，并提出了三点教学建议。⑦ 梁彦民以汉字构形学为依据，对汉字部件形体区别特征进行了分析，并结合外国留学生书写的错别字例，从汉字部件形体、构意功能、组合样式、布局图式四个方面分析汉字部件的区别特征，指出对外

① 秦建文.＂字本位＂观与汉字教学［J］.曲靖师范学院学报，2010（1）：79 - 84.
② 费锦昌.现代汉字笔画规范刍议［J］.世界汉语教学，1997（2）：10 - 16.
③ 易洪川.折笔的研究与教学［J］.语言文字应用，2001（4）：54 - 57.
④ 张静贤.现代汉字笔形论［C］//第二届国际汉语教学讨论会论文选.北京：北京语言学院出版社，1988：6.
⑤ 万业馨.汉字笔形刍议［J］.语言文化教学研究，1996.
⑥ 苏培成.现代汉字的部件切分［J］.语言文字应用，1995（3）：52 - 55.
⑦ 邢红兵.《（汉语水平）汉字等级大纲》汉字部件统计分析［J］.世界汉语教学，2005（2）：49 - 55 + 118.

汉字教学应坚持理据性和系统性的原则。①

整字是汉字构形的最大单位。朱志平从汉字的特点、汉字构形学基本方法、汉字学习及习得规律三个方面论证作为汉字本体理论的汉字构形学说与汉字教学的密切关系，并总结出两条原则。② 施正宇讨论了汉字笔画、笔顺、部件、结构等在几何上的向量特征，认为书写字形在汉字教学初级阶段是首位的。③

（2）汉字字音研究

汉字字音研究同样有助于汉字的研究和教学。易洪川通过分析字音的四个特点，指出教字音应该教指称音，强调诵读法有利于初学者掌握字音，提倡用对对子的形式进行操练，并通过与拼音文字的教学法进行对比，从三个方面阐述了字音特点对教学法的影响。④ 冯丽萍对汉字等级大纲 2905 个汉字中所有形声字的字音进行了统计分析，并建立了数据库，总结这些字音的特点。她归纳的三条汉字教学原则对汉字教学很有启发意义。⑤ 李大遂分析了表音偏旁的由来，探讨表音偏旁与形声字读音的关系，最后就加强表音偏旁教学提出了几点意见。⑥ 孟坤雅提出了"理想声旁"的概念，并对通用汉字中及汉字等级大纲中的理想声旁进行了统计分析，很有参考价值。⑦ 万业馨指出当前汉字教学中存在重形轻音的问题，分析了原因，并提出了具体的教学建议。⑧

（3）汉字字义研究

字义的研究和教学在汉字研究和教学中占据重要位置。李蕊对教学大

---

① 梁彦民.汉字部件区别特征与对外汉字教学［J］.语言教学与研究，2004（4）：76－80.

② 朱志平.汉字构形学说与对外汉字教学［J］.语言教学与研究，2002（4）.

③ 施正宇.现代汉字的几何性质及其在汉字教学中的意义［J］.语言文字应用，1998（4）：62－68.

④ 易洪川.汉字字音特点对汉语教学法的影响［C］//语言教育问题研究论文集.北京：华语教学出版社，2001.

⑤ 冯丽萍.对外汉语教学用 2905 汉字的语音状况分析［J］.北京师范大学学报（社会科学版），1998（6）：94－101.

⑥ 李大遂.略论汉字表音偏旁及其教学［C］//中国对外汉语教学学会北京分会第二届学术年会论文集.北京：北京语言文化大学出版社，2001.

⑦ ［德］孟坤雅.通用汉字中的理想声旁与汉字等级大纲［C］//第七届国际汉语教学讨论会论文选.北京：北京大学出版社，2004.

⑧ 万业馨.略论形声字声旁与对外汉字教学［J］.世界汉语教学，2000（1）：62－69.

纲中的形声字做了统计，从形旁表义度、位置、是否成字及等级几个方面，分析了形声字的表义状况，对汉字教学有一定的参考价值。[①] 康加深以《通用字表》中形声字作为测定对象，对形旁表义度进行分析。[②] 顾安达对《汉字属性字典》中 4000 个高频字的偏旁进行了分析，并提出了"在教学中介绍偏旁的表义性可以减轻学习汉字的难度"的观点。

（4）汉字教学总论

学者们对汉字教学总体安排和教学模式进行了长期的探索。关于汉字教学模式的研究，主要集中在"语和文"相互关系的探讨上面。李培元、任远总结并评价了汉字教学在总体安排中的几种探索，列举了外国学生初学汉字时犯的字形错误，并归纳出了汉字教学的步骤：笔画—独体字—合体字—字词结合。提出了运用多种形式，编写各种实用教材的建议，在文章的最后强调应重视学生学习汉字的心理，提高其汉字书写的速度。[③] 卞觉非分析了汉字教学的定位、目的、现状、内容、方法等六个方面的内容。[④] 施正宇认为汉字能力包括写、念、认、说、查五个方面，并分别对这五个方面进行了探讨。[⑤] 万业馨认为目前汉字教学中重意符轻音符的做法不利于汉字读音认知，总结了三种汉字认读策略，最后从笔形、笔顺教学方面讨论了研究成果的应用。[⑥] 张旺熹总结了汉字的基本特点，指出学生书写汉字时最常见的错误是部件和结构，提出了汉字部件结构教学的基本原则、方法及价值。[⑦] 崔永华讨论了利用部件进行汉字教学的利与弊，倡导把"基本部件"和"基本字"结合起来进行教学。[⑧]

2. 汉字教学原则和教学法研究

教和学是汉字教学研究的两个主要方面，对"教"的研究体现在对教

① 李蕊. 对外汉语教学中的形声字表义状况分析 [J].语言文字应用，2005（2）：104 – 110.
② 康加深. 现代汉语形声字形符研究 [M].上海：上海教育出版社，1993.
③ 李培元，任远. 汉字教学简述——对外汉语教学发展史之一章 [C]//世界汉语教学学会. 第一届国际汉语教学讨论会论文选，1985：8.
④ 卞觉非. 汉字教学：教什么？怎么教？[J].语言文字应用，1999（1）：72 – 77.
⑤ 施正宇. 论汉字能力 [J].世界汉语教学，1999（2）：87 – 93.
⑥ 万业馨. 从汉字研究到汉字教学 [J].世界汉语教学，2004（2）：40 – 48 + 3.
⑦ 张旺熹. 从汉字部件到汉字结构——谈对外汉字教学 [J].世界汉语教学，1990（2）：112 – 120.
⑧ 崔永华. 关于汉字教学的一种思路 [J].北京大学学报（哲学社会科学版），1998（3）：113 – 117.

学原则和教学方法的探索上。刘珣先生在他的《对外汉语教育学引论中》提出了汉字教学的五大原则。① 之后学者们在此基础上进行了更深入的探讨，并进行了补充和扩展。陈枫在其《对外汉语教学法》一书中也提出了三点教学原则。② 冯丽萍对近年来心理学界对汉字认知的研究成果进行了述评，提出在教学中要遵循汉字认知规律的原则。③ 周小兵提出了多项分流、交际领先的原则，分流指学习主体及方式的分流，在这些分流中，贯穿始终的应是交际领先原则。④

除了学界对汉字原则的探讨，学者们在汉字教学实践中也发现并总结了很多有效的汉字教学方法，下面对几种具有代表性的教学法进行梳理。

（1）笔画教学法

钟燕凤观察到中亚学生在汉字识记和书写上存在很多问题，强调对学生所书写的汉字的笔画笔顺进行研究很有必要。⑤ 李娜通过对内蒙古师范大学留学生进行问卷调查和笔画笔顺测试，对留学生书写汉字时的常见偏误进行分类和分析，并提出一些教学策略。⑥ 黄健秦、冯平针对不同教材中笔画名称和数量不统一的状况，提出"成形笔画"和"不成形笔画"，列出"现代汉字笔画总表"和"静态组合式笔画教学法"，期望规范汉字的笔画教学。⑦ 王汉卫、苏印霞讨论了汉字笔画系统的简化、排序及命名。⑧

（2）部件教学法

崔永华通过调查两种文献，从汉字的部件长度、可称谓度、有义性三个方面论证了利用汉字部件进行汉字教学的可行性。⑨ 郝美玲、范慧琴通

---

① 刘珣. 汉语作为第二语言教学简论 [M].北京：北京语言文化大学出版社，2002：173 – 177.
② 陈枫. 对外汉语教学法 [M].北京：中华书局，2008：158 – 160.
③ 冯丽萍. 汉字认知规律研究综述 [J].世界汉语教学，1998（3）：97 – 103.
④ 周小兵. 对外汉语教学导论 [M].北京：商务印书馆，2009：95 – 99.
⑤ 钟燕凤. 外国留学生汉字学习的笔画策略使用状况调查 [J].乌鲁木齐职业大学学报，2010（1）：81 – 85.
⑥ 李娜. 对外汉字教学中的汉字笔顺偏误分析及教学对策 [D].内蒙古师范大学硕士学位论文，2013.
⑦ 黄健秦，冯平. 再论汉字笔画——对外汉字教学初探之一 [J].海外华文教育，2004（2）：26 – 33.
⑧ 王汉卫，苏印霞. 现代汉字笔画系统的简化、排序及命名 [J].语言文字应用，2015（1）：19 – 26.
⑨ 崔永华. 汉字部件和对外汉字教学 [J].语言文字应用，1997（3）：51 – 56 + 64.

过对北语46名留学生进行实验研究，分析部件特征和汉字结构类型对留学生汉字书写的影响，论述了部件意识在汉字学习中的重要性。① 王汉卫、苏印霞讨论了部件系统的问题，针对成字部件、单笔画和非单笔部件，提出了相应的命名原则。② 叶斌杰提出汉字教学要以部件为核心，并在此基础上，进行汉字教学方案的设计。③

（3）字源教学法

彭万勇通过结合多学科的理论知识，论述字源教学法的理论基石，证实对外汉字字源教学法的可行性。强调要从汉字的"源"和"流"两个层面来解读汉字，确保学生既知其形，又明其义。④

（4）字族理论教学法

字族理论教学法来源于小学识字教学法。⑤ 陈曦对应教授给留学生汉字的数量和内容进行了梳理，提倡利用汉字"字族理论"进行教学。⑥

3. 泰国汉字教学研究

针对泰国汉字教学研究的论文集中在以下几个方面。第一，泰国汉字教学的整体情况。如许翠英通过对汉字教学现状的问卷调查，探讨汉字教学的难点和存在的问题，并提出相关教学策略。⑦ 第二，关于泰国汉字的偏误分析。如孙鹏飞、裴蓓分析了泰国学生汉字习得偏误规律及原因，并提出了相应的汉字认知教学策略。⑧ 陈琴、刘婧、朱丽从别字和错字两个层面对初级阶段泰国学生的汉字书写偏误进行了分析，得出了泰国学生错字偏误的发生率远远高于别字的结论。⑨ 钟宝娟研究了泰国中学生的汉字偏误分

① 郝美玲，范慧琴. 部件特征与结构类型对留学生汉字书写的影响 [J].语言教学与研究，2008（5）：24-31.
② 王汉卫，苏印霞. 论对外汉语教学的笔画 [J].世界汉语教学，2012（2）：266-275.
③ 叶斌杰. 以部件为核心的对外汉字教学方案设计 [D].浙江大学硕士学位论文，2014.
④ 彭万勇. 对外汉字字源教学法构建研究 [D].西南大学硕士学位论文，2009.
⑤ 史翠玲. 泰国汉字教学模式调查研究 [D].中央民族大学硕士学位论文，2013.
⑥ 陈曦. 关于汉字教学法研究的思考与探索 [J].汉语学习，2001（3）：70-75.
⑦ 许翠英. 泰国汉字教学的现状与教学对策研究 [D].厦门大学硕士学位论文，2008.
⑧ 孙鹏飞，裴蓓. 泰国学生汉字偏误分析及认知教学策略 [J].国际汉语学报，2011（2）：73-79.
⑨ 陈琴，刘婧，朱丽. 泰国学生汉字书写偏误分析 [J].云南师范大学学报（对外汉语教学与研究版），2009（2）：76-82.

析及教学策略。① 第三，汉字教学设计。黄友信以泰国学生为教学对象，对100个基本汉字进行了教学设计。② 叶斌杰③、王梓钰④以部件为核心，对汉字教学进行了教学设计。

（三）研究意义与目的

1. 研究意义

对外汉字教学一直以来都是对外汉语教学的一大瓶颈，综合国内外汉字研究情况来看，汉字及汉字教学研究方面的成果逐渐增多，但将已有汉字研究成果运用到教学实践中的案例并不多，汉字研究和教学呈现脱节的情况。⑤ 孙德金指出汉字教学的效率和质量问题亟须解决："汉字理论研究和汉字教学研究缺乏有机结合，汉字教学研究的可行性论证尚需加强。"⑥本文在已有汉字研究的基础上，对汉字教学理论进行梳理和思考，通过了解研究对象的汉字学习情况，用两种汉字教学法进行教学设计，最后对教学效果进行对比分析，结合自身的教学实践经验，进而提出一些具体可行的教学策略，将汉字理论研究与汉字教学实践相结合，开展以实际教学为依托的对外汉字教学，加强汉字教学的可行性论证。

针对性教学是学界一直以来所强调的，随着汉语国际传播事业的发展，关注国别化汉字教学法，积极开展相关研究具有重要意义。⑦ 泰国属于非汉字文化圈，泰语是表音文字体系，以泰国为例开展汉字教学法对比研究有助于完善国别化研究，也能给海外汉字教学工作带来一定启发。

2. 研究目的

首先，对比笔画笔顺教学法和部件结构教学法，探讨更适合泰国中学生的汉字教学方法。

其次，分析泰国学生书写汉字时出现偏误的原因，并提出教师教学及

---

① 钟宝娟. 泰国中学生汉字书写偏误分析 [D].云南大学硕士学位论文，2011.
② 黄友信. 针对泰国学生的基本汉字100字教学设计 [D].广西大学硕士学位论文，2011.
③ 叶斌杰. 以部件为核心的对外汉字教学方案设计 [D].浙江大学硕士学位论文，2014.
④ 王梓钰. 以部件为核心的汉字教学设计及其实践 [D].云南大学硕士学位论文，2015.
⑤ 陈麟. 泰国中学生汉字认知情况调查及教学对策 [D].云南大学硕士学位论文，2015.
⑥ 孙德金. 对外汉字教学研究 [M].北京：商务印书馆，2006：13 – 15.
⑦ 史翠玲. 泰国汉字教学模式调查研究 [D].中央民族大学硕士学位论文，2013.

学生学习策略，为对外汉字教学提供参考。

（四）研究方法

1. 文献研究法

在研究初期阶段，笔者搜集并阅读与对外汉语教学及对外汉字教学相关文献，并对其进行分类整理，为本研究提供诸多启发。

2. 准实验设计法

在泰国进行了四个月的实地教学，以初中二年级的两个平行班的学生为教学对象，用两种不同的汉字教学法进行汉字教学。通过切实的教学实践，比较两种不同汉字教学方法的效果。并对两个班学生的学习情况和学习效果进行对比分析。

3. 问卷调查法

笔者借在泰国实习的机会，向东英学校初二两班的学生发放问卷，了解他们的基本学习情况，为本研究提供辅助性实践验证数据。问卷题目以选择为主，部分选题采用封闭性和开放性问题相结合的调查方式。

4. 访谈法

笔者对合作教师进行过两次访谈。第一次访谈是在对比两种汉字教学法之前，目的是了解东英学校及初二两班学生的教学进度和学习情况等；第二次访谈是在四个月的教学实践后，目的是通过一个学期的教学对比，了解合作老师对两种汉字教学法的看法和建议。

一 汉字教学设计

（一）对初级汉语综合课和教学设计的认识

1. 初级汉语综合课

依据学生学习汉语的时间及水平的不同，可以将对外汉语教学分成不同阶段。陆泽将初级阶段学生的汉语水平分为以下三类：第一类是基本没有学过汉语的零起点学生；第二类是词汇量在 600 个左右，基本不具备表达能力的学生；第三类是词汇量为 1200 个左右，有一定表达能力的学生。① 本文的研究对象为初二甲、乙两班 82 名学生，他们与以上的描述基本吻合。从幼儿园至初一所学习的词汇量虽已达到 1000 个，但是真正掌握的词并不多，具有一定表达能力的学生更少。

对外汉语教学的阶段划分，要求设置与之相匹配的课型。② 据调查，在泰国中小学，中文课型设置基本都为综合课，将语音、词汇、语法、汉字融入句子、课文教学。不曾单独设置汉字课，汉字教学被囊括进综合课教学中。

2. 教学设计

教学设计是在教育目的和具体教学目的的指导下，从学习者的特点和需要出发，根据专业对知识结构和能力结构的要求，最优化地选择教学内容，组织教学过程，形成合理的、相互配合的课程体系。③

汉字是学生学习汉语的重难点之一。东英学校所使用的汉语教材《中文》和与之相匹配的练习册中设有汉字学习和练习的单独板块。教材中只标出每个汉字的拼音，没有泰文注释及其他注解；小学及幼儿园课本每课都附有生字笔顺，初中课本不再附笔顺，而是给出了相应数量的字格，要求学生自己写出笔顺。所以要想提高学生汉字学习水平和能力，就需做好汉字教学设计，使汉字教学在汉语教学中有所凸显。本文要进行两种汉字教学方法的效果对比分析，故教学设计也是以汉字教学为核心的汉字教学设计。

（二）泰国汉语教学现状与学生学习特点

1. 泰国汉语教育机构

在泰国，目前开设汉语课的学校主要有三类：一是政府开办的学校；二是教育部批准的公立及私立学校；三是泰国教育部开办的民办学校。④ 第三类学校的经费由华侨或华侨社团分担。

---

① 陆泽. 泰国留学生初级汉语综合课中的汉字教学设计［D］.云南大学硕士学位论文，2014.
② 陆泽. 泰国留学生初级汉语综合课中的汉字教学设计［D］.云南大学硕士学位论文，2014.
③ 王蒙. 泰国宋卡府合艾市国光学校孔子课堂汉语教学总体设计调查与研究［D］.广西师范大学硕士学位论文，2014.
④ 李东馨. 以中华才艺教学辅助汉语作为第二语言教学研究［D］.安阳师范学院硕士学位论文，2014.

2.师资状况

泰国汉语教师的师资队伍来源如下。①中国国家汉办派出的汉语志愿者教师和公派教师。所有派出教师都要先经过层层遴选，再经过为期40天的集训和考核。但存在以下不足之处。首先，志愿者教师的来源多种多样，有学生，也有社会人士；部分志愿者并非对外汉语和汉语国际教育专业，而是新闻专业、英语专业、营销专业、声乐专业等，所以志愿者教师的汉语水平及教学能力参差不齐。其次，40天的集训，对教师们的作用是有限的，虽是由名校的名师进行培训，但每门课程都压缩到几个小时内完成，对志愿者教师来说，也只是走马观花式地学习，尤其是对非科班出身的储备教师，短期集训提高甚微。最后，志愿者教师的工作时间为一年到三年不等，流动性比较大。②国侨办派出的外派教师。学校选拔出综合素质好的教师，赴国外华侨学校任教。一般是选拔优秀语文教师，但近几年，侨办应外方需求，派出了越来越多的音乐老师，因为泰国每年都有各种比赛，而音乐老师可以教学生唱歌、跳舞、乐器等。但音乐老师的汉语知识并不系统，汉语教学能力有待加强。侨办教师工作时间是一两年，流动性也很大。③泰国本土教师。这类群体部分是从中国学成归来的泰国学生，部分是在泰国求学的中文专业学生。他们可以利用母语的优势进行汉语教学，但缺点是太依赖母语翻译，且泰国本土老师对中国文化知识，及中泰文化差异的了解比较少。④泰方学校自聘老师，通过中介机构、民间组织或其他途径聘请教师。这些老师最大的优点是流动性小，比较稳定，很多自聘老师都留在泰国长期任教。⑤国内高校派出的实习生。他们有活力、工作热情高；但缺乏教学经验，教学方法单一，且实习期相对较短，流动性大。教师流动性大，会导致学生无法跟同一位教师一直学习下去，学生们常常会为适应新教师浪费不少时间。总的来说，泰国缺乏专业而稳定的高素质汉语教师，汉语师资力量有待加强。

3.泰国的汉语学习者类别

泰国的汉语学习者大致可分为五类。第一类是泰国中小学学生。第二类是在泰国高校深造的汉语言专业学生。第三类是因工作需要，要学习汉语的人。第四类是华裔。第五类是中国文化爱好者。学习者学习汉语的动因和学习态度是有差异的，中小学学生学习汉语的主要原因是汉语是必修课程或家长期望孩子学习汉语，故学生缺乏持久动力和长期规划，积极性不高。而因学习、工作需要或对中国文化感兴趣的人，学习动机比较强，积极性也比较高。

4. 泰国学生的特点

泰国学生多才多艺，能歌善舞，动手能力强，喜欢参加各种活动；但是学习态度比较散漫，课堂纪律涣散，由于没有课间休息时间，学生往往会在课堂上要求去洗手间、去喝水、拿牛奶等。学生在上课期间，吃东西、说话、下座位的现象屡见不鲜，若教师批评不当，学生还会带情绪上课。学生在课堂上积极性不高，不主动配合教师进行言语操练；学习自主性也不佳，经常迟到、请假；更没有预习及复习汉语的习惯；回家也不做汉语作业，每次汉语作业都收不齐，教师往往会在课堂上留十分钟左右的时间让学生完成当天的作业。泰国学生的这些特点主要由以下因素造成。①泰国人生活闲适，节奏缓慢，竞争意识不强。②泰国学生不像中国学生那样有升学危机意识，他们学习压力小，对学习重视度不高。③泰国学生非常重视课外活动，经常会因参加各种活动不去上课，或者在课堂上完成活动所需要的准备工作。④很多泰国学生心浮气躁，学习态度不端正。

（三）泰国尖竹汶府东英学校汉语及汉字教学现状

1. 概况

尖竹汶府东英学校于 1946 年建校，是位于泰国中东部的一所著名华校，设立汉语课程已达 70 年之久。学校从幼儿园中班开始就开设汉语课。小学及初中，每周至少安排 5 个课时的汉语课，用于汉语知识教学。此外，每个班每周有一节汉语活动课，目的是让学生了解中国文化，活动课教学内容包括：学习活动课本、教中文歌曲、剪纸、折纸、写毛笔字、编中国结等。东英学校有明确的教学大纲和教学任务，每个学期要完成三篇课文的讲解和练习，由于泰国活动和节日比较多，汉语课常被取消，故很多中文老师为了完成学期的教学任务，会占用活动课进行汉语本体知识的教学，每学期仅安排少量活动课。

东英学校的汉字教学包含在综合课教学中，所用教材为《中文》，每篇课文的讲解和操练需 10 个课时，每个课时 60 分钟，其中教授汉字需要 2 个课时，即 120 分钟。

本文的研究对象为东英学校初二甲班及初二乙班的学生。初二甲班41人，初二乙班也是41人。为了简便，本文会使用"甲班"和"乙班"作为等值名词。需要说明的是东英学校的中文教师有17名，其中汉语教师志愿者5名，1名是哲学专业的在读研究生，1名是计算机专业的本科应届毕业生，其他3名是对外汉语专业的本科应届毕业生；侨办教师2名，都是来自辽宁某中学的音乐教师；自聘教师3名，1名是音乐专业的本科生，已在东英学校工作了四年，1名是汉语言文学专业的本科应届生，还有1名是已在东英工作十多年的老教师；实习生3名，2名是广西大学派出的汉语国际教育专业的在读硕士生，1名是西安交通大学派出的对外汉语专业的在读本科生；泰国本土教师4名，1名是毕业于北京语言大学的年轻女教师，通过了HSK六级考试，其余3名都是已在东英工作二十余年的老教师，没有参加过HSK考试。每位汉语教师负责1~2个班的汉语综合课教学。但由于实习生流动性强，实习期又短，所以学校为实习生布置的教学任务是上早读课和活动课。为了顺利开展本研究，笔者决定与教授初中甲班和乙班的肖乾老师进行合作教学。肖老师是国家汉办派出的普通汉语教师志愿者，本科是计算机专业，已在东英学校工作一年，泰语水平较高，和泰国学生沟通毫无障碍，上课的时候应付自如。开展合作教学后，笔者负责甲班和乙班的汉字教学设计及作业批改、试卷的出题和批改及分数汇总；肖老师负责实施汉字教学。他在进行汉字教学的同时，笔者会在班级里进行观察和跟进。

选择甲班和乙班的学生进行教学实验的可行性有以下几点：一是甲班和乙班是同一个年级的两个平行班，汉语基础和水平相对一致；二是两班所使用的教材统一，且进度一致，可以对相同生字进行教学设计；三是两个班的汉语老师都是肖老师。

2. 学生学习背景及汉字学习情况

对比两种汉字教学法之前，先对甲、乙两班的学生进行问卷调查。通过调查，了解学生的学习背景、汉字学习情况及汉字水平。

（1）学生学习背景

东英学校虽为华校，但仍以泰籍学生为主。甲班41人，华裔0人；乙班41人，华裔也为0人。两个班的男女比例相差不大。

初二甲、乙两班的学生人数见表1。

表1 初二甲、乙两班的学生人数

单位：人

班级	男生	女生	总数
甲班	19	22	41
乙班	20	21	41

初二甲、乙两班的学生学习汉语的时间见表2。

表2 初二甲、乙两班学生学习汉语的时间

单位：人

班级	小于1年	1～3年	3年以上
甲班	1	10	30
乙班	0	2	39

甲、乙两班学生的平均年龄为13岁，学汉语时间不等。学习汉语小于1年及1～3年的学生为插班生，即中途转到东英学校的学生。学习汉语超过3年的学生是从幼儿园就在该校上学，学汉语的时间若自幼儿园中班算起，已有9年之久。

初二甲、乙两班学生的YCT等级见表3。

表3 初二甲、乙两班学生的YCT等级

单位：人

班级	一级	二级	三级	四级
甲班	3	7	13	5
乙班	0	3	0	12

新YCT是一项国际汉语能力标准化测试，用来检验、考察海外非第一语言的中小学生在日常生活和学习中运用汉语的能力。[①] 甲班没参加过YCT考试的有13人，乙班没参加过的有26人。学生参加YCT考试前的半个月任课老师会用课余时间为学生免费补习，周末还会进行集训。因此，该水平测试的成绩及通过人数只是学生汉语水平的一项参考，很多学生虽已经过了三级

---

① 夏梦琦.孔子学院研究［D].上海交通大学硕士学位论文，2012.

或四级，但仍然不具备汉语交流能力，能正确拼读拼音的学生也不多。

（2）学生汉字学习情况

汉字学习对汉语学习的重要性见表4。

表4　汉字学习对汉语学习的重要性

单位：%

班级	很重要	没影响	不重要	不知道
甲班	80	7	0	13
乙班	96	2	0	2

两个班级大多数的学生认为汉字很重要，只有个别学生觉得汉字学得好坏对汉语学习没有什么影响，还有部分学生表示不知道。

汉字的难易程度见表5。

表5　汉字的难易程度

单位：%

班级	非常容易	比较容易	比较难	非常难
甲班	0	26	65	9
乙班	3	23	69	5

每个班都有一半多的学生认为汉字比较难学，部分学生则认为比较容易，还有一小部分学生认为汉字非常难学。

汉字学习的难点见表6。

表6　汉字学习的难点

单位：%

班级	笔画	笔顺	结构	部件	字义	字音	文化
甲班	12	15	41	41	66	37	51
乙班	12	27	34	37	44	46	29

这道题为多选题，甲班的学生认为字义和文化比较难学，乙班的学生认为字义和字音比较难学，其次是结构和部件，只有一小部分学生认为笔画和笔顺难学，但其实能正确书写汉字笔画笔顺的学生并不多。

两班学生对汉字的兴趣见表7。

· 227 ·

表 7　两班学生对汉字的兴趣

单位：%

班级	非常喜欢	比较喜欢	一般	不太喜欢	非常不喜欢
甲班	0	15	80	5	0
乙班	5	25	63	7	0

两个班的大部分学生对汉字的兴趣都是一般，既不喜欢也不讨厌；部分学生表示比较喜欢学习汉字；表示非常喜欢和不太喜欢的只占一小部分。

这道题采用主客观相结合的方式，学生选择出对汉字的兴趣程度后，要写出喜欢或者不喜欢的原因（可以用泰语）。甲班学生写出的喜欢汉字的原因如下：因为对中文感兴趣并且可以学到知识；为了日常交流使用，可以和中国人交流沟通；可以学到新的知识；因为汉字很美；因为中文影响越来越大，而且学起来很容易；因为喜欢学习语言，想去中国留学；因为喜欢读中文；可以认识中国的朋友；因为中文特别有意思；因为易学易懂，喜欢汉字。不喜欢的原因有：有时候老师教的不是很多；因为中文难记难读，汉字难学难懂，句子也很难。

乙班学生写出的喜欢汉字的原因如下：可以在日常生活中使用；未来可以使用；可以学到新的知识；可以运用到各个行业和领域；中文是世界第二大语言；中文有意思；喜欢汉字；可以和中国人交流，喜欢汉语这个科目；生字简单。不喜欢的原因是：笔画太多，难写；学不懂；不太会读；不太明白生字词语的含义。

总的来说，两个班不喜欢汉字的学生都是因为汉字难学、难读、难写、难认。

两班学生汉字学习及记忆的途径见表8。

表 8　两班学生的汉字学习及记忆途径

单位：%

班级	反复抄写	多看多读	标注泰语语音	图片	其他方法
甲班	12	34	46	6	2
乙班	22	28	46	0	4

两个班近一半的学生都认为标注泰语的语音有助于汉字的学习和记忆，部分学生认为通过多看多读也可以加强对汉字的学习及记忆，还有小部分学生认为通过反复抄写汉字可以记住汉字。

两班学生对汉语教师在课堂上的汉字教学满意度见表9。

表9　两班学生对汉语教师在课堂上的汉字教学满意度

单位：%

班级	很满意	满意	一般	不满意	非常不满意
甲班	9	49	42	0	0
乙班	0	44	52	2	2

甲班学生对汉语教师在课堂上的汉字教学的满意度略高于乙班学生。

开设汉字课的必要程度统计情况见表10。

表10　开设汉字课的必要程度

单位：%

班级	非常有必要	有必要	没有必要	不知道或无所谓
甲班	12	65	0	23
乙班	2	56	2	40

东英学校没有单独开设汉字课，而两个班超过一半的学生都认为有必要单独开设汉字课；几乎没有学生认为这是没有必要的；还有部分学生对此持无所谓或不知道的态度。

两班学生遇到生字时的解决方法见表11。

表11　两班学生遇到生字时的解决方法

单位：%

班级	主动查字典	主动问老师	不管它	等老师讲	不知道
甲班	12	64	2	22	0
乙班	4	73	4	17	2

两个班的大部分学生遇到生字时都会主动问老师；部分学生会等老师

讲；还有部分学生会主动查字典；极少学生会置之不理。

（3）汉字水平

笔者对两班学生的汉字水平进行了测试，由 6 道题组成，满分 30 分。两班学生汉字水平测试的成绩见表 12。

表 12　两班学生汉字水平测试的成绩分布

单位：人

班级	0～9 分	10～19 分	20～30 分
甲班	5	9	27
乙班	11	16	14

甲班学生满分的 3 个，乙班无；甲班 20～30 分的学生有 27 个，比乙班多 13 个；甲班 0～9 分的有 5 个，比乙班少 6 个。从整体上看，甲班的高分学生比乙班多，低分学生比乙班少。

3. 本教学设计所使用的教材

《中文》教材是中华人民共和国国务院侨务办公室委托暨南大学华文学院为海外华侨及华人子弟学习中文而编写的，并免费提供给世界各地的中文学校。

全套教材 12 册，每册分为 4 个单元，1、3 单元各 4 课；2、4 单元各 3 课。每册内容由课文（课文、生字、词语、专有名词、句子）、课堂练习（写字练习、认读练习、句子练习、口语练习、阅读理解练习）、阅读、单元综合练习、附录五个部分组成。配套的练习册分 A、B 两册，每课的练习是按照周一到周五编排的，规定每天的作业量和练习内容；结合课文安排练习，以综合练习为主。

4. 教学课时安排

本学期，初二年级甲、乙两班学生所要学习的课文为第 1～6 课，教学进度为每两周的时间完成一篇课文的教学，即 12 课时，每课时 60 分钟。每一篇新课文的前 2 个课时进行系统的汉字教学，第 3 课时讲新的词汇，第 4 到第 6 个课时讲课文及语法知识，后面的 6 个课时用来复习和讲解练习册及扩展阅读。由于笔者到东英学校的时候该校已经开学一周了，初二两班已经把第一课的生字词和课文都学完了，所以本文选取的是《中文》

第八册的第 2~6 课来进行教学设计和效果对比。每课的生字 15~19 个不等，每课时讲授 8~10 个生字。

5. 教学中重难点的确定

汉字教学的主要内容为汉字的音、形、义。本研究要做的是两种汉字教学法的对比研究，所以两个班的侧重有所不同。甲班用笔画笔顺教学法，重难点为汉字笔画、笔顺的讲解；乙班用部件结构教学法，重难点是汉字的部件和结构的教学。

（四）教学设计方案

1. 甲班的设计方案

（1）甲班的教学目标

通过汉字拼音的学习，学生能够准确认读《中文》第 2~6 课的全部生字；通过对汉字笔顺、笔画的学习，学生能够正确书写所学汉字；通过教师对汉字含义的讲解，学生能够掌握所学汉字的基本含义。

（2）教学对象

东英学校初二甲班的 41 名学生。

（3）计划课时

每课的汉字教学需 2 课时，每课时 60 分钟，共计 120 分钟。

（4）教学内容

教学内容为《中文》第八册第 2~6 课的生字（见表 13）。

表 13 《中文》第八册第 2~6 课的生字

课文（第 2~6 课）	生字
第二课《一堂有趣的中文课》	台、赵、板、瘦、鬼、脸、咳、嗽、紧、姓、刘、希、舌、轮、幸、贝、福、胞、祥（19 个）
第三课《一场篮球赛》	篮、乒、乓、排、组、织、参、判、犯、规、兴、奋、攻、防、众、配、输、拼（18 个）
第四课《农夫和蛇》	蛇、厚、冻、硬、捡、咬、转、怀、醒、舒、狠、剧、扣、摔、模、糊、中（17 个）
第五课《三个和尚》	尚、庙、挑、胖、澡、桶、鼠、管、蜡、烛、倒、保、协、刮、缺（15 个）
第六课《成语故事》	矛、盾、兵、器、持、刺、坚、固、傻、填、浪、昏、淹、恨、尽、斗（16 个）

（5）教学重难点

汉字的笔画、笔顺为教学重难点。

（6）教具

需要展示的汉字图片；抽签用的学号箱。

（7）教学设计中的汉字基本知识

本次教学设计是围绕笔画及笔顺进行的，所涉及的汉字基本知识为笔画及笔顺的定义、内容、分类等。

第一，笔画。

笔画是构成汉字的各种点和线。书写汉字的时候每一次从落笔到收笔所写出来的点或线就叫一笔或一画。笔画是构成汉字的最小单位。基本笔画有横竖撇点捺提，其他笔画都是基本笔画的派生笔画。笔画与笔画的组合有三种类型：相离、相接和相交。① 一般来说，汉字都运用了两种或三种组合类型。相离：笔画之间彼此分离。例如：二、六、川。相接：笔画和笔画相连接。例如：人、入、几。相交：笔画和笔画相交叉。例如：十、力、丰。

外国学生往往不注意汉字笔画的书写规定，随意连笔，比如一笔写成一个"口"字。所以，在教汉字书写之初，就应当让学生熟悉汉字笔画的写法。检查学生是否能够正确地拆分笔画的最有效的办法就是做数笔画的练习。② 能够准确计算笔画数的规则有两条：一是在同一笔画上，笔尖只能走一次，不能走回头路；二是写横只能从左到右，写竖撇捺只能从上到下，反之则不行。③

第二，笔顺。

笔顺是汉字笔画的书写顺序。笔顺是否正确，直接影响书写的速度和字形的好坏。笔顺的基本规则如下。

先横后竖：十、干、土。先撇后捺：八、入、人。先上后下：二、尘、字。先左后右：川、卅、汉。先外后内：风、问、刁。先外后内再封

---

① 赵金铭.作为第二语言的汉语概说［M］.北京：北京大学出版社，2009：276.

② 韦斯嘉.利用笔画与利用形体演变教汉字之比较研究［D］.湖南师范大学硕士学位论文，2011.

③ 赵金铭.作为第二语言的汉语概说［M］.北京：北京大学出版社，2007：276-277.

口：国、困、团、圆、园。先中间后两边：小、水、办、为。先中间后加框：山、画、凶、函。

笔顺规则是人们正确书写汉字的经验总结。上述的笔顺规则只是一般规则，由于汉字结构复杂，形体变化多样，不同汉字的笔顺往往是上述原则的综合运用。

（8）笔顺、笔画教学设计案例

第二课《一堂有趣的中文课》

第一课时

本课时用笔画笔顺教学法讲授九个生字：台、赵、板、瘦、鬼、脸、咳、嗽、紧。首先教授汉字的音、形、义，再以笔顺规则为教学重点进行讲解。

①组织教学

对学生进行考勤，通过问候和互动，集中学生的注意力。

②复习

生字词：通过齐读、听写或游戏的方式，复习上节课的生字词，并对重点字词和句子进行听写。

课文：让学生集体朗读课文，并进行简单复述。

语法：对基本语法结构进行复习，让学生用所学的语言点造句。

③新课教学

【导入】老师用提问的方式引出与本课相关的话题，然后开始生字教学。

【字音】老师让学生尝试自行拼读，然后给予矫正，并领读正确的发音，学生跟读。

【含义】对成词语素，用通俗易懂的汉语进行解释或者利用图片及泰语进行直观展示和直译；对不成词语素，将其放在词语里进行讲解。

【字形】将每个字的笔顺一笔一画地通过板书展现在黑板上，并用

箭头标示出笔画的运笔方向。告知学生每个笔画的名称，让学生跟读。板书时书写速度要慢，汉字要大且清晰，让学生看清楚汉字的每一笔及其走向。

《中文》教材一至六册的每篇课文后面都编排了汉字书写的部分，学生可以临摹生字的笔顺，从第七册开始，每课不再附生字笔顺，因此老师会把每个生字的笔顺都展现出来，并让学生跟随老师将每个字的正确笔顺都抄写在本子上，下课后交给老师批阅。

【汉字应用】让学生找到生字在课文中出现的地方，并找出这些生字与哪些汉字组成了词语，读出该词所在的句子，并进行适当扩展。

【课堂活动】这一环节主要体现在字形教学中，老师把一些笔画数比较少，字形比较简单的字写在黑板上，分组比赛，限定时间，让各组学生派一个代表在黑板上书写笔顺，如果写错，同组的其他学生可以上台修改。最后，老师把生字中容易书写错误的地方进行强调和总结。

【笔顺比赛】学生分为八组，交替在黑板上写汉字，每人各写一笔，由每组的第一个人写每个字的第一笔，每组的第二个人写第二笔，依次类推，每个字的笔顺都写对的小组获胜。

在教授完主要内容并进行适当操练后，还可以通过一些游戏来对所学习的内容进行巩固，如通过加减笔画造新字、看谁多组词等游戏来帮助学生记忆汉字。做法：老师在黑板上写一个"人"字，让学生在六分钟内，尽可能多地加笔画，老师让最快完成的两名学生到黑板上写出自己所组的汉字，写对最多的人获胜，并予以表扬。（说明：除了在黑板上书写的两名学生外，其他人都写在本子上。到时间后，老师讲评黑板上的字，同时所有学生一起进行纠正和补充）

泰国学生很喜欢做游戏，通过这些游戏，不仅可以提高他们对汉字的记忆和识别能力，也能提高其汉字的书写速度，还可以活跃课堂气氛，增强学生对汉语的学习兴趣。

【布置作业】复习本课所学的生字的音、形、义及笔顺规则，将所学的汉字及其拼音抄写三遍。

【本课小结】教师通过领读字音和讲解字义，让学生掌握生字的读音和含义。笔画笔顺教学法的使用可以让学生对汉字的笔画名称进行巩固和复习，也可以帮助学生掌握正确的书写规则，并形成正确的书写习惯。寓教于乐，真正做到学以致用。

第二课时

本课时继续学习第二课的生字：姓、刘、希、舌、轮、幸、贝、福、胞、祥。在教学过程中，仍把汉字的笔画和笔顺作为重点。

①组织教学

对学生进行考勤，通过问候和互动，集中学生的注意力。

②复习

用生字卡，复习上节课所学的九个生字。然后进行听写比赛，把黑板分成三个部分，从学号箱里抽取三名学生，老师读汉字，三名学生在黑板上书写，最后正确率最高的学生获胜，并获得一定的奖励，其他学生写在本子上，课后交给老师。

③进入新课

【导入】上节课我们学习了本课的前九个生字，这节课，我们继续学习余下的十个汉字。

【字音】让学生尝试自行拼读，然后老师给予矫正，领读正确的发音，学生跟读。

【含义】对成词语素，用通俗易懂的语言进行解释或者用图片和泰语进行直观解释和直译；对不成词语素，将其放在词语里进行讲解。

【字形】将每个字的笔顺通过板书一笔一画地展现在黑板上，并用箭头标示出笔画的运笔方向，领读笔画名称。

【汉字应用】让学生找到生字在课文中出现的地方，并找出这些生字与哪些汉字组成了词语，读出该词所在的句子，进行适当扩展练习。

【课堂活动】活动设计一：老师把一些笔画数比较少，字形比较简单的字写在黑板上，分组比赛，限定时间，让各组学生派一个代表在黑板上书写笔顺，如果错误，同组的其他学生可以上台修改，优先完成的组获胜。最后，老师把生字中容易书写错误的笔顺进行强调和总结。

活动设计二：学完本课的生字后，老师挑选一些容易出现笔顺错误的字，将其笔顺增加一笔，或减少一笔，让学生主动发现，并上台纠正，增强他们对汉字的识别力和敏感度。

在教完主要内容并进行适当操练后，还可以通过一些游戏来对所学习的内容进行巩固，如加减笔画造新字、看谁组字多等游戏都能帮助学生记忆汉字，老师在黑板上写一个"口"字，让学生在五分钟内，尽可能多地加笔画，让最快完成的两名学生到黑板上写出自己所组的汉字，多者为胜，并予以表扬。

课堂活动及游戏的开展不仅可以提高学生对汉字的记忆和识别能力，也能提高学生汉字的识记和书写速度，还可以活跃课堂气氛，增强学生对汉字的学习兴趣。

【布置作业】复习生字的音、形、义及笔顺规则，将所学的汉字及其拼音抄写三遍。

【本课小结】教师通过讲授字音和字义，让学生掌握生字的读音和含义。笔画笔顺教学法可以让学生对汉字的基本笔画和复合笔画进行巩固和复习，也可以帮助学生掌握正确的书写规则，并养成正确的书写习惯。

2. 乙班的设计方案

（1）教学目标

通过学习汉字读音，能够准确认读《中文》第 2～6 课的全部生词；通过对汉字部件及结构的学习，让学生了解汉字的基本部件和间架结构，能够根据汉字的构字规律快速准确地记忆汉字；通过学习，可以理解并掌握所学汉字的基本含义，并能用其进行组词、造句、完成练习等；通过学习，能够激发学生的汉字学习兴趣，并提高其推测字义的能力。

（2）教学对象

东英学校初二乙班的 41 名学生。

（3）计划课时

每课的汉字教学需 2 个课时，每课时 60 分钟，共计 120 分钟。

（4）教学内容

《中文》第八册第 2~6 课的生字。

（5）教学重难点

生字的基本结构类型和部件的正确拆分及讲解。

（6）教具

写有本课汉字部件的卡片。

（7）教学设计中的汉字基本知识

本次教学设计是围绕部件及结构进行的，所涉及的汉字基本知识为部件和结构的定义、分类等。

第一，部件。

现代汉字绝大多数是合体字，这就产生汉字部件的拆析与组合问题。正确引导外国学生把握汉字的基本部件和基本结构是对外汉字教学的重要环节。[①] 汉字部件由笔画组成，笔画是具有组配汉字功能的构字单位。部件可以层层拆分，不能再拆分的部件叫作"基础部件"。例如"糊"拆分为米＋胡，胡又可拆为古＋月，对于"糊"字，其基础部件即"米""古""月"。

按照不同的分类标准，部件可划分出不同的下位概念。按是否独立成字，可分为成字部件和非成字部件；按是否具有可分性，可分为基础部件和合成部件。[②] 周小兵指出：拆分汉字应遵从简单明了的原则，以汉字自然的分割沟进行拆分，考虑理据，一般采取二分、三分的拆分原则。[③] 对乙班学生进行部件教学时，拆分的原则是使部件尽量能与整字有字音、字义或字形上的联系。

① 赵金铭. 对外汉语教学概论［M］. 北京：商务印书馆，2005：417.
② 沙宗元. 汉字研究中的一组术语［J］. 语言文字应用，2006（3）：57-62.
③ 周小兵. 对外汉语教学引论［M］. 北京：商务印书馆，2009.

第二，结构。

汉字结构是指汉字形体的结构方式。根据第一级部件的组合方式，基本上可以归纳为以下五大类。

A. 左右结构

左右结构：明、体、味、从、好、浩、部、汉、件

左中右结构：树、糊、膨、脚、班、搬、斑、瓣、鞭

B. 上下结构

上下结构：思、笛、冒、忠、盅、累、雷、雪、霜

上中下结构：鼻、冀、掌、意、竟、慧、舅、器、器

C. 包围结构

全包围结构：国、团、因、囚、四、回、圆、园、困

半包围结构：匀、勿、勾、局、居、痛、过、尬、连

D. 品字形结构：众、森、淼、鑫、羴、磊、品、晶、蠱、焱、矗、赑

E. 穿插结构：乖、乘、噩、爽、坐、巫、夹

赵金铭指出：拼音文字是一维的线性结构，而汉字是二维的方块结构。从书写程序上看，汉字的书写，要求各部件在各个汉字中均占有确定的位置，各个部件之间形成一种层级关系。这对习惯于书写线性结构的拼音文字的外国学生来说是一个难题。① 他将现代汉字的基本结构类型进行了归纳（见表14）。

表 14 汉字的基本结构类型

独体		人、东、干、日	
合体	包围	全包围：国、圆、回、团	
		半包围：问、区、发、句、起、建	
	横向	全横向：行、洋、班、谢	
		横纵交叉：鞋、慢、别、能	
		横围交叉：随、腿、抛、谜	
	纵向	全纵向：盘、者、受、蚕	
		纵横交叉：众、药、热、楚	

---

① 赵金铭. 对外汉语教学概论［M］.北京：商务印书馆，2005：418.

（8）部件结构教学设计案例

第二课《一堂有趣的中文课》

第一课时

本课时主要采用部件结构教学法讲授汉字：台、赵、板、瘦、鬼、脸、咳、嗽、紧。首先教授汉字的音、形、义，再以部件为教学重点进行讲解。

①组织教学

对学生进行考勤，通过问候和互动，集中学生的注意力。

②复习

生字词：用齐读、听写或游戏的方式，复习上节课的生字词。

课文：学生集体朗读课文，并进行简单复述。

语法：对基本语法结构进行复习，让学生用所学的语言点进行造句。

③新课教学

【导入】老师：同学们好，今天我们开始学习第二课《一堂有趣的中文课》，在学习本课生字之前，我们先来了解一下什么是汉字部件。

【字音】让学生尝试自行拼读，然后老师给予矫正并领读正确发音，学生跟读。

【字形】将每个字的笔顺通过板书展现在黑板上，但不作为重点，不领读笔画名称，只是带领学生写一遍正确的笔顺。

【部件及结构教学】这是首次将部件引入汉字教学，老师先带领学生复习一些已学过的包含基本部件的汉字，根据汉字的表意特点，对其进行解释，还可以通过图片展示或肢体语言来演示部件，让学生对部件有初步的认识。如讲解"好"字，可以启发学生，观察这个字由几部分组成，"女"和"子"就是"好"字的两个部件，含义是女人和孩子在一起是件很好的事。接着将本课生字的部件进行拆分讲解（见表15）。

表15　第二课生字的部件拆分和结构类型（Ⅰ）

生字	部件	结构
台	厶＋口	上下结构
赵	走＋乂	半包围结构
板	木＋反	左右结构
瘦	疒＋叟	半包围结构
鬼	鬼	独体结构
脸	月＋佥	左右结构
咳	口＋亥	左右结构
嗽	口＋束＋欠	左中右结构
紧	⺊＋又＋糸	上下结构

　　汉字可以通过结构释义，也可以通过形声字的形旁释义。通过汉字的不同形旁，就能推测出汉字的意义范畴。部件相同的汉字大多有共同的义类属性。因此，通过对偏旁义符的解释分析，不但能够帮助学生对字义有更深的理解，而且可以加强学生对字形和结构的认识。比如："板""瘦""脸""咳""嗽"都可以用这种方式进行讲授。"板"字的形旁是"木"，本义是片状的木头，只要看到汉字中有"木"这个部件，就可以知道这个汉字的意义与木有关，再带领学生复习一下之前学过的带"木"的汉字。"瘦"字的形旁是"疒"，本义是肌肉不丰满，表明与疾病有关，只要看到汉字中有"疒"这个部件，就可以推测出这个汉字的含义与疾病相关，如"疼、痛、痒"等字。"脸"字的形旁是"月"，这个"月"指的不是月亮，而是"肉"，是身体的一部分，如"肝、肺、脖、脑、肤"等，并适当补充"明、朗、朝"等字。引导学生观察"月"字的位置，并进行总结："月"在左边的是"肉月"，表示身体的一部分；在右边的是月亮，表示月或时间。"咳""嗽"这两个字，形旁都是"口"，表明和口有关，再带领学生复习已学过的包含这个部件的汉字，如"吃、喝、叫、喊"等。

　　【汉字应用】让学生找到这些生字在课文中出现的地方，并找出这些生字与哪些汉字组成了词语，读出该词所在的句子，并进行适当扩展。

【课堂活动】在部件教学中，可以设置一些汉字练习对汉字及部件进行巩固。让学生对生字的部件进行拆分，并进行纠正。

例如：板＝木＋反

脸＝_____ 咳＝_____ 嗽＝_____ 台＝_____

在学完这些生字后，还可以用游戏来练习，如"找朋友"、"拍苍蝇"、"猜字义"、拆字组字等，帮助学生更好更快地记忆生字。

"找朋友"的游戏：将每个汉字的部件进行拆分，并分别写到纸上，让学生以找朋友的方式进行组字，加强他们对部件和结构的敏感度。"拍苍蝇"的游戏：将汉字呈现在黑板上，让两个学生上台，比赛谁可以最快最准地拍到老师读的汉字，这可以锻炼学生的反应能力，强化学生对汉字音、形、义的记忆。猜字义的游戏：通过判断汉字的字形，猜一猜它的含义，老师给出一个没有学过的生字，让学生通过观察推断它的含义如：

胸：A. 与植物有关　　　B. 与月亮有关　　　C. 与身体有关

拆字组字游戏是从已经学过的汉字中挑选几个字（形旁和声旁都不同的形声字），如"体、说、河、过"等，然后在规定时间内，让学生把这些字拆开再正确地组成新的汉字。

泰国的学生很喜欢做游戏，通过这些游戏，不仅可以巩固学生对汉字的记忆，还可以活跃课堂气氛，提高学生的汉语学习兴趣。

【课后作业】复习本课所学汉字的形、音、义，并对其进行部件拆分。

【本课小结】通过讲授字音和字义，让学生掌握生字的读音和含义。部件结构教学法可以让学生对汉字的组成和结构有清晰的认识，通过对汉字部件的拆分，帮助学生快速理解和记忆生字。

第二课时

本课时继续学习第二课的生字：姓、刘、希、舌、轮、幸、贝、福、胞、祥。教学过程中，仍把汉字的部件和结构作为重点。

①组织教学

对学生进行考勤，通过问候和互动，集中学生的注意力。

②复习

用生字卡，对上节课所学的九个汉字进行复习，并进行听写比赛。把黑板分成三个部分，由老师读出汉字，随机点学号，让三名学生到黑板上听写，其他学生写在本子上，课后交给老师。

③进入新课

【导入】上节课我们学习了本课的九个汉字，这节课，我们继续学习余下的十个汉字。

【字音】让学生尝试自行拼读，然后老师给予矫正并领读正确的发音，学生跟读。

【字形】将汉字笔顺通过板书展现在黑板上，但不作为重点，笔画名称也不用读出，只是带领学生写 1～2 遍笔顺。

【部件与结构教学】将本课的每个生字的部件进行拆分，讲解结构类型（见表 16）。

表 16　第二课生字的部件拆分和结构类型（Ⅱ）

生字	部件	结构
姓	女 + 生	左右结构
刘	文 + 刂	左右结构
希	乂 + 布	上下结构
舌	舌	独体结构
轮	车 + 仑	左右结构
幸	土 + 辛	上下结构
贝	贝	独体结构
福	礻 + 畐	左右结构
胞	月 + 包	左右结构
祥	礻 + 羊	左右结构

汉字可以通过结构释义，也可以通过形声字的形旁释义。

【汉字应用】让学生找到这些生字在课文中出现的地方，并找出这些生字与哪些汉字组成了词语，读出该词所在的句子，并进行适当扩展。

【课堂活动】在部件教学中，可以设置一些汉字练习对汉字及部件进行巩固。选取两名学生在黑板上拆分汉字部件，其他学生写在本子上。如按照以下例子，对汉字进行拆分。

胞：月+包

台：_____　板：_____　脸：_____　咳：_____

姓：_____　福：_____

学完本课生字后，还可以通过游戏进行巩固，如"找朋友"、"拍苍蝇"、部件构字、找字中字等游戏，帮助学生记忆生字。

"找朋友"游戏：将每个汉字的部件进行拆分，并分别写在纸上，让学生以找朋友的方式进行组字，增强他们对部件和结构的敏感度。部件构字游戏：选一个构字能力强的部件，让学生自由构字，只要汉字的某一部位有该部件即可，也可采用分组竞赛的形式，在规定时间内组字多的小组获胜。本游戏可以帮助学生熟悉汉字的结构特点。找字中字的游戏：老师在黑板上写一个汉字，让学生在限定时间内找出藏在其中的汉字，如"黄"可以拆分出"一""二""三""十""工""土""干""王""口""日""田""由""八""只"等。本游戏可以增强学生的汉字识别力，也可以帮助学生复习已学过的很多汉字。①

泰国学生很喜欢参加活动，也喜欢玩游戏，在汉字课堂中设置这些游戏，不仅可以巩固学生对生字的记忆，还可以活跃课堂气氛，激发学生的汉语学习兴趣。

【课后作业】复习本课的所有生字，并进行部件拆分。

【本课小结】部件结构教学法可以让学生对汉字的结构有清晰的认识，通过对汉字部件的拆分，帮助学生快速理解和记忆生字。

二　汉字教学效果对比分析

汉字教学效果主要通过两班学生生字听写成绩和期中及期末考试成绩

---

① 周健.汉字教学理论与方法［M］.北京：北京大学出版社，2007：159.

来体现。完成每课的生字教学后，合作老师会分别对甲、乙两班学生进行相同生字的听写，笔者将每次听写的汉字进行批改，然后汇总听写成绩，并统计每个生字的写错人数，分析学生出错的地方，对听写结果的整体情况进行对比。本章还通过汇总教学期间搜集的语料，归纳学生书写中出现错误的原因，并对其进行多角度的偏误分析。

（一）听写成绩

听写成绩是百分制，每课挑选十个字进行听写，每个字的拼音和字形各占五分。如果字形写对了，字音写错了，该字扣 5 分；字音写对了，字形写错了，也扣 5 分。总分低于 60 分的为不及格，要重新默写；60～99分的进行订正，每个字改写十遍；满分的学生给予奖励。

1. 第二课的听写成绩

第二课的听写情况：甲班满分的学生 5 个，比乙班少 1 个；甲班不及格的 10 个，比乙班多 1 个；两个班60～99分的学生一样多（见表17）。

表 17　第二课的听写成绩

单位：人

班级	100 分	60～99 分	0～59 分
甲班	5	26	10
乙班	6	26	9

甲班学生在听写中出现错误的人数整体高于乙班（见表18）。

表 18　第二课生字听写的错误情况

单位：人

班级	台	板	瘦	鬼	紧	希	贝	胞	详	赵
甲班	2	12	24	21	23	21	32	25	30	25
乙班	1	13	24	23	22	21	14	12	12	19

甲班学生除了"台"字和"板"字，其他字的错误率都很高，"贝"字写错的人最多，出错原因也相同，都是把第四笔"丶"写成了"乚"。"瘦"字的错因很多，如："叟"的第七画"丨"没有出头；把"疒"的两点写在

了"广"的里面；还有的学生把"shou"听成"sou"，写的"嗽"字，但并没有写对，会忘写"嗽"的"口"，或把"欠"写成"攵"。"鬼"字的错因也很多，如：第一笔"丿"写成了"丶"；第七笔的"乚"写得比较短。"紧"字的错误集中体现在下半部分，大多数学生把下半部分写成了"系"字。"胞"字的错因是：左右两部分写颠倒，或者右半部分的"包"的第二笔横折钩写得较短。"详"的错因体现在右半部分，很多学生把三横写成四横，有的学生把最后一笔"丨"写得过短，没有和第三横相交。乙班的学生出错最多的是"瘦"字，错因主要是："叟"的第七画"丨"没有出头；或把"shou"听成"sou"，写成"嗽"，但是和甲班不同的是，写成"嗽"字的学生，并没有把这个字写错。其次是"鬼"字，很多学生将其和"兔"字混淆；或者把第六笔的"丿"写得过长，和第一笔"撇"相切。"紧"字的下半部分很多学生错写成"余"字。"希"字的上半部分写成"艹"。"胞"字的错因体现在"包"被包围的那部分多写了一横。"详"字的错因是：右半部分的"羊"少写一横，或少写一点。"板"字的书写错误是：有一名学生造出了新字，左边是"禾"，右边是"文"。

2. 第三课的听写成绩

第三课的听写情况：甲班有 8 名学生满分，比乙班多 1 个；甲班不及格的学生 12 个，比乙班多 2 个；60～99 分的，乙班比甲班多 3 个（见表 19）。

表 19　第三课的听写成绩

单位：人

班级	100 分	60～99 分	0～59 分
甲班	8	21	12
乙班	7	24	10

甲班听写每个生字出现错误的人数整体仍高于乙班（见表 20）。

表 20　第三课生字听写错误情况

单位：人

班级	排	篮	参	判	犯	规	攻	防	输	配
甲班	6	5	11	17	18	19	12	15	21	18

班级	排	篮	参	判	犯	规	攻	防	输	配
乙班	8	9	6	14	16	14	8	14	10	17

甲班错误最多的是"输"字，很多学生放弃了对该字的书写；还有部分学生忘写右边"俞"字的第三笔"一"。其次是"规"字，错因是把右边的"见"字写成"贝"字。"配"字的错因是学生忘记写左边"酉"里面的一横。"犯"字的错因是"犭"的第三笔"丿"和第一笔相交了，右边的部分写成"巴"字。"判"字错在左半部分的两横写成三横。"防"字错在忘记写"方"的第一笔"丶"；或者把"fang"听成了"pang"。"篮"字的错误率比较低，错因是把"⺮"写成了两个"大"字，或忘写下半部分"监"的第一笔"丨"。乙班学生错的最多的字是"配"，错因同样是忘记写"酉"字第六笔"一"，或者把右边的"己"写成"已"。其次是"犯"字。错误最少的是"参"字。

3. 第四课的听写成绩

第四课的听写情况：甲班满分的学生比乙班多 2 个，不及格的人数是乙班学生的 2 倍，乙班 60～99 分的人数比甲班多（见表 21）。

表 21　第四课的听写成绩

单位：人

班级	100 分	60～99 分	0～59 分
甲班	6	21	14
乙班	4	30	7

甲班学生在听写中出现错误的人数整体高于乙班的学生（见表 22）。

表 22　第四课生字听写错误情况

单位：人

班级	蛇	冻	捡	咬	怀	舒	剧	摔	模	中
甲班	5	10	12	11	15	21	19	23	17	2
乙班	3	6	9	7	11	25	11	23	17	1

两班学生出错比较多的字是"舒""摔""怀""模"。"舒"字的错因是忘记写左半边"舍"字的第五笔"丨"，或者把右半边"予"字的"乛"写成"乛"。"摔"字错在把左边"扌"写成"木"，或者忘记写右边"率"字的第一笔"丶"。"怀"字错在和"坏"字相混淆。"模"字的错因是将其写成了"糊"，或者把左边"木"写成"扌"。"剧"字错在将"居"字的"古"写成"舌"。"捡"字的错因是将"扌"写成了"木"，或者右半部分少写一点。"冻"字错在把右边的"东"写成了"车"字。"蛇"字的错因是没有写"它"字的第一笔"丶"，或将其写成短撇。

4. 第五课的听写成绩

甲班满分的人数是乙班的 2 倍，不及格人数也比乙班略高，甲班不及格的人数约占总人数的 40％，乙班 60～99 分的学生比甲班多（见表23）。

表 23　第五课的听写成绩

单位：人

班级	100 分	60～99 分	0～59 分
甲班	10	15	16
乙班	5	24	12

甲班学生在听写中出现错误的人数整体高于乙班学生（见表24）。

表 24　第五课生字听写错误情况

单位：人

班级	尚	挑	胖	澡	鼠	蜡	缺	洗	协	战
甲班	4	9	12	7	13	13	19	17	15	17
乙班	1	5	7	9	11	10	17	17	14	16

甲、乙两班写错最多的是"缺"字。甲班学生的错因是左边"缶"少写了一横。乙班的学生将"缶"写成"告"字或者第四笔"丨"过长，与横相交了；部分学生把右半边写成"矢"字。其次是"洗"字，甲班学生大多没有写左边的"氵"；或者没有写第四笔"丿"；部分乙班学生将其写成了"洪"字。"战"字写错的也比较多，甲班学生将右边的

"戈"多加了一撇或忘记写最后一笔"、";左边的"占"写成"古"字；乙班的学生往往将右边的"戈"写成"成"字。"协"字错在将"办"写成"为"。"蜡"字的错因是将右边"昔"字的"日"写成了"口"或者"目"，部分学生将其写成"苦"字。"鼠"字往往错在下面点的数量，要么多两点，要么少两点。"胖"字的错因是右边的"半"的第五笔"丨"过短，没有出头。"尚"字是两个班写错最少的字，错因是将下半部分写成了"同"字。

5. 第六课的听写成绩

第六课的听写情况：甲、乙两班的满分人数一样多；乙班不及格的比甲班略多；60～99分的甲班比乙班略高（见表25）。

表25 第六课的听写成绩

单位：人

班级	100分	60～99分	0～59分
甲班	8	27	6
乙班	8	25	8

甲班学生在听写中出现错误的人数整体高于乙班的学生（见表26）。

表26 第六课生字听写错误情况

单位：人

班级	矛	兵	坚	傻	恨	奋	斗	器	持	盾
甲班	8	19	5	10	11	15	14	25	9	6
乙班	7	3	4	9	9	14	0	24	7	2

甲、乙两班写错最多的都是"器"字，错因是：少写了"犬"字的最后一笔"、"；或者没有将"犬"字写在四个"口"之间，而是上移到上面两个"口"之间。"兵"字写错的人也较多，往往把第三笔"一"写成了"冖"。其次是"奋"字，错因是上面的"大"少写了第三笔"乀"或将其写成"十"字，部分学生将下面的"田"写成了"日"。乙班学生写的"斗"字全部正确，而甲班学生的错因是把两点写成了三点。"恨"字的错因是将右边的"艮"多加一点，写成了"良"字。

"傻"字错在把内部的"×"写为"十"字，或者少写了两点。两班学生写"持"字出错的原因略有不同，甲班学生大多将其写成了"待"字或者"刺"字，还有部分学生没有写右边"寸"字的最后一笔"、"。乙班学生错因是把"扌"写成了"犭"，或是在右边的"寸"上多加了一点。"矛"字的错因也略有不同：甲班学生大多没有写第二笔"、"；或者没有写第五笔"丿"；还有部分学生多加了"丶"；或将下半部分写成"方"字。乙班学生往往把第三笔"乛"写成了"一"或"冖"；还有部分学生没有写最后一笔"丿"。"盾"字是两个班错误最少的字，错因是将"目"写成"日"或者写成了"昏"字，因为本课的生字包含"昏"字，学生混淆了这两个字的字形。

（二）期中及期末成绩

东英学校所有年级的期中及期末考试试卷都是由 8 张 A4 纸大小的卷子组成，每张试卷占 100 分，总分是 800 分。期末考试成绩由平时成绩和考试成绩两部分组成，平时成绩占 40%，考试成绩占 60%。

每次期中和期末考试之前，老师都会把试题原原本本地讲给学生，带领学生操练 1~2 遍。单张卷子不满 60 分的学生，要重考。如果一个班级里不及格的学生很多，不但要重考，教导主任会找任课老师谈话，了解该班教学及学生情况并对老师提出批评。故每位老师都会在考前训练时严格要求学生，以减少不及格的人数。这也造成考试结果不能完全看出学生的真实水平，大多数学生的考试成绩会比其实际汉语水平高。

每个年级的试卷由该年级的任课老师共同讨论撰写，然后经学校教导主任审核，通过后方可进行复印。笔者的合作老师——肖乾老师是初二年级段的试卷编纂者，和他商议后，期中考试试卷由笔者编写第一张，他负责其余七张；期末考试试卷，由笔者编写第三张和第四张，他负责剩余部分。

期中试卷，由 8 道大题组成，每张试卷设一道大题，分别是汉字、反义词、排序、造句、听力、阅读、选词填空和抄书。第一张考察汉字，编写 12 道部件题和 5 道笔顺题，其中部件题占 60 分，笔顺题占 40 分，总共 100 分。

期末试卷，由 11 道大题组成。第一张是选词填空；第二张是造句；第三张由 3 道题组成，分别考察部件拆分和汉字结构；第四张是 2 道大题，考查笔顺书写和笔画数量；第五张是排序题；第六张考反义词；第七张考查听力和写作；第八张是抄书。

1. 期中考试成绩

表 27、表 28、表 29 分别是对期中考试第一张试卷的成绩汇总、部件题的错误人数统计、笔顺题的错误人数统计。

两班满分的学生不多，甲班 1 个，乙班 3 个；不及格的很少，甲班学生全部及格，乙班只有 1 个不及格。从整体来看，甲、乙两班学生的分值差距不大，成绩较理想（见表 27）。但是分别对部件题和笔顺题进行错误人数统计后，会发现两班学生还是有差距的。

表 27　期中考试第一张试卷的成绩汇总

单位：人

班级	100 分	60～99 分	0～59 分
甲班	1	40	0
乙班	3	37	1

部件题考查的是对 12 个汉字的部件拆分，每题 5 分，共 60 分，每道小题 2 个小空，各占 2.5 分。甲班全对的学生有 20 名，占总人数的 48%，错误超过 2 题的只有 1 名，错了 4 道题。乙班学生全对的有 17 个，占总人数的 41%；错误超过 2 题的学生有 6 名，错误最多的学生错了 5.5 道题。从整体来看，尽管考查的是部件，但甲班成绩比乙班略好，乙班学生未展现出部件优势（见表 28）。

表 28　期中考试中部件题的错误人数统计

单位：人

班级	部件题全对	错误小于等于 2	错误大于 2
甲班	20	20	1
乙班	17	18	6

笔顺题设置的是正确书写所给的 5 个汉字的笔顺，共 5 小题，每题 8 分，共 40 分。甲、乙两班错题大于 2 的都是 3 人；乙班全对的学生有 10

个，占总人数的 24%，甲班全对的只有 4 个，占总人数的 9%；甲班错题小于等于 2 的有 34 人，占总人数的 82%，乙班 28 人，占 68%。从整体上看，乙班成绩比甲班略好。甲班学生没有展现出笔顺优势（见表 29）。

表 29　期中考试中笔顺题的错误人数统计

单位：人

班级	笔顺题全对	错误小于等于 2	错误大于 2
甲班	4	34	3
乙班	10	28	3

2. 期末考试成绩

第三张试卷考查部件和结构。由 3 个大题组成：第一大题是将所给出的 10 个汉字的结构进行分类，每个空 5 分，共 50 分；第二大题是连线组汉字，即把 5 个汉字的部件拆开后打乱顺序，让学生连线组字，并将其抄写在横线上，每个空 5 分，共 25 分；第三大题是部件拆分，把所给出的 5 个汉字的部件进行拆分，每个空 2.5 分，共 25 分。

甲班的满分人数比乙班多 1 个，两个班的不及格人数都很少；乙班 60～99 分的学生比甲班略多（见表 30）。两班学生大都因书写错误而失分，第一大题的结构分类基本正确；第二大题的连线也近乎全对，但抄写在横线上时，往往会出错。

表 30　期末考试中部件结构题的成绩

单位：人

班级	100 分	60～99 分	0～59 分
甲班	11	27	3
乙班	10	30	1

第四张试卷考查笔画、笔顺，共 100 分。由 2 道大题组成：第一道大题是写出所给 5 个汉字的笔顺，每个汉字占 10 分，共 50 分；第二道大题是按要求写出所给 5 个汉字的对应笔画，每个小空 10 分，共 50 分。这张试卷的成绩很不理想，尽管考前学生已做了两遍，但两个班的不及格人数

都超过总人数的 50%。乙班没有满分的学生，甲班只有 1 个。60~99 分的学生也不多，甲班学生没有展现出笔顺优势。

这张试卷的成绩不理想，和笔者设置的题型及分值安排有直接关系，考查笔顺的题型太过单一，每个汉字占 10 分，错其中一笔，就扣 10 分，分值过大，造成学生失分过多。

（三）学生书写汉字的偏误类型及原因

笔者搜集的语料涵盖学生的平时作业、每课听写、期中和期末考试试卷以及平时收集的其他语料，对其进行整理和汇总，并进行多角度的偏误分析。结合前人的研究，及实际所收集的语料，将偏误分为：笔顺偏误、笔画偏误（添加笔画、缺失笔画及笔画变形）、结构偏误、部件偏误（部件更换、缺失及变形）四大类型。

1. 笔顺偏误

笔顺偏误是指学生没能按照正确的笔顺规则书写汉字。泰文的书写规则是从下往上，或者先从上往下再向上；而汉语是从上往下，从左往右写，母语负迁移导致学生写"丨"时，也是从下往上写，容易造成本就相接的笔画关系变成相交的关系，如将"甲"字误写成"申"字。除此之外，学生往往会先写竖后写横，如写"扌"时，学生会先写"亅"，再写短"一"，但由于此类偏误是瞬时发生的，只有通过观察学生的动态书写过程才能获得，所以需要在课堂内外对此类偏误进行当面纠正。

2. 笔画偏误

笔画偏误是指学生在书写汉字时，由于笔画的添加或者缺失及变形而导致的错误。如忘记写"持"字的最后一笔"、"，或者多写了一点；"斗"字的两点误写成三点；"战"字的"戈"少写最后一笔"、"等。汉字笔画精准且繁多，多一笔或少一笔都会产生偏误；而泰文是拼音文字，泰国学生往往从图形上来认读汉字，获取汉字的形体图像，疏于记忆，导致丢三落四或画蛇添足。

3. 结构偏误

结构偏误是指学生在书写汉字时，各个部件的书写都正确，但当这些部件组合在一起时，把上下结构、左右结构等写成了非上述结构而产生错字。如"器"字中间的"犬"字写得过高，夹在了上面两个"口"字之间而形成错字；"澡"本是左右结构，学生却把"氵"写在了上部，成为上下结构；再如"胞"字的左右两个部件写颠倒，写成"左包右月"等。

4. 部件偏误

部件偏误是指学生在书写汉字时，由于部件的更换、缺失或者变形而导致偏误。部件的更换是将该字的某个部件误写成了其他部件。如将"蜡"字右半部分的"昔"，写成"苦"字；"洗"字的"氵"写成"冫"或者将右边的"先"写成"共"字；"持"字的"扌"写成"犭"等。部件的更换主要是因为汉字中形近字较多，容易混淆，如"扌与犭，冫与氵，⺍与丷，艹与卅，广与疒，礻与衤，亻与彳，贝与见，土与士，戈与弋，口与日，日与目"等。若学生能明确这些部件的含义，就可避免张冠李戴，减少偏误发生。

部件缺失是指忘记写某个部件而出现的偏误。如"易"写成"勿"；"好"写成"子"。与拼音文字相比，汉字部件繁多，学生在记忆的时候容易忽略细节，造成部件缺失。

部件变形是指受母语或者英语字母的影响，用相似的字母代替汉字的某个部件。如泰文中的很多字母都需要画圆圈，所以，学生在写"口"字的时候，往往是画一个圆圈来代替；写"篮"字时，会把"⺮"写成两个"k"等。这些都是因为受到母语及英语负迁移的影响。

（四）对比结果小结

笔者对合作教师进行过两次访谈。第一次是在进行两种汉字教学法之前，第二次是在期末考试后。从首次访谈中获悉，一直以来东英学校的汉字教学都是随文识字，步骤也都是先讲授字音，展示字形，然后在词语中讲授含义，没有讲过有关部件和结构的知识。第二次的访谈，笔者问合作老师："通过四个月的对比教学，您认为这两种汉字教学法哪种更适合泰国中学生？"他的回答是："从记忆生字的角度来说，部件结构教学法好；但从书写正确性来讲，笔画笔顺教学法好。"

经观察，在甲班上课时，学生会模仿老师在黑板上写汉字的笔顺，一笔一画地抄写在本子上。但是学生的注意力始终在抄写上面，而且书写速度相差很大，老师领读笔画名称时，没有几个学生跟读。学生虽然都跟随老师书写笔顺，但听写成绩一直很差，偏误很多。在乙班上课时，学生并没有对部件表现出浓厚的兴趣和新奇感，精神不振，无精打采，有一半的学生没在听，部分学生在写其他课程的作业或者在画画，还有些学生在说话等。正如第二部分所分析的泰国学生的特点，甲、乙两班学生的共性也是如此。学生们积极性和参与度不高，自我控制能力弱，课堂纪律较差，行为随意，学习态度不端正，认读、书写及记忆汉字不细心，对汉字作业也是应付了事，只求形似不注重细节，导致出现各种汉字偏误。这些因素都影响了两个班的汉字教学的预期成效。

从平时听写成绩的数据来看，接受笔画笔顺教学法的甲班学生听写的每个字的错误人数都高于接受部件结构教学法的乙班学生。也就是说，单独使用笔画笔顺教学法，没有达到提高书写正确性的目的。从期中、期末考试成绩来看，两个班的总成绩差距并不明显，但是笔者分别对两种题型进行错误统计后，发现甲班学生在做笔顺题时，错误率比乙班的学生高；而乙班学生在做部件题时，错误率却比甲班学生高。两个班的学生都没有展现出各自的优势。原因如下：期中和期末考试前，老师都会带领学生不断地对试题进行操练，而一直接受笔画笔顺教学法的甲班学生，不太熟悉部件，因此对其的关注度会提升，记忆也就比较深刻；而对于考查笔顺的题，甲班学生会认为自己平时都有学习和练习，疏于记忆，不再重视，考试的时候再不细心，就导致笔顺题错误很多，而部件题错误很少。同样的道理，一直接受部件结构教学法的乙班学生，在练习笔顺题时，对笔顺的书写规则比较关注，会加深记忆；而对部件题，乙班学生认为平日里都有学习和操练，所以会疏于记忆，导致部件题错误多，而笔顺题错误很少。

三　反思

（一）教学反思

1. 教学实践过程及教学效果的反思

在甲班上新课前，笔者会把新课中所有生字的笔顺规则和笔画名称写在纸上，以供合作老师参考，但他有时没有参照这些材料，遇到易错的笔顺，仍会写错或说错笔画名称。启示是：任课教师课前备课要充分，教师的专业素养也要不断地提高。有的教师特别重视笔画的称呼，要求学生记忆的笔画名称太多，不宜作为对外汉字教学的必用之法。① 因此可以降低对学生笔画名称记忆的要求。在乙班上课时，学生照着黑板抄写部件和整字，笔顺大多是错的，所以即使用部件结构教学法教授汉字，笔顺规则的展示也是必要的，但可不作为重点，带领学生书写 1~2 遍即可。

两班学生在期中和期末考试中，没有展现出各自的优势，笔者经过反思，发现试题的疏漏是主要原因。试卷的设计不够严谨，期中和期末试题只从部件和笔顺两个角度进行分类编写，题型太过单一，不应该就部件考部件，就笔顺考笔顺，甲班学生没有接受过部件教学，考查部件，也只是考了学生的短时记忆能力；乙班的学生没有强化笔顺教学，考查笔顺的书写，也只是考了学生死记硬背笔顺的能力。应该从整体考查的思路编写试题，综合考查学生对所学汉字的运用能力。

2. 对两种教学法的反思

东英学校自建校以来，就开设了汉语课，然而学生们的汉字水平一直不高，师资力量的薄弱及不佳的教学方法都使汉语教学效率低下。长期以来，汉字教学始终以笔顺规则的讲解为重点，没有讲过部首、部件、结构等。本文选取传统的笔画笔顺教学法与较新的部件结构教学法进行教学对比，通过对每课的汉字听写成绩的对比，可以看出甲班学生每次听写的错误率都高于乙班学生，但其实乙班学生的书写正确率也不高，甲、乙两班汉字教学的效果都不理想。笔者对所用的教学方法进行了深入的思考和反思。

对初学汉字的学生来说，笔画学习是必不可少的，因为汉字书写最后都要落到笔画上面，但笔画教学不适合作为"一贯到底"的方法。汉字基本笔画虽少，但复合笔画繁杂，会加重学生的记忆负担，反复的抄写会使学生对汉字学习产生排斥心理，不利于培养学生对汉字及汉语的学习兴趣，且教学实践证明，笔画笔顺教学法并不能有效提高学生汉字听写的正确率。

---

① 韦斯嘉. 利用笔画与利用形体演变教汉字之比较研究 [D].湖南师范大学硕士学位论文，2011.

字形的可分解是汉字知觉属性的重要特点，汉字认知研究发现当学习者长时间持续注视一个汉字时，会将该字自动地分解成它的组成部分，这种现象被称作汉字的知觉解体。[①] 而部件结构教学法正是利用汉字知觉属性的特点进行教学的，对母语为非汉语的外国学生来说，带领学生对汉字进行拆分，可以有效培养学生自觉分解汉字的习惯；以部件作为识记单位，使记忆单位大大低于人的短时记忆的容量，符合记忆规律，利于学生快速识记汉字，但是学生书写汉字的错误率仍很高，且在实际教学中，较多的部件没有含义和称谓，不成字部件也很多，教师在解释有些部件的时候需要用学生还没学过的汉字来解释，可见，单独使用部件结构法进行教学也不能有效提高汉字教学效率及学生书写的正确率。

赵金铭指出："汉字是一个从基本笔画到基本部件再到完整的汉字的逐步生成的体系。"[②] 周小兵指出："应先教基本笔画名称，再教书写规则；先教独体字，再教合体字；先教笔画少的字，再教笔画多的字。"[③]

笔画是汉字的基本要素，学生想要写好汉字，必须在汉字学习初期，重视笔画及笔顺的学习，教师要不断强调基本笔画名称的称说及笔顺规则，帮助学生建立正确的笔画笔顺意识，避免学生出现"倒插笔"的现象。而部件由笔画组合而成，大于笔画，小于整字，整字分解成部件后，要对每一个部件的笔画及笔顺进行分析展示，这样才可以使学生正确无误地掌握汉字部件。由一个部件组成的字为独体字，其笔画简单并且多为常用字，对学生来说，学习和记忆的难度相对较小；由两个及两个以上的部件构成的汉字为合体字，在现代汉语中所占比重极大，也是汉字教学的重点和难点，学生在掌握了一定数量的部件及其组合方式后，再学习合体字就会达到事半功倍的效果。

因此，单独使用笔画笔顺教学法在教学效果上是不理想的，也是不完善的，而部件的教学又离不开笔画笔顺的教学，正如合作老师总结的：从记忆生字的角度来说，部件结构教学法好；但从书写正确性来讲，笔画笔顺教学法好。故应将两种方法结合，进行汉字教学。汉字教学初期要加强

---

① 徐彩华. 汉字认知与汉字学习心理研究［M］.北京：知识产权出版社，2010：119.

② 赵金铭. 对外汉语教学概论［M］.北京：商务印书馆，2005：418.

③ 周小兵. 对外汉语教学导论［M］.北京：商务印书馆，2009：99 - 100.

对独体字的教学，通过正确展示独体字的笔画笔顺让学生熟练掌握这些字的认读和书写，独体字的构字能力很强，大多数独体字都是合体字的组成部件，学生掌握好独体字可以为以后的合体字学习打下牢固的基础。初中阶段，教材中的汉字多为合体字，汉字教学在分析演示汉字笔画笔顺的基础上，还需加强学生对部件及间架结构的感知能力，从而提高汉字教学效率。最后还要引导学生学会应用汉字，因为交流才是汉语学习的最终目的。

3. 对教师的反思

对于泰国学生的表现，教师应以理解包容的心态去面对，不能用中国式的教育方式要求泰国学生。要善于发现并巧妙利用他们的优点，如学生动手能力强，喜欢参加活动，教师可以增强课堂趣味性，课上增设更多的师生互动、生生互动、情景对话和游戏环节来吸引他们主动参与，课后多布置活动作业，从而提高学生的课堂参与度和学习兴趣。多夸奖学生，少批评说教，呵护学生的情感，关心学生的生活，营造民主、和谐的教学氛围，用轻松愉快的方式改善他们的学习态度。例如针对学生扰乱课堂纪律的行为，教师在第一次课上时，就要和学生做个约定，如无故迟到、在课堂上走动或随意说话的学生，要为大家表演一个节目，这种方式比批评指责的效果更佳，师生关系也会更加和谐融洽。

对于对外汉语教师而言，最大的任务不是完成多少教学内容，要求所教学生的汉语达到某种程度，汉语成绩多么优秀；而是最大限度地激发学生学习汉语、了解中国文化的兴趣。教师要做的是用相对高效的教学方法，在有限的教学时间内提高教学效率，营造轻松愉快的学习氛围，寓教于乐，让学生保持学习汉语的兴趣和热情。

（二）针对泰国学生的汉字教学策略

1. 教师教学策略

（1）增强课堂趣味性

兴趣是最好的老师，更是一种无形的内部动力。如何激发学生学习汉语、学习汉字的兴趣，消除学生对汉字的畏难心理和抵触情绪是汉语教师需要思考的。对泰国学生来说，汉字是一幅幅毫无意义的枯燥的图形，教师可以将中国文化与汉字教学相结合，在汉字教学中，加入汉字起源故事或者讲解文化背景。例如讲到"猴"字时，教师可以引入"十二生肖"的文化知识，一并复习之前所学的其他生肖汉字。讲到"月"字时，可以引入"嫦娥奔月"的故事，加深学生对所学汉字的印象，并激发其学习汉字和了解中国文化的兴趣。

泰国学生多才多艺，能歌善舞，动手能力强，喜欢绘画、剪纸等。教师在讲解汉字时可以利用学生的这些特点，学生的参与度和学习兴趣会大大提高，教学效果也会事半功倍。讲解汉字笔画时，还可以引入毛笔书法，让学生人手一笔进行笔画操练（在泰国墨汁不好买，教师可以在出国前多带一些；或者让学生蘸水在桌子上或本子上书写），这种新颖的工具会让学生集中注意力，反复练习，从而增强其对笔画名称及笔顺规则的记忆，还可以让学生感受到中国书法的运笔艺术。

泰国学生喜欢参加各种活动及游戏。在汉字教学中，教师可以设置各种各样的课堂活动及小游戏，如千里传音、击鼓传花、找朋友等，提高学生的课堂参与度，巩固汉字知识，寓教于乐，进而激发他们学习汉字的兴趣。

（2）因材施教

学生存在个体差异，每个人都有自己的学习方式、学习风格，对知识的接受程度和记忆速度也不同。教师首先要多方面了解学生，如之前的学习成绩、对学习汉语的态度、对学校及教师的态度、性格特征、兴趣爱好等。然后根据学生的不同特点，从认知、情感、态度等多个方面进行教学设计和活动设置。

不同年龄的学生具有不同的生理和心理特征。小学生可塑性强，性格外向，善于模仿和表达。教师在教学中要多用直观手段展示汉字，激发学生学习汉字的兴趣。随着年龄的增长，中学生性格逐步转为内向，理解记忆强于机械记忆，对中学生进行汉字教学时，要讲授汉字的理据性，帮助学生掌握汉字规律，举一反三。

（3）根据汉字规律，设计汉字教学方法

汉字在构形上是从笔画到部件再到整字，规律是由简到繁，由独体到合体。教师在汉字教学中，先要让学生对这个字有一个音、形、义的完整概念；接着规范展示汉字的笔画和笔顺，减少学生母语的负迁移对汉字书写的影响；在此基础上进行字理的分析，首先分析该字的结构特点，分清楚是独体字还是合体字。在教独体字时，引导学生注意笔画之间的相离、相接、相交等不同关系。教合体字时，引导学生对这个字的部件进行拆分，使学生对这个字的结构一目了然。讲解造字部件含义的同时，再次展示该字的笔顺，明晰笔顺规则，使学生逐渐掌握汉字的基本笔画、笔顺、部件和结构，帮助学生识记汉字。依据汉字体系的内在规律，对汉字教学方法进行设计，才能起到较好的教学效果。

（4）汉字与汉语教学相结合

吴有进认为应当独立开设汉字课，这样可以使学生系统学习汉字规律。[①]但在泰国学校，尤其是中小学，独立开设汉字课是不现实的。泰国学校主要分为华校和泰校，华校有明确的教学大纲和课时安排，每个班级每学期的课时数比较固定，如果单独开设汉字课，很可能完不成既定大纲的任务，也会无形中增大学生的学习负担，因为综合课中还是要继续学习和记忆汉字。而泰校的汉语教学时间安排本来就少，每个班级每周只有1~2个课时的汉语课，更不可能单独开设汉字课，只能采用"语文并进"的教学模式。所以为了在有限的课堂时间里有更高的教学效率，教师就要重视汉字在汉语教学中的作用，处理好汉字教学和汉语教学的关系。汉字教学不能脱离汉语教学，教师在教学中要强化汉字应用，让学生学会在具体的语境中运用汉字，而不是单单去记忆一个个孤立的字，离开词语和句子孤立地学习单个汉字不仅容易遗忘，也难以激发和保持学生的兴趣。

2. 学生学习策略

教与学紧密相连、不可分割，教学对策不仅要从教师角度改善，同时也要分析学生的学习策略，并给出意见和建议。

（1）根据汉语特点识记汉字

在问卷中，46%的学生表示是通过标注泰语语音记住汉字的，学生们往往根据汉字的发音，用发音相近的泰文字母进行标注，从而帮助他们记住汉字的发音，对字形则是机械记忆。用这种方法虽然可以在较短的时间

[①]　吴有进.泰国大学生汉字学习情况分析及教学对策［D］.中央民族大学硕士学位论文，2013.

内掌握读音，但是泰语发音和汉语还是有一定差异的；学生对字形进行机械记忆，并没有关注汉字的结构特点及意义，抄写汉字仅停留在书面层面而不做理性思考和记忆，导致汉字水平，甚至汉语水平停滞不前。正确的方法是：遵循汉字规律，从音、形、义三个层面和结构出发来掌握汉字；汉字由部件构成，掌握部件是认读和书写的关键，学习和掌握常用部件的演变及意义，可以对学生学习汉字起到促进作用。

（2）避免母语负迁移，利用母语正迁移

母语迁移是指学习者的母语对其在第二语言学习过程中的影响，有促进作用的迁移是正迁移，反之，则是负迁移。汉语中有四个声调，泰语中有五个声调，泰国学生学习拼音时只需加强上声的练习，其他声调都容易掌握；泰文和汉字在结构上也有相似之处[①]，如泰文中也存在左右结构和上下结构。学生在汉字学习过程中应当避免负迁移，巧用正迁移。

（三）对泰汉语教师应具备的汉字教学能力

对泰汉语教师应具备以下汉字教学能力。第一，应熟悉汉字及泰文的性质特点及书写习惯，通过对比分析二者特点，了解学生产生偏误的原因，并及时纠正。第二，要掌握正确的汉字书写规范，这样才能指导学生写出来规范的汉字。第三，要提前备好课，预想到可能出现的问题和解决方法。对泰汉语教师要不断提高自身的教学能力，并有一定的掌控课堂的能力。第四，要在掌控课堂纪律的同时，增设课堂活动和操练游戏来活跃课堂气氛，并不断地进行创新，吸引学生的注意力，提高学生的汉字学习积极性，帮助他们快速学习并记忆生字。第五，对泰汉语教师要不断提高泰语水平。欧阳祯人指出，对初级阶段的学生而言，用学生的母语作为汉字课的课堂教学语言有三大好处：一是教师可以用学生所熟悉的母语与汉字在形、音、义各方面进行比较；二是教师可以多角度、多视点、多层面地阐述汉字反映出的中国文化内涵；三是学生可以透彻地理解教师所阐述的思想，引起他们对汉字的真正兴趣，从而保持长久的热情。[②] 一口流利的泰语可以

---

① 陈麟. 泰国中学生汉字认知情况调查及教学对策［D］.云南大学硕士学位论文，2015.
② 欧阳祯人. 对外汉语教学的文化透视［M］.北京：北京大学出版社，2009：138－139.

帮助老师更好地掌控课堂，尤其是面对低龄学生，上课的指令、纪律的维持、对知识的讲解以及与孩子的沟通等都需要泰语。教师学好泰语，才能够进行汉泰语言和文化的对比教学，使汉语课堂变得更加生动有趣。

结　语

对泰国学生来说，他们的母语是拼音文字记录的，没有汉字概念，他们视汉字为没有意义的符号，通过死记硬背记忆汉字，势必会造成学习的困难，教师应该帮助他们掌握汉字学习规律，从而激发学生对汉字的学习兴趣。

本文以泰国尖竹汶府东英学校初二年级甲、乙两班的学生为研究对象，分别用笔画笔顺教学方法及部件结构教学方法对《中文》教材的第 2 ~ 6 课的汉字进行教学设计，通过汇总两班学生的听写成绩及期中期末成绩的数据，对教学效果进行对比分析，发现单独使用笔画笔顺教学法在教学效果上有所欠缺，而部件的教学又离不开笔画笔顺的教学，故应将两种方法相结合，进行汉字教学。面对初学汉字的学生，教师要从基本笔画入手，重视基本笔画及笔顺规则的教学，把基础夯实。之后通过部件结构教学法让学生认识到汉字是有规律、成系统的文字，并有意识地教学生掌握汉字形、音、义的结构规律，增强学生对汉字的间架结构和组合规律的敏感度，并能正确称说汉字结构。

由于知识水平、研究能力有限，在进行汉字教学设计和编写试卷方面难免会存在一些疏漏和不成熟之处，对问题的认识程度也不够深，因此本文仍有很多不足之处。笔者会在今后的学习和教学实践中，继续关注并思考对泰汉字教学方面的问题，希望能够有所突破，取得更多的研究成果。

参考文献

[1] 安然，单韵鸣. 非汉字圈学生的笔顺问题——从书写汉字的个案分析谈起 [J]. 语言文字应用，2007（3）.

［2］卞觉非．汉字教学：教什么？怎么教？［J］.语言文字应用，1999（1）.

［3］常曼．泰国卡露娜苏克萨小学学生汉字笔顺情况调研［D］.重庆师范大学硕士学位论文，2014.

［4］陈枫．对外汉语教学法［M］.北京：中华书局，2008.

［5］陈麟．泰国中学生汉字认知情况调查及教学对策［D］.云南大学硕士学位论文，2015.

［6］陈琴，刘婧，朱丽．泰国学生汉字书写偏误分析［J］.云南师范大学学报（对外汉语教学与研究版），2009（2）.

［7］陈曦．关于汉字教学法研究的思考与探索——兼论利用汉字"字族理论"进行汉字教学［J］.汉语学习，2001（3）.

［8］陈筱濛．字源教学法运用于汉字独体字教学研究［D］.福建师范大学硕士学位论文，2013.

［9］陈秀珍．泰国汉语教学现状与展望［D］.河北师范大学硕士学位论文，2011.

［10］崔永华．二十年来对外汉语教学研究热点回顾［J］.语言文字应用，2005（1）.

［11］崔永华．关于汉字教学的一种思路［J］.北京大学学报（哲学社会科学版），1998（3）.

［12］崔永华．汉字部件和对外汉字教学［J］.语言文字应用，1997（3）.

［13］党玉坤．泰国汉语零基础中学生笔顺感受与汉语学习关系研究［D］.暨南大学硕士学位论文，2013.

［14］董福升．对外汉字教学的原则与方法［J］.湖北函授大学学报，2008（3）.

［15］费锦昌．对外汉字教学的特点、难点及其对策［J］.北京大学学报（哲学社会科学版），1998（3）.

［16］费锦昌．现代汉字笔画规范刍议［J］.世界汉语教学，1997（2）.

［17］费锦昌．现代汉字部件探究［J］.语言文字应用，1996（2）.

［18］冯丽萍，卢华岩，徐彩华．部件位置信息在留学生汉字加工中的作用［J］.语言教学与研究，2005（3）.

［19］冯丽萍．对外汉语教学用2905汉字的语音状况分析［J］.北京师范大学学报（社会科学版），1998（6）.

［20］冯丽萍．汉字认知规律研究综述［J］.世界汉语教学，1998（3）.

［21］付安莉．从汉字形体规范看对外汉字教学［D］.天津大学硕士学位论文，2010.

［22］郭圣林．汉字的笔画特点与外国学生汉字笔画偏误［J］.暨南大学华文学院学报，2008（4）.

［23］郝美玲，范慧琴．部件特征与结构类型对留学生汉字书写的影响［J］.语言教学

与研究，2008（5）.

［24］黄健秦，冯平．再论汉字笔画——对外汉字教学初探之一［J］.海外华文教育，2004（2）.

［25］黄丽雯．泰国学生汉字笔顺教学设计［D］.云南大学硕士学位论文，2011.

［26］黄友信．针对泰国学生的基本汉字100字教学设计［D］.广西大学硕士学位论文，2011.

［27］金妍琼．针对韩国成年学生汉字教学的部件教学设计［D］.黑龙江大学硕士学位论文，2011.

［28］李大遂．从汉语的两个特点谈必须切实重视汉字教学［J］.北京大学学报（哲学社会科学版），1998（3）.

［29］李大遂．对外汉字教学发展与研究概述［J］.暨南大学华文学院学报，2004（2）.

［30］李大遂．略论汉字表音偏旁及其教学［C］//中国对外汉语教学学会北京分会第二届学术年会论文集.北京：北京语言文化大学出版社，2001.

［31］李东馨．以中华才艺教学辅助汉语作为第二语言教学研究［D］.安阳师范学院硕士学位论文，2014.

［32］李娜．对外汉字教学中的汉字笔顺偏误分析及教学对策［D］.内蒙古师范大学硕士学位论文，2013.

［33］李培元，任远．汉字教学简述——对外汉语教学发展史之一章［C］//世界汉语教学学会第一届国际汉语教学讨论会论文选，1985.

［34］李蕊．对外汉语教学中的形声字表义状况分析［J］.语言文字应用，2005（2）.

［35］李颖．汉字笔顺与对外汉字教学研究［D］.上海师范大学硕士学位论文，2013.

［36］梁彦民．汉字部件区别特征与对外汉字教学［J］.语言教学与研究，2004（4）.

［37］刘珣．对外汉语教育学引论［M］.北京：北京语言大学出版社，2000.

［38］刘珣．汉语作为第二语言教学简论［M］.北京：北京语言文化大学出版社，2002.

［39］陆泽．泰国留学生初级汉语综合课中的汉字教学设计［D］.云南大学硕士学位论文，2014.

［40］马应芬．国内小学识字教学理论和方法在对外汉字教学中的运用［D］.云南师范大学硕士学位论文，2013.

［41］孟斌斌．文化视角下的对外汉语汉字教学［J］.文艺评论，2015（12）.

［42］孟坤雅．通用汉字中的理想声旁与汉字等级大纲［C］//世界汉语教学学会第七届国际汉语教学讨论会论文选，2002.

［43］欧阳祯人．对外汉语教学的文化透视［M］.北京：北京大学出版社，2009.

［44］彭聃龄．语言心理学［M］.北京：北京师范大学出版社，1991.

［45］彭万勇．对外汉字字源教学法构建研究［D］.西南大学硕士学位论文，2009.

［46］秦建文．"字本位"观与汉字教学［J］.曲靖师范学院学报，2010（1）.

［47］沙宗元．汉字研究中的一组术语［J］.语言文字应用，2006（3）.

［48］盛继艳．对外汉字教学中笔顺规范化的层次性思考［J］.语言文字应用，2013（1）.

［49］施正宇．论汉字能力［J］.世界汉语教学，1999（2）.

［50］施正宇．现代汉字的几何性质及其在汉字教学中的意义［J］.语言文字应用，1998（4）.

［51］史翠玲．泰国汉字教学模式调查研究［D］.中央民族大学硕士学位论文，2013.

［52］苏培成．现代汉字的部件切分［J］.语言文字应用，1995（3）.

［53］孙德金．对外汉字教学研究［M］.北京：商务印书馆，2006.

［54］孙鹏飞，裴蓓．泰国学生汉字偏误分析及认知教学策略［J］.国际汉语学报，2011（2）.

［55］万业馨．从汉字研究到汉字教学——认识汉字符号体系过程中的几个问题［J］.世界汉语教学，2007（1）.

［56］万业馨．汉字字符分工与部件教学［J］.语言教学与研究，1999（4）.

［57］万业馨．略论形声字声旁与对外汉字教学［J］.世界汉语教学，2000（1）.

［58］万业馨．文字学视野中的部件教学［J］.语言教学与研究，2001（1）.

［59］王汉卫，苏印霞．论对外汉语教学的笔画［J］.世界汉语教学，2012（2）.

［60］王汉卫，苏印霞．现代汉字笔画系统的简化、排序及命名［J］.语言文字应用，2015（1）.

［61］王蒙．泰国宋卡府合艾市国光学校孔子课堂汉语教学总体设计调查与研究［D］.广西师范大学硕士学位论文，2014.

［62］王倩．浅谈泰国中学汉语教学现状——以泰国合艾宋文昆干耶中学为例［D］.陕西师范大学硕士学位论文，2014.

［63］王梓钰．以部件为核心的汉字教学设计及其实践［D］.云南大学硕士学位论文，2015.

［64］韦斯嘉．利用笔画与利用形体演变教汉字之比较研究［D］.湖南师范大学硕士学位论文，2011.

［65］翁丽虹（THANITA ONGKAVANIT）.泰国乌汶小学学生汉字笔顺学习情况调查［D］.吉林大学硕士学位论文，2011.

［66］吴有进．泰国大学生汉字学习情况分析及教学对策［D］.中央民族大学硕士学位论文，2013.

［67］ 肖莉．海外汉字入门阶段的笔顺教学初探［J］.语言文字应用，2006（S2）.

［68］ 邢红兵.《（汉语水平）汉字等级大纲》汉字部件统计分析［J］.世界汉语教学，2005（2）.

［69］ 邢红兵.现代汉字特征分析与计算研究［M］.北京：商务印书馆，2007.

［70］ 徐彩华.汉字认知与汉字学习心理研究［M］.北京：知识产权出版社，2010.

［71］ 许翠英.泰国汉字教学的现状与教学对策研究［D］.厦门大学硕士学位论文，2008.

［72］ 严彦.不同教法对汉字形音义习得影响的教学实验研究［J］.语言教学与研究，2013（3）.

［73］ 杨寄洲.对外汉语教学初级阶段教学大纲［M］.北京：北京语言文化大学出版社，1999.

［74］ 叶斌杰.以部件为核心的对外汉字教学方案设计［D］.浙江大学硕士学位论文，2014.

［75］ 易洪川.汉字字音特点对汉语教学法的影响［C］//语言教育问题研究论文集.北京：华语教学出版社，2001.

［76］ 易洪川.折笔的研究与教学［J］.语言文字应用，2001（4）.

［77］ 殷凌燕.论对外汉字教学中的部件教学［J］.云南师范大学学报，2004（2）.

［78］ 张德鑫.从“词本位”到“字中心”——对外汉语教学的战略转移［J］.汉语学报，2006（2）.

［79］ 张静贤.现代汉字笔形论［C］//世界汉语教学学会第二届国际汉语教学讨论会论文选，1987.

［80］ 张旺熹.从汉字部件到汉字结构——谈对外汉字教学［J］.世界汉语教学，1990（2）.

［81］ 赵金铭.对外汉语教学概论［M］.北京：商务印书馆，2005.

［82］ 赵金铭.作为第二语言的汉语概说［M］.北京：北京大学出版社，2009.

［83］ 赵雅思.对外汉字教学法研究［D］.天津大学硕士学位论文，2013.

［84］ 钟宝娟.泰国中学生汉字书写偏误分析［D］.云南大学硕士学位论文，2011.

［85］ 钟燕凤.外国留学生汉字学习的笔画策略使用状况调查——以新疆师范大学和新疆大学中亚留学生为例［J］.乌鲁木齐职业大学学报，2010（1）.

［86］ 周健.汉字教学理论与方法［M］.北京：北京大学出版社，2007.

［87］ 周健.留学生汉字教学的新思路［J］.暨南学报（哲学社会科学版），1998（2）.

［88］ 周小兵.对外汉语教学导论［M］.北京：商务印书馆，2009.

［89］ 朱志平.汉字构形学说与对外汉字教学［J］.语言教学与研究，2002（4）.

附　录

初二甲、乙两班学生汉字学习情况调查问卷

您好，本次调查是为了了解公立东英学校初二甲、乙两班学生汉字学习的基本情况。请根据自己的真实情况填写答案。谢谢您。

第一部分

请回答问题或在相应选项上打钩。

1. 性别：

A. 男 　　　　　　　　　　　B. 女

2. 您通过了 YCT 几级：

A. 一级 　　　　　　　　　　B. 二级

C. 三级 　　　　　　　　　　D. 四级

3. 您学习汉语的时间：

A. 小于一年 　　　　　　　　B. 一年到三年

C. 三年以上

第二部分

4. 您觉得学习汉字对学习汉语重要吗？

A. 很重要 　　　　　　　　　B. 没影响

C. 不重要 　　　　　　　　　D. 不知道

5. 您觉得汉字难学吗？

A. 非常容易 　　　　　　　　B. 比较容易

C. 比较难 　　　　　　　　　D. 非常难

6. 您认为汉字学习的难点是什么？（可多选）

A. 笔画 　　　　　　　　　　B. 笔顺

C. 结构 　　　　　　　　　　D. 部件

E. 字义 　　　　　　　　　　F. 字音

G. 汉字承载的汉文化

7. 您喜欢学习汉字吗？

A. 非常喜欢   B. 比较喜欢

C. 一般   D. 不太喜欢

E. 非常不喜欢

8. 您觉得通过什么方法能记住汉字呢？

A. 反复抄写   B. 多看多读

C. 拼音   D. 图片

E. 其他方法

9. 您认为是否有必要开设单独的汉字课？

A. 非常有必要   B. 有必要

C. 没有必要   D. 不知道或无所谓

10. 您对汉语教师在课堂上对汉字的教学满意吗？

A. 非常满意   B. 满意

C. 一般   D. 不满意

E. 非常不满意

11. 当遇到不会的生字时您通过什么方法来解决？

A. 主动查字典   B. 主动问老师

C. 不管它   D. 等待老师讲解

E. 不知道

第三部分

12. 下列各组中全部是上下结构的是：

A. 感想   B. 你来

C. 体见   D. 吗对

13. 下面有两组汉字的部件，请用线连接起来组成汉字。（可以不是一对一）

辶 女 氵 亻 扌 犭 钅

马 寸 丁 目 木 十 句

14. 下列汉字中和其他不同类的是：

A. 跳   B. 蹦

C. 跑   D. 花

15. 写出下列汉字的笔画笔顺

（1）李：＿＿＿＿＿＿＿＿＿＿＿＿ （2）好：＿＿＿＿＿＿＿＿＿＿＿＿＿

（3）过：＿＿＿＿＿＿＿＿＿＿

16. "第"的第九画是（　　　）

17. "饭"的第六画是（　　　）

18. 写出下列汉字的拼音：（1）来＿＿＿＿＿＿＿ （2）棒＿＿＿＿＿＿＿

（3）闻＿＿＿＿＿＿＿ （4）爱＿＿＿＿＿＿＿ （5）晚＿＿＿＿＿＿＿

再次向您致以最衷心的感谢！

2015 年 10 月 1 日

游戏教学法在泰国儿童汉语课堂中的应用

唐子雯（2015 届汉语国际教育专业硕士）

导师：黄南津

摘　要：本文以游戏教学法在泰国的发展现状为研究背景，结合泰国的汉语教育状况和文化，以两本汉语教材为依据进行具体的游戏设计示例与分析，希望能够给在泰国从事儿童汉语教育的工作者提供一些启发，让他们能够在重视泰国儿童心理特点及泰国文化背景的基础上更好地设计适合其学习的游戏，从而提高教学效率。

本文一共分为六部分。第一部分为绪论，主要对研究范围进行界定，并阐述研究现状，发现其中的问题，表明论文研究的目的和意义。第二部分为理论基础，通过与其他教学法的对比突出游戏教学法的重要性，并论述儿童汉语课堂中游戏教学法的原则和方法。第三部分和第四部分为本文的重点，选取《汉语》和《体验汉语》作为教材进行对比和分析，并分别从语音和词汇两方面进行游戏设计的示例。第五部分论述了从汉字和语法两方面如何进行游戏教学设计，并进行示例分析。最后一部分为结语，对全文进行总结，反思不足之处，展望游戏教学法在对外汉语教学中的前景。

关键词：游戏教学法　泰国儿童　语言要素

绪　论

（一）研究对象

1. 概念界定

（1）游戏

从古至今，不同学者对游戏的定义、特点、分类有不同的看法，而游戏在辞海中的解释是："以直接获得快感为主要目的，且必须有主体参与互动的活动。"它具有以下几个特点。①

第一，以自愿为基础。游戏是一种自愿行为，这是游戏的基础，游戏的自愿性来自活动主体自身的需要，但游戏教学的特殊性，带有明显的目的，从而使游戏活动既可以是自愿行为，也可以指应他人要求进行的活动。

第二，以规则为框架。游戏活动都有关于动作和语言的规定，这些规定是游戏前约定俗成的，只有所有人都遵守规则，游戏才能正常进行。

第三，以参与者为主体。一个游戏要正常进行，主体是不可缺少的一部分，主体的动作神情的变化直接体现了游戏对主体的刺激程度的多少。

第四，以娱乐为目的。游戏最大的特点是具有娱乐性，游戏活动以身体和心理的愉悦为目的，做游戏是为了劳动以后休息和放松自己。

根据游戏的定义和特点，从参与游戏的动机出发，我们可以将游戏分为以下几类。

第一，以兴趣为动机。主体因为兴趣使然，积极地参与到游戏当中。

第二，以自主为动机。自己可以选择是否加入游戏成为游戏主体，可以决定是否参加这个活动。

第三，以愉悦为动机。参加游戏活动是为了放松身体，愉悦身心，为生活增加乐趣。

第四，以身体活动为动机。通过身体活动来达到放松的目的，在达到

---

① 夏征农，陈至立. 辞海［M］.上海：上海辞书出版社，2010.

目的后产生满足感和快感。就像通过户外游戏活动有效地消除我们因长时间坐着不动而产生的精神困顿，获得身体的快感。

第五，以获得满足感和成就感为动机。这种游戏能证明自己的能力，具有较强的影响力，可以增强游戏者的信心和继续挑战的意愿。

笔者此文中所要研究的课堂游戏属于第五类，学生参与游戏的动机是学习到汉语知识的同时证明自己的能力，并且教师能借此增强课堂内容对他们的吸引力，提高他们掌握知识的自信心。

（2）儿童

关于儿童的定义有很多不同的说法，年龄的分界线也是各持一家之言。本文所研究的儿童为中童阶段的孩子，年龄为6~12岁，受教育程度是小学。选择这个范围的原因是6岁以前的孩子多数在幼儿园阶段，泰国开设汉语课的幼儿园还比较少，仅在少数华校中开设。而12岁以上的儿童，已经升入初中，其心理特点、生理特点以及教育方式都会发生很大的变化，因此本文的研究的是6~12岁的儿童。为了更准确地将游戏教学法运用到对外汉语教学中，本文中将重点放在笔者所教的6~9岁的学生上，以他们作为代表和典型来把握整体情况。这个阶段的学生的受教育程度大致在小学1~3年级，我们通过对其观察和分析来探讨儿童汉语教育的有关内容。

（3）儿童课堂中的游戏教学

在西方教育学史上，福禄培尔作为研究游戏第一人，是第一个将寓教于乐结合起来的"学前教育之父"。福禄培尔认为"游戏有利于儿童语言发展"。[①] 他提出了对儿童身心科学认识的游戏教学理论，并论证了游戏促进儿童身心发展的内在机制，为游戏教学的成熟创造了良好的基础。

皮亚杰也指出："应该按照儿童各个年龄阶段的心理特点进行教学，而且要大力发展儿童的主动性，儿童只有直接、自发地参加各种活动，才能获得真正的知识，并且这种活动需要以儿童的兴趣为出发点，这样才能激发儿童在活动中的自主性。"[②] 而游戏活动强调的是互相协作，做游戏的同时也在发展学生的直觉和智力。所以在组织教学时，如果能将游戏融入

---

① 福禄培尔. 人的教育［M］.北京：人民教育出版社，2001.
② 皮亚杰. 儿童心理学［M］.北京：人民教育出版社，2005.

进去，那么学生就不会感到枯燥冗杂，相反会聚精会神地学习，可见，游戏教学是一种有效的教育手段。

当然，游戏教学并不是为了课后放松娱乐，我们常常说要寓教于乐，游戏教学就是对寓教于乐最好的诠释。游戏教学法顾名思义就是将游戏和教学相结合，以做游戏的形式开展课堂教学，不仅要做游戏，而且要让学生通过参与游戏，在激烈的竞争中通过不断刺激证明自己的能力，提高自己的自信心，不知不觉地学到教材中的知识。所以游戏教学是带有很强的特定目的的教学活动。

本文所研究的游戏教学法，是指在汉语课堂中为了提高学生学习汉语的兴趣和课堂教学效果，教师通过将语言要素或者语言技能与游戏结合起来，以语音、词汇、汉字、语法、文化为要素分类或者以听、说、读、写为分类的游戏教学，这样不仅能达到教学目的，使学生身心愉悦，而且能够让学生在潜移默化中掌握相关的知识，是一种效果非常显著的教学方法。

2. 研究内容

本文从整体上分为六个部分，第一部分为绪论，主要介绍本文的研究对象、研究现状、存在的问题以及产生问题的原因、研究的目的及意义。研究现状包括游戏教学法的研究现状，泰国的教育理念与教育体系的概况，并探讨游戏教学在泰国教育中的表现，总结前人在此方面所取得的理论和学术研究成果，从而综述本文的研究目的以及对对外汉语教学的意义。第二部分至第五部分为本文的重点。第二部分为本文研究的理论基础，通过游戏教学法与其他教学法的对比来说明游戏教学法在泰国儿童汉语课堂中的应有地位，并且从游戏教学法的必要性与可行性两个角度出发，阐述游戏教学法在泰国儿童汉语课堂中的重要作用。泰国儿童汉语课堂中的游戏教学的原则和方法也将在这一部分详细论述，为接下来的内容作铺垫。第三部分和第四部分分别从语音教学和词汇教学两方面来具体论述游戏教学法的应用。在这两部分中，分别以语音教学和词汇教学在对外汉语教学中的作用为前提，结合泰国儿童学习汉语语音和词汇的特点，选取两种不同的泰国小学版汉语教材《汉语》和《体验汉语》进行具体的语音和词汇游戏教学示例与分析。第五部分论述游戏教学法在泰国儿童汉语课堂除语音和词汇外其他两种要素——汉字、语法方面的应用，由于游戏教学法在这两方面的应用相对来说较少，我们只通过示例与分析来阐述。本文的第六部分为结语，对整篇文章的主要内容作一个概括和综述，通过对游戏教学法在泰国儿童汉语课堂中的应用研究，反思其不足之处，阐明本文的观点，展望游戏教学法在对外汉语教学中的广阔前景。

笔者进行论文写作的主要依据是笔者在泰国进行的教学实践。笔者曾经以国家汉办赴泰国汉语教师志愿者的身份支教一年，任教的学校为泰国彭世洛府醒民学校。醒民学校为泰国著名华校，由华侨创办，名"醒民"旨在唤醒华侨子弟发扬泰中文化和友谊传统，为"中泰一家亲"做贡献。醒民学校于2009年3月成立孔子课堂，在提高中文教学水平方面发挥了很大的作用，并逐步影响泰国中、北部其他地区，成为泰国中文教学的先锋。这所学校在2013年被国家侨办评为"华文教育示范学校"。醒民学校年级设置为小学一年级到六年级，每个年级4～5个班不等，每班30人左右，每个班每周汉语课为10课时，在泰国学校里面属于课时较多的，加上华裔较多，因此学生的汉语水平整体来说较好。笔者任教的年级为二年级和三年级，学生年龄在7～9岁，这也正符合本文的研究范围——关于儿童的游戏教学法研究。本文的研究内容以笔者任教的班级为代表，在此基础上扩展到宏观层面从整体上看泰国儿童汉语课堂的游戏教学法。

（二）研究现状

经过不断的发展，对外汉语教学逐渐成熟，在教学目的、教学原则等方面都有一定的成果，然而，对教学法的研究却各执己见，大家都希望能找到最有效的教学方法，但又担心它只是教师个人经验的积累。对汉语课堂中应用广泛的游戏教学法，学者们也是众说纷纭，专门研究在儿童汉语课堂中开展游戏教学的教学方法的论文还不多，因此，笔者较多地参考了对外汉语课堂中游戏教学法的相关文献，希望能够从中得到启发。

1. 游戏教学法研究现状

通过查阅数据库，我们发现以往对对外汉语教学法的研究已经有了不少成果，这些成果通过理论分析与示例分析分别从各个不同的角度阐述各类教学法如何更好地运用到对外汉语教学课堂中。它们有一个非常重要的共同点，就是都无一例外地强调掌握正确教学法的重要性。吕必松指出：

"在许多人的心目中，汉语是世界上最难学的语言。要减少学生学习中的困难，消除他们的畏难情绪和枯燥感，激发他们的学习兴趣和学习热情，提高教学效率和成功率，在语言教学中，尤其是在第二语言教学中，又尤其是在对外汉语教学中，更需要讲究教学法。"① 刘珣也同样认为："课堂要营造轻松愉快的气氛，加强趣味性，课堂教学多用启发式，发展学生的智力，体现以学生活动为主的积极性原则，建立融洽的师生关系，发挥情感因素的作用，排除学生心理障碍。"② 杨惠元认为："有相当一部分教师认为教学法不是学问，不重视教学法的研究。这是对外汉语教学不尽如人意的重要原因之一。"③ 因此他认为要提高对外汉语课堂教学质量、效果和效率，首先应该在教师中倡导教学法的研究，大力开展教学改革试验，通过试验寻找最佳的教学模式和教学方法。所以，有趣的教学方法能使学生从汉语学习中不断获得知识、满足感、成就感。杨惠元还提到，教师要扬长补短，在课堂中创造一种轻松的课堂气氛，尽量减少学生的压力和焦虑感，提高学习效率。

这些研究成果无一不强调教学法的重要性以及以学生兴趣为导向调动学生积极性的重要性，因此，游戏教学法在这里成为证明这个研究成果最有力的论据。成令方谈道："游戏是可适用于听说法，又可适用于交际法的'万灵丹'。"④ 教师灵活地运用游戏技巧必能减轻学生学习过程中的劳累感，增加乐趣，提高兴趣。萧素秋同样认同游戏教学的重要性，她认为："游戏是人类最喜爱的活动之一，所以，游戏是儿童教学之必要手段，寓教于乐，教乐合一，以兴趣支持习惯，以习惯培养兴趣，把兴趣转换成习惯，让儿童有信心，有兴趣，便是帮助学生养成自主学习第二语言的良好习惯。"⑤ 研究成果中，除了强调游戏教学法的重要性，还有不少具体的游戏示例的论文著作，例如司轶旸在《对外汉语教学中游戏的应用》中将游戏分为卡片类、文字类、动作类、表演类、记忆类、歌曲类等；周建所著《汉语课堂教学技巧325例》展示了各个教学内容如何开展游戏教学；

① 吕必松.对外汉语教学研究的回顾与展望 [R].深圳大学 2008 年 12 月 19 日演讲稿.
② 刘珣.对外汉语教学引论 [M].北京：北京语言大学出版社，2000.
③ 杨惠元.课堂教学理论与实践 [M].北京：北京语言大学出版社，2007.
④ 成令方.学寓于戏——汉语教学游戏举例 [C]//第二届国际汉语教学讨论会论文选，1987.
⑤ 萧素秋.对外儿童汉语教学的游戏方法探讨 [C]//第六届国际汉语教学讨论会论文选，1999.

李淑珍、萧惠帆所著《101 个教中文的实用秒点子》，梁晓瑜、朱海涛所著《巧用卡片教汉语》以及齐晓玲所写的论文《对外汉语初级阶段课堂教学游戏设计》都举出了不少可供借鉴的游戏教学设计案例。

2. 泰国教育理念与教育体系现状

泰国是东南亚国家中唯一未受欧洲强权殖民的国家。泰国教育制度的形成和发展受到悠久的文化传统和国家宗教的影响，特别是佛教的影响，因而显得格外引人注目。泰国的学校包括公立学校、私立学校和教会学校。这三类学校组成了泰国的教育体系，加上泰国各地经济发展状况不同，各个地方的教育水平存在差距。泰国的教育年限与我国的教育年限基本相同，这使得泰国学生和中国学生在教育上能够很好地衔接起来。但不同的是，泰国学生不会像中国学生那样埋头苦读，而是注重轻松的学习氛围，进行创造性的开发。因此，泰国的课堂更看重如何开发学生的兴趣，让他们发现自己的特长与爱好，将来从事自己喜欢的职业。也正是这个原因，泰国的学校往往不太重视升学率的问题，他们重视的是学生综合素质的全面发展，这些理论反映到教学中就使得泰国的课堂更注重课堂气氛，他们追求的是课堂上学生的表现，而不是课下练习的多少、考试成绩的高低、升学率的高低等。因此，泰国这种特殊的教育理论也成为让教师在课堂中努力提高课堂吸引力、激发学生的学习兴趣的指向标，这使得教育工作者更多地思考和解决如何让课堂变得生动有趣的问题。

泰国的教育理念，除了重视学生的兴趣开发，在素质培养方面做得很出色的一类活动就是针对自我管理和团队协作能力培养的"分色活动"，"分色运动会"就是其中一项重要的活动。在泰国，新生一入学，学校便会将学生平均分到红、黄、蓝、绿、紫、白等各个颜色队伍中，学校里举办大小活动，学生都属于所在颜色队，部分年龄较小的学生在高年级学生的带领下自主组织活动参与竞赛。因此，学校从小就鼓励学生参与活动，自己组织与管理，这样很好地提升了学生在今后的学习生涯中参加各项活动的积极性和组织能力以及团结合作的精神。

在泰国的教育理念中，还有一个非常重要的内容就是对所有学生进行爱国理念的灌输。对这方面的培养和教育是从泰国幼儿阶段一开始接受教育时就有的。泰国人非常重视国家概念，学生从一入学便每天早上在操场集合，在学校如此，在生活当中同样如此，只要听到国歌声响起，无论是街头巷尾的生意人还是嬉戏打闹的孩子，都会立正站好直到听完国歌。这样逐渐形成习惯，国家的地位就无可撼动。不仅仅是对国家，对王室成员的尊敬同样达到了全民性的高度，泰国大小城市，无论是标志性建筑还是不起眼的角落，甚至每个家庭都会摆放国王和王后的挂像以示尊敬。

综上所述，在泰国独特的教育理念与教育体系的影响下，学生形成了独特的心理特点和性格特征，那就是泰国学生总体上都比较活泼开朗，而且大部分人能歌善舞，哪怕技艺不娴熟，但也绝不吝啬在众人面前表现自己。从小被鼓励参加各项活动使他们在今后的学习生活中遇到不同的事情都能积极地参加，感受不一样的生活。课堂上，他们更喜欢开放式的教学方法，不拘泥于课本知识和死记硬背式的枯燥学习，希望能够开心并且轻松地完成一堂课的学习。泰国儿童同样已经形成了乐观开朗的个性，但由于自控能力还没有完全形成，很难保证在一堂课中，可以规规矩矩地学习课本上的知识，这就需要教师采取合理的授课方式，最大限度地抓住学生的注意力，动静结合，让学生能够轻松地通过活动来学习知识。

3. 游戏教学在泰国华文教育中的表现

过去的几十年华文教育在泰国的发展并不一帆风顺。20世纪，华文教育在泰国的发展经历了几次大起大落，由于受到国际环境的影响，华文学校所剩无几，华文教育甚至出现断层，这不仅使一代华侨在当时的社会环境下没有接受良好的华文教育，而且使华文教师出现断层，这也是当今泰国本土华文教师极度缺乏的重要原因。由于这一代华侨没有接受很好的汉语教育，因此现在很多老华侨致力于汉语教育，这也成为当今泰国众多华校能够继续开展下去的重要后盾。如今，在全世界都流行汉语的情况下，泰国的华文教育也同样获得了较快的发展，尤其是近些年来，在政府和当地华侨华人社团的大力支持下，越来越多的学校开设了汉语课程。目前泰国的华文教育学校主要是政府开办的公立学校，这些学校一般将汉语课作为选修课；此外还有由华侨社团出经费成立的华文小学，这些小学更重视汉语课在整个学校教学中的比重。关于泰国华文教育的情况，前人已经有不少研究成果，我们在这里选出一些比较有代表性的成果进行论述。

不少学者对泰国的华文教育在过去几十年中取得的成绩进行了充分肯

定，同时也对华文教育在泰国曲折中前进发表了自己的看法，认为我们在庆祝汉语在泰发展取得可喜可贺的成绩的同时也应该正确地认识华文推广遇到的阻力和挫折，并希望研究成果能引起汉语国际教育工作者的重视。泰国华文之所以重现生机，是因为中泰两国友好关系的发展、华文实用价值的不断提高、泰国对华文政策的不断调整、泰国华人社团的呼吁和推动。同时，高玛珂提到"泰国华文教育面临的困难和阻力，一方面是泰国政府推行单元的文化政策并没有改变，另一方面泰国鼓励华人与当地人通婚接受泰文教育进入上层社会"。① 此外，还存在泰国华文教育师资缺乏的问题以及泰国第三代华人学习华文断层的问题，因此泰国华文教育在复兴及其发展道路上，既有可喜的推动力，又存在不可忽视的钳制力。尽管从整体上看，泰国目前的华文教育发展良好，但仍然有很多需要加强和改进的方面。提高课堂教学效果是摆在每一个对外汉语教师面前的一个永恒而又亟待解决的难题。

由于汉语的特殊性，教师在教授汉语时不能采用传统的说教式方法来上课，加上泰国独特的华文教育背景和对汉语的重视程度，让每一个汉语国际推广者不得不从教师的角度思考提高教学效果的问题。无论是语音、词汇、汉字还是语法、文化教学，汉语教师们都倾向于在讲解了知识点之后，用游戏替代反复练习的枯燥，同时达到掌握发音或者是语法的目的。不仅如此，这种方法还能使学生不自觉地发展交际能力。由于泰国学生能歌善舞，教师更多地采用包含丰富肢体语言的动作游戏，通过将词汇与动作相结合，让学生在反复做动作的过程中念出词语，增加词语的重复次数，达到熟记词语及其对应意思的目的。泰国的对外汉语课堂中的游戏教学法还突出地表现在通过歌曲游戏的方式进行教学，将大家耳熟能详的中文歌曲进行改编，套入需要学生记忆的歌词，将课文背诵变成一件有趣的事情。教师在课堂中灵活地运用游戏教学技巧，在很大程度上减轻了学生学习过程中的劳累感，增加了学习乐趣。

（三）存在的问题及产生原因

1. 存在的问题

从以上研究成果中我们可以看出，泰国儿童汉语课堂游戏教学的开展

---

① 高玛珂. 泰国华文教育的现状和前景 ［J］. 八桂侨刊，1995（2）.

存在很多问题。

首先，从宏观角度来看是泰国的教育体系的问题。泰国的教育体系不完善，没有一套完整的关于汉语教育的规定和制度，开展汉语教学的学校虽然多，但都没有给予重视，仅仅有为数不多的华文小学将汉语放在必修课的位置，其他的泰国学校只是将汉语作为兴趣班，学校增开汉语课只是为了丰富学校的课程和提高外语课程档次，并没有从根本上思考如何将汉语课更好地开展下去。大学中开设汉语课程的学校也仅限于一些知名高校以及有中文专业的学校。和小学情况一样，普通高校以及职业高中和大学仅仅把汉语课程放在可有可无的地位，上课的学生寥寥无几，不成系统。各个学校在课程设置、课时设定、教学进度、教材选用等方面都自己安排，呈现很大的随意性，多数学校由任课教师自选教材，没有很好的教学规划，使教学内容与社会实际脱节。教材来源也是参差不齐，有中国大陆出版的，也有中国港台出版的，五花八门，真正适合泰国各个阶段学生学习的教材比较少，学生升学后往往面临汉语断层的情况，无法在汉语学习进度上很好地衔接。没有一个统一的测评机制进行有效评估，国家汉办推行的 HSK 汉语水平考试也还不够普及，承认度不是很高，导致学生参加考试的积极性不高。总的来说，泰国政府在汉语教育的政策和运作机制方面的改革和投入还远远不够，这是第一个问题。

其次，泰国汉语教育师资问题。泰国本土的汉语教师少，能熟练掌握汉语并进行教学的老师更少，像笔者所在的学校，教授汉语的四位本土教师平均年龄在 65 岁以上，属于第一代老华侨，加上历史政治等原因出现的 20 世纪汉语教育断层的情况，年青一代汉语教师并没有完全成熟，他们未受过正规的汉语教育，且缺少专业的教师培训，仅仅是因为能用汉语进行沟通就站上了汉语教师的讲台，造成教师队伍水平参差不齐，再加上目前泰国的汉语教育很大一部分师资为国家汉办派遣的志愿者教师，流动性很大，部分缺少教学经验，也使得教学效果受到一定的影响。

再次，是教学方法单一的问题。泰国的汉语教师在教学方法、教学原则上常常会因人而异，造成理解大纲、把握教材、训练言语技能等方面出现这样或那样的差异。泰国的本土华人教师由于年纪偏大，在教学中往往采用简单传统的说教式教学法，教师讲，学生听和记，比较单调和枯燥，缺少必要的创新，也使课堂缺少活力。年轻的本土汉语教师和国家汉办派出的汉语教师志愿者虽然在教学方法上灵活多变，但不注意教学方法的使用是否正确和恰当，也没有对教学效果做一个评估。拿游戏教学法来说，大部分年轻的汉语教师都知道在课堂中开展游戏教学，能有效活跃教学气氛，让学生能够在快乐中学到知识，但有些教师滥用这种教学方法，不考虑学生的汉语水平及接受能力，忽略游戏教学法的原则和适用性，只考虑如何让学生玩得开心，忽略了使用游戏教学法的根本目的是让学生学到知识。因此，在教学方法尤其是游戏教学法上，没有合适的度同样是存在的问题之一。

最后，除了以上问题，作为课堂主体的学生存在的问题也不容忽视。泰国学生对汉语的重视程度不算太高，尽管随着中泰两国来往加深，越来越多的人认识到需要学习一些汉语以便日常交流和工作，但有这种认识的人更多的是社会人士，学校里能够自主认识到汉语的重要性并且努力学习的仅仅是少数对汉语语言文化怀有浓厚兴趣的学生，相当大一部分学生只是将汉语课作为必须完成的一项任务来看待，为了修学分而学习，这样就没办法从根本上激发学生的自主学习动机，而是通过外在力量被动地学习。特别是在小学课堂如果运用游戏教学，学生总能怀有极大的热情来对待汉语课，但这些儿童学生都只是因为年龄问题单纯了为了玩，并不是真正喜欢汉语课。

从目前学者们的研究成果来看，研究领域都是笼统的国际大范围内的游戏教学，或者是以课型为区分和以语言要素为区分的游戏教学案例设计，而少有以国别为界定或者以学生的年龄为界定的对外汉语课堂的研究，忽略了特定阶段学习者的特点和所在国的教育体系，没有从实际的教学对象、教学目标、教学原则出发制定游戏教学规则。另外，结合教材进行游戏示例的具有实用性的文章比较少，这些问题都值得我们思考和研究。

2. 产生原因

泰国的汉语教育发展到今天，取得了不小的成就，同时也存在种种问题，造成这些问题的原因是多种多样的。

首先，历史、政治原因是泰国汉语教育体系形成的重要条件之一。由于国际政治局势的影响，特别是在 20 世纪六七十年代受到国际排华局势的影响，泰国在 20 世纪的汉语教育环境并不宽松，汉语教育的断层，导致现在泰国第三代华人的汉语水平都无法进行日常生活交流，同时，他们对中国的语言文化的感情也并不太深厚，这使得众多第一代移民的华人华侨担心汉语言及文化不能传承下去，因而他们在泰国的各个地区都积极热心地致力于传播汉语，组建华侨社团，组织与中国语言文化相关的活动，在各自的城市产生不小的影响力。但我们必须看到，同样是因为这个历史问题，泰国本土汉语教师短缺，师资力量严重不足，出现教师断层的情况。

其次，泰国独特的文化背景，也使得泰国和中国在教育理念上存在差别，尤其是在汉语教育这种特殊的语言教育方法上，表现出极大的不同。中国崇尚规规矩矩的传统式授课，教师讲，学生听，不允许有任何不规矩的现象出现。而泰国主要开发学生智力，鼓励学生多方面发展，寻找自己的兴趣所在，多参与课外活动，对课堂上的内容及时消化，不提倡布置家庭作业，作业一般在课堂上完成。又由于泰国小学阶段的学生思想还没有成熟，无法从根本上认识到学习的重要性和学好第二语言的重要性，所以文化背景的区别使教师必须在教学中寻找更好的解决方法以达到教学目的。

（四）研究的目的及意义

教学法对任何课程的教学都起着重要作用，教师所使用的教学方法是否合适，决定了教学效果的好坏以及是否能达到预期的教学目标。我们要运用一种方法教学，必须先了解这种方法的教学原则和适用范围，认清教学对象，只有充分理解了这些理论知识，才能做到在课堂教学中游刃有余。现在，游戏教学已经被广泛地运用到教学中，并取得了很好的效果。

在对外汉语教学发展得如火如荼的今天，汉语的特殊性造成许多学生学习的障碍。语音的声调，汉字的笔画笔顺，语法的复杂，词汇的意义繁多，无一不成为外国人学好汉语的拦路虎，因此，怎样让汉语课堂变得丰富且具有趣味性是我们每一个汉语国际推广者应该认真思考的问题，在对外汉语教学中运用游戏教学法，便是推广汉语的有效途径。泰国由于独特的历史渊源，许多私立学校甚至已经将汉语纳入必修课的范围内，笔者所在的华校从幼儿园开始便设立了汉语课。而泰国儿童的好动，能歌善舞，大胆的性格特点决定了游戏教学法在泰国儿童的汉语课堂中有着不可替代的作用。同时，学生们通过游戏学习团队合作、人际沟通等技能。因此在泰国儿童汉语课堂中开展游戏教学有不可忽视的心理作用和教育作用。

因此，本文在分析前人研究成果的基础上，根据泰国的教育制度以及泰国儿童的特点，对游戏教学理论进行梳理和阐述，通过论述游戏教学法在泰国儿童汉语课堂中的重要性及可行性，结合自己对外汉语教学的实践经历，站在汉语推广者的角度，进一步探索对外汉语教学的有效途径，通过寻找有效的教学对策、具体的教学方法解决如何利用游戏教学法开展教学的问题，并发挥创新精神，创造适合泰国儿童的行之有效的游戏教学方法，再结合泰国儿童使用较多的汉语教材进行游戏教学设计与分析。笔者也希望本文能引起相关研究者的重视，给走在国际汉语教育这条路上的教师和相关工作人员提供具有参考价值的建议。

一　本文研究的理论基础

（一）游戏教学法在泰国儿童汉语课堂中的应有地位

1. 游戏教学法与传统教学法比较

尽管汉语在泰国发展迅猛，但对于游戏教学法的应用，各个老师却褒贬不一，大部分老师认同游戏教学法的重要作用，但有一些年纪较大的老一代华侨汉语老师并不认同游戏教学法。我们将从以下两个方面论述游戏教学法相对于传统教学法的优势。

在师资方面，目前在泰的汉语教师主力军为国家汉办输出的在读大学生或者应届毕业生，其中只有少数有教学经验，虽然所有人都接受过汉办组织的教师培训，但这批教师由于自身泰语能力不强，初到泰国甚至到泰国很长一段时间后都无法与学生顺利沟通，因此，在传达教学内容信息上就大打折扣，让学生也逐渐失去对这门课甚至这门语言的兴趣。此时教师采用游戏教学法是一个很好的缓解教学压力的方法，除了可以激发学生的学习热情，还可以使课堂气氛活跃起来，在教师并没有掌握泰国语言的前提下，能够顺利完成教学任务，达到教学目的。另外，除了汉办输出的汉语教师志愿者以外，泰国还有相当多一部分本土教师，而这一部分教师中年轻教师还没有成长起来，教学任务仍然主要由年纪较大的老华侨承担。这些教师思想上传统保守，课堂教学仍然以传统的教师讲解，学生听记的方式进行。由于他们可以熟练地用泰语沟通，在教学中没有语言障碍，因此，可以很好地完成教学任务。但是，学生学习汉语的积极性并不高，只是在教师的要求下完成课堂任务，并没有从被动转化为主动。而且这些老师认为，游戏教学容易使课堂纪律失控，学生沉浸在游戏当中，忘记了学习任务，所以这些教师认为传统教学法更符合汉语教学的要求并且长期使用此种方法教学，忽略了游戏教学法在激发学生内在学习动机方面的优势。

在客观条件方面，泰国学校对汉语的重视程度千差万别。据笔者所知，除了华校为每一位学生配备必需的汉语教材外，大部分学校，无论是中小学还是高校都没有完整的配套教材，教师自己设计教学内容或者根据教学内容给学生复印资料进行教学，甚至很多学校是教师讲，学生通过做笔记的方式学习汉语。在这种情况下，如果使用传统的教学方式，教师说读，学生听记，不仅加大了教学难度，学生无法准确理解课堂内容，还使得整个课堂枯燥单调，没有趣味可言。另外，大部分学校缺少多媒体设备等电子设施，单纯使用粉笔黑板式的传统教学法，不会取得好的教学效果。

所以，游戏教学法和传统教学法相比，更符合泰国的汉语教育情况，也符合泰国学生的学习特点，对于教师来说，也是利大于弊，只要正确把握游戏教学的目的，处理好需要注意的问题，就能完成教学任务。

2. 游戏教学法的必要性与可行性

除了从游戏教学法与传统教学法的对比中，看出游戏教学法在对外汉语课堂中的重要作用外，我们还将从以下三个方面论述游戏教学法的必要性与可行性。

从汉语本身的角度看，汉语有着不同于其他语言的特殊性，汉语声调、汉字形体都是汉语教学中的难点。在整个汉语教学中，语音是整个学习汉语的基础，学好语音，为今后的汉语学习打好基础，对提高说话的自信，增强交际能力都起着重要作用。但由于汉语语音复杂，特别是声调是很多其他国家语言中所没有的，因此很多国家的学生尤其是欧美国家的学生在学习汉语语音时，对声调的把握都有一定的难度。语法又是语言的结构规则，汉语对语序的要求严格，并且存在大量的虚词、量词、语气词，词类和句法成分关系复杂，这些对外国学生来说都是汉语学习的难点但又无法逃避必须掌握。词汇方面，不仅要求学生扩大自己的词汇量，掌握词义和用法，更重要的是，能够区分汉语中存在的大量的同音词、多义词，它们或在用法上或在搭配上有自己的规则或者约定俗成的习惯，这些对外国学生来说是一大考验。汉语的发音与意义是约定俗成的，不以个人意志为转移，不像拼音文字，可以根据组合拼读出来，加上汉字形体的特点，书写对学习者来说也是一大难点。综上所述，汉语自身的特点，造成学习者对汉语的印象是难读、难写、难记、难认，从一开始就产生畏难心理，认为汉语是不可战胜的高难度语言，加上学习过程中遇到的种种挫折，很多学习者半途放弃，最终导致学习失败。因此，教师让学生克服这种畏难心理是进行教学的重中之重。游戏教学法有其独有的特点和可操作性，教师能在课堂上比较容易地激起学生的兴趣，慢慢排除学生的心理障碍，接受汉语这样一门特殊的语言。

从学生的角度看，他们将学习汉语看成一项艰巨的工程，很多人学习汉语，都只能持续一段时间，很难有质的飞跃或者达到熟练掌握的地步，此时如果采用死记硬背式的教学方法，必然会使学生产生排斥心理。因此，学生的学习动机是一个方面，由汉语特殊性造就的学习困难尤其是汉语的声调和汉字书写方面造成的困难则是另外一个重要方面。由于泰语存在五个声调，转换到汉语中，学生往往很难把握音高，导致学生所说的汉语音调不标准，让人听着别扭，这一点就需要学生多进行听说练习，而传统的教师读学生模仿的听说练习显然不能激起学生的兴趣，因而游戏教学在这里就显得举足轻重。汉字书写方面，由于泰国人所熟悉的泰语的书写方式是自下而上的，而汉字的书写方式正好相反，由上而下、由左至右，因此，在书写汉字笔顺时，泰国学生同样会按照泰语的书写方式形成的自下而上的书写习惯，很难纠正，所以如果教师可以通过游戏教学的方法引起注意，告诉学生按笔顺书写的重要性，多开展训练学生按笔顺书写的汉字游戏（如一人写一笔的笔顺接力游戏），便可以大大改变学生的书写习惯。另外，泰国学生在课堂上表现出与中国学生极大的不同，相对于中国学生来说，他们更加活泼好动，不拘泥于课堂规矩和纪律，在回答问题方面显得异常积极，也不会像中国学生那样怕回答不对。他们会想方设法吸引老师的注意力，向老师提问，不管是和课堂有关还是无关。同时，泰国学生还对新鲜事物充满强烈的好奇心，如笔者第一天到学校任教时，全班同学都对笔者充满了好奇，第一堂汉语课在大家高度配合和精神高度集中的情况下顺利完成，让笔者产生泰国儿童汉语很好教的错觉。几节课之后，学生对这位新来的老师的新鲜感已经全无，甚至有点爱理不理，这才让笔者开始认真思考如何让学生保持持久的兴趣的问题。另外，泰国人又普遍能歌善舞，并且十分愿意在众人面前展示自己，加上他们动手制作手工艺能力很强（通过水灯节制作水灯可以看出），更加适合开放式的学习方式，游戏教学法的特点很好地适应了这样的学生。

从教师的角度看，在初任汉语教师时，教师往往对所任教的学校和班级怀有极大的热情，并希望能在所任教学校甚至在中华文化的传播过程中有所作为，加上学生们对新老师的好奇，任教开始阶段学生十分配合，教师们往往觉得十分顺利，自己的付出得到了百分之百的回报。随着时间的推移，在学生对新老师的新鲜感消失以后，对汉语这种较难的第二语言的排斥心理又开始占据主导地位，这时教师们觉得教学效果并不好，课堂效率得不到提高，学生的汉语水平也止步不前，学生甚至对汉语失去了兴趣，课堂气氛不活跃，学生的学习积极性大大降低，教师及时采用游戏教学法可以有效地缓解教学过程中遇到的学生积极性不高的问题，让课堂并不只是拘泥于讲授式的教学，从而更加丰富多彩，显得生动具体，营造良好的课堂教学气氛，在提高学生上课学习的积极性的同时也提高了教师教学的积极性。

从课堂环境的角度看，泰国的现代教育技术并不发达。尽管高校的现代多媒体教学设备相对来说比较普遍，但对于中小学来说，很难做到每个教室都有多媒体电子设备，加上泰国各个地区之间经济差距较大，很多课堂尤其是中小学课堂没有多媒体设备。笔者所任教的学校为孔子课堂，是历史悠久的华校，在泰国的中小学中硬件设施居中上水平，却只有汉办捐赠的四个教室有多媒体设备，教师需登记预约，轮流使用，不仅不方便，而且不利于学生系统地在多媒体设备的辅助下好好学习，使得孔子课堂中展示的一系列汉办赠书、光碟及其他电子设备无法发挥其价值。因此，教学设备的限制使得对外汉语课堂中很多内容丰富，有针对性的优秀教学资源得不到有效利用，学生只能通过教师的口述和板书来学习知识，课堂相想要的教学效果。

进行游戏教学要做到以下几点。

第一，要正确选择游戏。正如上文所述，针对不同的教学目标、教学重点，需要开展不同的游戏。需要根据上课时长选择效率最高、最能达到教学效果的游戏并在课堂气氛低谷时开展。很多教材后面有针对本课内容配套的游戏设计，但大都比较简单，教师可以根据学生水平循序渐进，在教材基础上加以改进，将游戏扩展升华。

第二，要准备好做游戏会用到的教具。无论是否开展游戏，准备好教具都是提高教学质量的前提。在游戏教学中，往往会用到各种不同的教具丰富课堂内容，尤其是对于儿童汉语教学而言，无论是色彩鲜艳的图卡，还是具体的实物道具，都能很好地吸引学生的目光，活跃课堂气氛。因此，教师在上课之前设计和制作好配合游戏的教具，如图片、词卡、模具等，能更好地保障游戏的顺利开展。

第三，教师应简单、明了地叙述游戏规则。在上文中提到，教师是站在宏观层面上组织游戏的，对于游戏的讲解不能过于复杂，教师对当地语言的掌握情况以及学生的接受水平都不允许出现过于复杂的游戏规则，否则游戏便无法正常开展下去，学生也会因为不能够完全理解老师的意思而失去信心和耐心。因而，在讲解游戏时，要保证每一位同学的注意力都集中。教师运用简单的汉语以及肢体语言将游戏规则表达清楚，找几个学生配合教师示范游戏，能更快地让学生明白游戏规则。

第四，为游戏的开展或者为比赛形式的游戏进行必要的分组。游戏既可以在老师和学生之间开展，也可以在学生之间开展。教师在带领学生掌握游戏要领后，可以让学生自行组织开展游戏，教师只起到维持整个场面秩序的辅助作用。竞赛式的游戏能更好地提高学生的参与积极性，泰国的学生尤其是低龄学生好胜心强，进行竞赛式的游戏能激发学生更大的潜力，这就涉及分组问题，可以把全班学生分成两组甚至更多组进行比赛，也可以男女比赛。需要注意的是，教师在分组时，要根据学生的汉语水平，避免强强联合的情况，否则尽管汉语水平好的学生能从中获得极大成就感，但汉语水平弱的一方会因此丧失做游戏的兴趣。笔者任教时就出现过类似情况，让学生自主选择分组时，汉语水平好的学生往往

对枯燥。教师往往通过自己制作各种类型的教具（如词卡、图片等）来丰富课堂内容，于是游戏教学在这种课堂环境下成为教师们的首选教学法，游戏教学不仅能有效地巩固所学内容，同时也使整堂课变得生动和充实。

从以上四个方面我们看出，游戏教学法无论是对学生还是对老师，又或者是从客观条件来看，都是对外汉语教学课堂中可行的而且是必要的教学手段。通过游戏教学，充分调动每一位学生的积极性，既可以进行两人游戏，又可以分组进行多人游戏，让教师可以兼顾班内所有学生，而且泰国学校二三十人小班化的教学非常有利于开展游戏，所以游戏教学法顺应了泰国的汉语教育发展形势，同时符合泰国学生尤其是中小学儿童的心理发展特点，应该在对外汉语课堂教学中积极采用。

（二）泰国儿童汉语课堂中游戏教学的原则和方法

1. 原则

（1）在对外汉语课堂中进行游戏教学必须遵循目的性原则

游戏教学不同于生活中的游戏活动，游戏教学不仅是为了娱乐，而且是一种教学手段，做游戏是为了让学生掌握语言规律。教师开展游戏教学是为了完成教学任务，让学生消除汉语难学的心理障碍，吸引他们对汉语课堂的注意力，提升课堂教学效率从而达到寓教于乐的目的。教师进行游戏教学必须根据教学要求合理安排，不能开展没有针对性的游戏活动，不能为了活跃气氛而开展游戏，也不能为了打发剩余时间而开展游戏，一切不以学习为目的而开展的游戏教学都是不可取的，这样的游戏忽略了课堂内容，没有达到学好语言的目的。游戏可以运用在多个课堂环节之中，合理地选择游戏是十分重要的，教师应当选择恰当的时机组织学生做游戏。做哪种游戏、游戏时长，作为整个课堂引导者，教师必须对这些问题有一个明确的目标，并且需要根据教学目的和学生的接受水平，因地制宜地选择最有效的游戏展开训练。

（2）在对外汉语课堂中进行游戏教学必须遵循趣味性原则

儿童有着好奇、好动的性格特点，泰国儿童好胜心强，对事物往往喜新厌旧，对重复的东西容易失去兴趣。不同于中国学生规规矩矩的课堂环境，泰国的课堂环境相对宽松，因而学生的注意力并不持久，在很大程度

上是根据自己的兴趣来学第二语言的。面对新老师的汉语课堂，学生们往往充满了新鲜与好奇，对汉语的学习表现出极大的兴趣，但随着时间的推移，学习难度加大，学生对汉语的兴趣便会慢慢减弱。因而提升学生学习汉语的兴趣，成为教师思考如何提高教学效率的重中之重。游戏教学在这种环境中应运而生，它顺应了儿童智力与性格特点发展的规律，采用各种有趣的游戏进行教学可以让学生对枯燥的第二语言耳目一新，教师设计多种多样的游戏可以让学生充满新鲜感，并且充分调动学生的各个身体部位，锻炼其听说读写的能力，尤其是含有竞赛性质的游戏活动，更能满足泰国学生的好胜心理，活跃课堂气氛。

（3）在对外汉语课堂中进行游戏教学需要遵循灵活性原则

教师不仅需要有明确的目的和目标，对游戏的操作方式、时长能够准确把握，更重要的是把握好循序渐进的规律。所设计的游戏要符合学生的汉语水平，让学生易于接受，难度从低级到高级，同一个游戏中，可以从简单到逐渐加大难度。同时，教师还需要掌握适度原则，从宏观上把握整个课堂局面。泰国学生尤其是泰国低年级学生，在感受到游戏的娱乐性后，往往会太过投入，导致其异常兴奋，如果此时不能有效地控制课堂纪律和秩序，不仅达不到教学目的，实现不了教学目标，而且会使教师难以进入下一个教学环节。这时教师应发挥主导作用，把握好适度原则，让课堂情况都在掌握之中，让整个课堂有条不紊，活而不乱。有时，学生对教师所设计的游戏的反应与预想中有差距，会降低课堂的教学效率，这时，教师应该灵活地调整教学策略，尽最大努力完成教学任务。

（4）在对外汉语课堂中进行游戏教学必须遵循直观性原则

从心理发展特点来看，儿童处在对具象思维更易接受的阶段，因而，使用直观的教具进行游戏教学，能更好地吸引儿童的注意力，引起他们的学习兴趣，达到教学目的。因此，在汉语教学中开展游戏教学，教师们应更多地使用色彩丰富的图片、模型或者实物，以便达到更好的教学效果。在课堂游戏开展前，由于泰国的大部分对外汉语教师都不能非常熟练地掌握泰语，所以在讲述游戏规则时往往会遇到一定的障碍，过于复杂的游戏通过教师的口述学生无法完全理解。这时，教师需采用直接明了的方式进行亲身示范，带领学生演示一遍，再放手让学生自己操控，这样才能将游

戏活动顺利地进行下去。

（5）在对外汉语课堂中进行游戏教学必须遵循全面性原则

要兼顾到每位学生，让所有学生都通过游戏的方式积极参与进来，让学生成为主体，引发学生自主思考的能力，教师只起辅助作用。在竞赛环节要兼顾公平，对表现好的学生进行表扬与奖励，对汉语水平稍差的学生多加鼓励，或者安排比较简单的游戏内容，又或者在游戏中给予适当的提示，提升其学习汉语的自信心。

总的来说，课堂游戏的设计，既要保证有明确的目的和所要达到的目标，又要具备趣味性，在遇到突发情况或者不可控情况时，应灵活处理，游戏内容的选取应以直观易懂为首要要求，游戏的开展必须兼顾到每一位同学，鼓励集体参与，只有遵循了这些原则，对外汉语课堂教学中的游戏教学才能作为上课的辅助手段。

2. 方法

教师在对外汉语课堂中进行游戏教学时应把握一定的策略，采取正确的方法和步骤带领学生完成教学任务。

突出重点、把握节奏是顺利开展游戏的基础。游戏必须是根据教学目标和教学目的开展的。一堂课的教学重点是什么，教师就必须开展针对这项教学内容的游戏。例如，教学重点是掌握语音知识，那么教师就设计口语化的游戏，比如情景设定和角色扮演游戏等。如果本堂课突出的教学重点是词汇，那么教师就可以设计关于猜词、认词、读词的游戏。如果一堂课的教学重点是汉字书写，那么为了让学生熟悉汉字笔画笔顺，可以开展类似于依次写一笔完成汉字的游戏等。总之，教师必须突出教学重点，从整体上控制游戏的进程。除了这一点要求外，教师还需要站在引导者的高度上进行宏观调控，不仅要让游戏顺利开展，还需要对学生进行引导和启发，通过发散思维，使其领悟汉语言的魅力。

引导和启发是顺利开展游戏教学的保障。教师在开展游戏时需创造轻松的课堂环境，让学生可以排除对学习汉语的畏惧，放松地参与进来，讲解游戏过程时，不必太过于强调细节，只需让学生清楚怎么做、要达到什么目的，这样才能最大限度地激发学生参与的积极性，并且教师需要以导演的身份带领学生完成这个游戏，如此便会达到一堂课教学的目的，收

结合在一起，最终取得胜利，长此以往，汉语水平不高的学生出现灰心甚至厌恶心理，造成不好的教学效果。因此，教师应顾及每位学生，鼓励所有人参与，强弱结合，让每一个小组势均力敌。或者，挑选出汉语水平相当的几位同学，让他们作为小组长继续挑选自己的组员，这样，既能增强团队凝聚力，也能使汉语水平低的学生在汉语水平高的学生的带领下获得成就感，从而增强学习汉语的自信心。

第五，对于比赛结果的宣判，教师要做到公正、准确。在游戏结束后，只有客观地评定每一位学生的表现，宣布获胜的一方，才能达到教育目的，否则会引起学生的不满，甚至引起不必要的争论。在游戏过程中，教师适当地为弱势的一方提供帮助，保证最后的结果不会相差太大。对于表现积极和优秀的同学不应吝啬表扬之词，要鼓励他们再接再厉；对于表现并不是很好、未能完成游戏任务的学生，同样不应该严厉批评，在鼓励其下次加油的同时对这些学生本堂课的表现表示肯定。必要时给予部分学生一定的物质奖励，可以是学生喜欢的小剪纸、小贴画等。

第六，教师需要对游戏进行总结，评判学生在参与游戏时表现得好的地方和需要加强的地方，对纪律性的强调必不可少。更重要的是，教师在游戏结束后需要强调游戏目的，让学生回归到学习上来，重新温故教学内容，理解进行游戏的目的是掌握课堂内容，并不是为了游戏而游戏，并给予学生一定的期待，如果表现得好，下次再进行不同的游戏。

综上所述，在对外汉语课堂中顺利地开展游戏教学，不仅要照顾到课堂的各个环节，而且要摸索有效的教学方法，但归根结底，教师始终要把完成教学任务放在首要位置，这样才能实现教学目标。

二　游戏教学法在泰国儿童汉语课堂语音教学中的应用

（一）语音教学在对外汉语教学中的作用

张和生提到，"语言的第一功能是交际，是通过特定的声音来表达特定的意义"。人们在日常交往中需要表达自己的思想情感，这些都需要通过语音表示出来。在表达过程中，如果发音有问题，便容易让人误会，甚至很难让其他人理解。因而，在学习一门新语言的过程中，语音有着至关重要的作用，它是学好这门语言的基础。能进行准确的发音，不仅可以为其他方面的学习打下良好根基，还能在交际过程中增加自信，获得成就感，并提升继续学习这门语言的积极性。汉语学习者只有跨过了学习语言的第一道门槛，才能减轻学习负担，提高汉语学习的积极性，为学生自主学习汉语打下良好的基础。

（二）泰国儿童学习汉语语音的特点

尽管泰语语音与汉语语音有相似的地方，例如都有声调，但总的来说，对于那些汉语中有而泰语中没有，或者汉语中的发音与泰语中发音相似但有微小区别的读音，泰国学生都趋向于从母语中找到合适的读音代替，造成母语负迁移，笔者将从以下几个方面来阐述泰国学生学习语音的特点。

泰国学生在声母、韵母、声调方面的学习都遇到了不同程度的困难。举例来说，在声母方面，由于泰语中没有平舌音 z、c、s 和翘舌音 zh、ch、sh，所以泰国学生在学习这两类声母时非常吃力，他们分不清楚两类音的区别，发不准确这两类音，在听音上也十分困难。在韵母方面，泰国人在发"yu"这个音时也遇到不小的困难，由于母语中没有这个音，因此他们很难做出"yu"的口型，准确地发出这个音，如他们会把"下雨"说成"下以"，把"学校"读成"斜校"，并且发这个音时的口型让人感觉很别扭。在发卷舌音时，泰国人往往将"二（èr）"读成"饿（è）"，他们很难发出卷舌音，因此在汉语普通话里带有儿化的音对于泰国学生来说都是非常难读的。在声调方面，虽然泰语中同样有声调，但与汉语不同的是，泰语中有五个声调，汉语中是四个声调，尽管部分汉语声调可以在泰语声调中找到类似的音调，但不是完全一样，泰国学生在母语负迁移的影响下将泰语声调和汉语声调混淆，导致泰国学生四声发音不准确，音值偏高或偏低。

根据泰国学生的语音学习特点，在下文中，笔者将结合具体的泰国版小学汉语教材进行语音编排分析以及语音教学游戏示例。

（三）《汉语》教材中的语音游戏教学示例与分析

1. 《汉语》教材概况及语音编排特点

《汉语》系列教材是为海外华侨华人，特别是亚洲地区的华校编写的，编者为北京华文学院。该教材于 1998 年 10 月发行了第一版，两年后，经过对第一版的修订，发行了《汉语》（修订版）［由于目前所使用的基本是修订版教材，因此在下文中出现的《汉语》即指《汉语》（修订版）］。笔者所在的泰国醒民学校属于华校，使用的正是国家侨办赠送的这套《汉语》教材。

《汉语》教材主要以句子为编排单位，每一课先用句子引出本课需要掌握的生词和语法知识，通过利用替换词汇，进行句型的反复操练，从而达到教学目的。从内容编排上看，整本教材给人简洁的感觉，基本按照句子—课文—生词—游戏的编排规则，让学生能够在掌握汉语的同时通过游戏提高对本课内容的认识和兴趣。同时，编者还兼顾对学生语言技能的训练，游戏环节，既动脑又动手，充分锻炼学生听说读写各个方面的能力。

从使用范围上看，《汉语》这套教材在亚洲多个国家使用，如泰国、印尼等国家都使用《汉语》教材，不仅如此，在中国很多少数民族地区，同样也使用这套教材作为学习的范本，因此，这也造成这套教材在编写方面的针对性不够具体，整套教材均使用汉语编排，只在生词部分，用拼音标注，这对于刚接触汉语的学生来说是有一定难度的。

从语音编排上看，尽管《汉语》做到了图文并茂，全彩页设计，更符合儿童的心理特点，但以句子为教学单位的设计对于刚入门的儿童来说，难度太大，并且在学习汉语之初也并没有系统地学习汉语拼音，如果在汉语入门阶段没有将基础打好，之后的汉语学习就会存在一定的障碍，使学生无法准确地自主学习汉语，拼读生词句子。另外，尽管在每一课后面，都有简单的活动设计或者互动设计，但对于前几册初级汉语，游戏多集中于汉字书写方面，尤其是刚入门的第一册和第二册教材，课后的拓展练习均为汉字笔顺书写的游戏和简单的汉语谚语，从一开始就给学生强调汉字笔顺笔画的重要性，不利于学生对基础语音的认知，而后几册多集中于知识拓展方面，例如简单的古诗、儿歌或者寓言故事，对于汉语语音的学习，无法通过书本上原有的设计安排达到教学目的，因此，在使用《汉语》教材学习语音时，不仅需要教师根据学生具体情况自行设计拼音教学环节，更需要教师根据拼音设计一定量的游戏活动，以调动学生的积极性，使学生尽快掌握汉语拼音，为以后的学习打下基础。

2. 《汉语》教材中的语音游戏教学示例与分析

由于《汉语》系列教材以话题为原则，以句子为基本教学单位，引领语音、词汇、语法等语言要素的教学，没有专门的循序渐进的课程安排，因此这一部分教学内容需要任课教师根据班级情况自己设计并结合上课内容逐步教授给学生。对于课本上没有的内容，学生会感到更加陌生和无从下手。为了消除学生的心理阻碍，降低他们汉语难学的排斥心理，教师需要设计一些课堂活动来调动儿童的学习积极性，吸引他们的注意力。而声调作为汉语语音特殊的一部分，贯穿整个汉语学习生涯，是学生掌握汉语拼音的基础。因此，通过两个声调游戏的练习，可帮助学生准确发出汉语四声的音调。

此次进行游戏活动的学生为笔者所任教的泰国醒民学校一年级的学生。他们中大部分人在醒民幼儿园接触过简单的汉语，但从未系统地学习语音语调，因此基本不懂汉语。班级共有 24 人，其中，男生 13 人，女生 11 人。此前笔者已经教授完《汉语》第一册第一课至第五课的内容，学生掌握了一定的词汇量，还不会进行拼读，由于泰语负迁移的影响，音调会出现偏差，不能完全区分四个声调。表 1 为第一课至第五课的生词情况。

表 1 《汉语》小学版第一册第一课至第五课生词

	词汇
第一课	nǐ hǎo xièxie búkèqì zàijiā lǎoshī tóngxué men 你 好 谢谢 不客气 在家 老师 同学 们
第二课	wǒ ài bàba māmā shì tā tā 我 爱 爸爸 妈妈 是 他 她
第三课	xuéshēng shūshū jǐngchá yīshēng ma bù dìdì mèimèi 学生 叔叔 警察 医生 吗 不 弟弟 妹妹
第四课	jiào shénme míngzì xìng gēgē jiějiě 叫 什么 名字 姓 哥哥 姐姐
第五课	jiā zhè ne zāng ò duìbuqǐ méiguānxi 家 这 呢 脏 哦 对不起 没关系

教师要上好一堂课，顺利开展游戏教学，必须做好充分的准备，教师在选择游戏时应充分考虑到上课内容及学生情况，需要注意以下问题。

一是所开展的游戏是否能体现教学目标，是否能通过游戏达到教学目的。

二是设计的游戏是否适合泰国儿童的心理特点，能否让儿童在最短的时间内理解游戏步骤，在顺利完成游戏的同时学到语言技能。

三是游戏是否适合所有同学参与，如果只适合部分同学参与，则应该选择其他游戏。因此，在游戏难度上，既要考虑到全班整体汉语水平，又要考虑到个别学生水平，鼓励所有同学积极参与，而不应该孤立个别程度较差的同学。

四是有效地控制游戏时长。游戏是为教学服务的，因此，游戏不应该占用太长时间，影响正常教学进度。

五是游戏开展的地点是教室还是其他场所，如果在教室，是否需要搬动桌椅挪出地方。

六是思考我（教师）在课堂游戏中扮演的角色，需要做的事情。

七是突发状况应如何处理。

八是游戏教学的具体步骤。

在充分考虑了以上问题后，教师可以根据所涉及的教学内容准备教具。图片、词卡、实物以及多媒体资源等教具都是很好的吸引儿童眼球的事物。如果条件允许，可以多准备一些实物教具，让学生在感官上能更加印象深刻。但也要切记不要太过于喧宾夺主，教具是教学的辅助工具，过于吸引眼球，也会造成学生注意力不集中，无法很好地完成游戏任务，因此教师应准确把握好教具的选择标准。

教师在正式开展游戏之前应该运用准备好的教具进行模拟演示，查漏补缺，分别站在教师和学生的角度检验游戏，确保游戏设计的环节可以顺利开展。教师还需要熟练掌握游戏的相关知识，以及和这些知识联系的其他拓展知识，避免学生提问时回答不出情况的发生。

示例1：声调合唱

（1）游戏目标：帮助学生掌握汉语声调，锻炼学生准确读出声调调

值音高的能力。此游戏主要锻炼学生读的能力，检测学生的调值是否读准确。（为了降低游戏难度，此游戏暂不涉及轻声）

（2）游戏形式：全班参与，集体游戏，但最后以个人胜出作为比赛结果。

（3）游戏场地：教室，无须挪动桌椅。

（4）游戏准备：

①拼音卡片，教师需要制作第一课到第五课除轻声外的所有词语的拼音卡片，不标音调，并将拼音卡片分为两类：一个字的词卡与多个字的词卡。教师可以根据课堂情况，增减游戏难度，将拼音音节从第一类单音节扩大到第二类双音节或者多音节。如：

第一类：

nǐ	hǎo	xiè	zài	jiā	wǒ	ài	shì	tā	bù	jiào
你	好	谢	在	家	我	爱	是	他	不	叫

xìng	jiā	zhè	zāng	ò	bà	mā	shū	dì	mèi	jiě	gē
姓	家	这	脏	哦	爸	妈	叔	弟	妹	姐	哥

第二类：

zàijiàn	lǎoshī	tóngxué	xuéshēng	jǐngchá	yīshēng
再见	老师	同学	学生	警察	医生

duìbuqǐ
对不起

②准备一根棍子，充当合唱用的指挥棒，可以用筷子代替，但颜色最好显眼，可以用彩色胶带包装筷子，让全班学生清晰地看到。

（5）游戏步骤：

①热身活动。游戏正式开始前，教师先引导学生反复练习，同时让学生熟悉游戏的做法。具体做法为教师右手拿指挥棒，左手随机拿拼音卡片，背对学生站立，左手高举卡片让全班同学看到的同时，右手拿指挥棒比画声调并带领学生反复朗读，以熟悉四个声调和这四个声调用"指挥棒"如何表示。

②在学生理解了指挥棒所表示的声调意思后，游戏正式开始。教师选一名学生当指挥，手里握着指挥棒，背对学生，其他同学全部起立，仔细观察。

③教师出示拼音卡片，学生用指挥棒做出声调手势，全班同学看到

手势后大声读出拼音与声调结合的字。指挥的学生可以根据教师出示的拼音联想学过的生词的读音并做出声调手势，也可以做出其他几种声调手势。例如教师出示"ni"，学生做出画对号的手势，全班同学需要立刻大声朗读出"nǐ"。可以视学生汉语水平情况而定是否进行拓展，联想词语"你好"。

④发错音或者不发音的学生要坐下，被淘汰。教师注意纠正学生的发音。

⑤"指挥"可以加快比画速度，教师也可以根据实际情况加大游戏难度，将多音节拼音融入游戏，让"指挥"比画两次手势，代表两个读音。教师可以控制进度，安排学生轮流担任"指挥"，让每位学生都有机会当小老师。

⑥坚持到最后的学生可以获得"声调之王"的称号，游戏可以反复进行，教师根据学生的表现，给予一定的表扬和奖励。

说明：在利用指挥棒比画的环节，教师也可以设计用身体动作替代指挥棒表示四种声调的游戏，但在游戏正式开始前，教师同样需要运用动作带领学生反复操练四种声调让他们熟悉动作所表示的意思。

此游戏对于《汉语》这种内容上没有安排语音教学环节的教材来说，是一个很好的补充，通过游戏来熟练认读声调，比单纯带领学生朗读"ā、á、ǎ、à"来练习四个声调更能调动学生学习的积极性。如果仅简单地通过韵母来反复听读四个声调，学生势必会觉得枯燥无比，学完后也可能会马上忘记，在汉语刚入门时就产生逆反心理是学习汉语的大忌。此外，在这个游戏环节，教师准备的丰富道具也成功吸引了学生的注意力。在正式开始游戏前的热身环节，学生通过对老师的观察，直观地理解了操作流程。教师在这里起了一个很好的示范作用，由于学生的汉语水平有限，在这里不需要太复杂的语言，教师通过动作演示，学生很快就能掌握怎样扮演"指挥"这样一个角色。拼音卡片的出示，锻炼了学生认拼音的能力；"指挥"的动作比画，锻炼了学生认声调的能力；全班朗读词语，锻炼了学生读的能力。每位同学轮流充当指挥，既让学生体会了当小老师的滋味，又通过动作活动了身体，使学生眼、口、手并用，通过反复操练，达到熟练掌握声调调值和第一课到第五课生词的目的。但在做游戏的过程中，教师需要注意管理好课堂秩序，另外，指挥的同学可能会随意比画，这需要教师正确引导。被淘汰的同学可能会失去兴趣，这时候应该加快速度，尽快产生"声调之王"，开始新一轮"指挥合唱"，避免拖拉。

示例 2：声调四人行

（1）游戏目标：此游戏通过听说练习，帮助学生提高听音辨调的能力，让学生能够通过教师的朗读，准确判断出是第几声。

（2）游戏形式：全班参与，分组进行，全班 24 人，随机分成 6 个小组，每组 4 人。

（3）游戏场地：教师需要找一个空旷的场地，能同时让 24 位学生坐下，可以将教室的桌椅挪动，在教室中间的空地上进行游戏。

（4）游戏教具：声调卡片。教师根据全班 24 位学生准备 6 套声调卡片，每套卡片包含"ˉ、ˊ、ˇ、ˋ"四个声调。（卡片套数 = 分组数量）

（5）游戏步骤：

①热身活动，游戏正式开始前，教师找出第一课至第五课学过的词语，并进行朗读，要求全班学生迅速回答是几声。教师可以根据复习进度逐步加快速度，或者加大训练难度，从单音节词语逐步扩展到双音节或者多音节词语，要求学生同时说出多音节中的每一个汉字的声调。

②分组，教师根据班内学生的汉语水平，安排分组，使强弱结合，让成绩好的学生带成绩稍差的学生，使各个小组的整体水平差不多。每个小组拿到一套卡片，随机分配"ˉ、ˊ、ˇ、ˋ"四个声调的卡片。

③布局：将 6 组学生，左右两边各 3 个小组依次排开，教师站在讲台上，确保每位同学都可以看到，可以听到其发音。

④教师从第一课至第五课生词表中随机抽取音节进行朗读，如："hǎo"，拿四声卡片的学生需要迅速站起来举起卡片并重复教师所说的音节。先做对的学生所在的组获胜，在黑板上记一分，可以反复进行多

轮抢答，时间由老师控制。

⑤最后计分多的小组获胜，可以评出第一、第二、第三名（以组为单位），其他三个未取得名次的小组评以优秀奖。无论小组是否获胜，教师都应该酌情给予精神奖励或者物质奖励。

说明：如果学生人数无法平均分成若干组，教师可以选出汉语水平较高的几名学生，让其轮流充当老师的角色，朗读音节，或者依次充当裁判的角色，进行计分。在游戏进行了一段时间后，教师可以要求每组成员互相调换声调卡片，让每位同学都可以训练汉语四声的听辨能力。

此游戏与示例 1 一样，都是在教材内容没有详细规划的前提下，教师通过补充，加强学生对汉语语音音调的认识，锻炼其听音辨调的能力。示例一主要通过让学生识读，锻炼其发音能力，示例 2 通过让学生听，锻炼其听音能力。此游戏的局限性在于，需要一定的空间才能进行，挪动桌椅有可能造成学生注意力不集中。6 个小组参与，人数较多，难免会有学生开小差。在分组方面，除了教师调控外，也可以让学生自由分组，或者选出 6 名学生，让其挑选自己的组员。前一种方法的局限性在于，自由分组，可能会使好玩的学生分到同一组；后一种分组方式的局限性在于，会出现强强联合、弱弱结合的情况，这样会造成在游戏中弱势学生无法取得主动权，他们过早丧失参与积极性，最后比赛成绩悬殊，打击了弱势一方的积极性，不利于教学目的的实现。

总的来说，《汉语》系列教材由于在编写原则上并没有以语音为基础，因此缺少专门的语音教学的环节，这使教师不得不参考其他教材或者自行安排教学内容，对于教材上没有的知识，学生会觉得更加陌生，游戏教学法的使用，正好缓解了教师教授和学生学习的压力，让儿童可以在玩中不知不觉地学到知识。泰国学生无论是个人比赛的好胜心还是团队合作意识都比较强，因而，如果教师很好地利用游戏教学将《汉语》教材中的知识空缺填补完整，将取得事半功倍的教学效果。除了笔者所用的《汉语》教材，我们还将在下文分析泰国教师使用频繁的《体验汉语》中的语音游戏。

(四)《体验汉语》泰国小学版教材中的语音游戏教学示例与分析

1.《体验汉语》泰国小学版教材概况及语音编排特点

《体验汉语》系列教材是中国国家汉办在泰国重点推广的汉语教材,该教材将成为在泰国使用面最广、使用人数最多的汉语教材。本文所研究的内容以《体验汉语》泰国小学版为依据,小学版是为零起点的小学生编写的汉语教材,也可用于其他相应水平的中文教学。尽管部分学校由于经费问题不能人手一本,但教师们仍然倾向于以《体验汉语》为教学蓝本,根据教材编排,结合学生实际进行汉语教学。

与《汉语》明显不同的是,《体验汉语》教材中配有泰语翻译。《汉语》教材中缺少的系统的语音教学内容,在《体验汉语》中有很好的补充。《体验汉语》小学版每册有八篇课文,由于汉语中韵母较为复杂,因此从第一册开始便每两篇课文教授一个单韵母以及由这个元音扩展而成的复韵母,这样便于学生记忆,例如教韵母"u"时扩展到"ui 和 un"。整个《体验汉语》依照循序渐进的原则教授汉语拼音,可以为学生今后的拼读打下基础。这是教材安排的合理的地方。在教材的趣味性方面,《体验汉语》课文较短,但都配有比较能吸引学生注意力的彩色图片,能够有效提高学生的学习兴趣。课文内容一般包括三个部分:第一部分是重点学习的内容;第二部分是形式多样的练习,其中不乏以游戏方式进行的练习,这不仅可以培养学生学以致用的能力,还能活跃课堂气氛,增强学习乐趣;第三部分涉及中国文化的内容,很好地将语音和文化结合起来,并且强调汉字书写的重要性。此外,教材兼顾听说读写四项语言技能,可以科学地提高学生的语言技能。

总体来说,《体验汉语》泰国小学版教材具有针对性和趣味性,为儿童创造快乐的学习氛围,编写质量较高,课文话题和内容贴近泰国学生的实际生活,题材多样,图片和文字相结合,色彩鲜艳,符合儿童的学习特点。并配有结合教材使用的词卡、练习册等教学资源,方便教师充分利用课堂进行练习和利用教材上的活动设计来丰富教学内容,因而受到在泰汉语教师的广泛好评。

2.《体验汉语》教材中的语音游戏教学示例与分析

《体验汉语》教材中的每篇课文都会涉及语音,拼音是汉语语音最重要的部分。对于刚入门的学生来说，学好语音是打好汉语基础的必要条件，而对于儿童来说，学习基础的拼音又是一件非常枯燥无趣的事情。《体验汉语》除了在每两课教授一个单韵母外，还会拓展到与这个单韵母相关的复韵母，因此，怎样让学生能够在短时间内掌握这些韵母，是摆在教师面前的难题。在这里，笔者将就《体验汉语》中的具体课文进行游戏教学示例与分析。

示例 3：心有灵犀

（1）教学对象：小学二年级学生。他们已经学习完《体验汉语》第一册，基本掌握了"a，o，e，i"四个单韵母，但对以这些单韵母为开头的复韵母不熟悉。

（2）教学课文：《体验汉语》第二册第一课《时间》第三部分"课堂活动"。在教材编写的游戏的基础上对游戏内容有所修改。

（3）教学内容：新内容"u，ui，un"；旧内容"a，o，e，i，ai，ei，ao，ou……"

（4）教学目标：训练学生听音、记音、发音和写音的能力。要求通过对新内容的学习和对旧内容的复习，学生能够快速书写出来。

（5）游戏形式：分组进行，根据班内人数分成若干小组，每组 5～7 人，教师可灵活安排每组人数，每组人数越多，难度越大，但要保证每组人数相等。

（6）游戏场所：教室。能让所有学生站立，或者可以让学生站在过道。

（7）游戏教具：拼音卡片。教师需准备"ū, ú, ǔ, ù, uī, uí, uǐ, uì, ūn, ún, ǔn, n, a, o, e, i"等拼音卡片，可以根据学生实际水平，增加难度，增加复韵母等若干卡片。

（8）游戏步骤：

①热身活动。游戏开始前，教师按照正常教学环节教授新课，带领学生大声朗读单韵母"u"以及它的四个声调变换。学生熟读后，将"u"扩展到"ui, un"以及四声反复操练。若要加大游戏难度，可以在热身活动中，将第一册教材中学过的单韵母及复韵母一起复习，并将这些

音节运用到游戏中。

②分组。教师将全班学生平均分组，每组至少4人，并且排成一纵队。

③教师将做好的拼音卡片分别给每组第一位学生看，不可以让其他学生看到。可以全部使用同一张卡片，也可以使用不同的卡片。可以先将这堂课所学的新内容"ū, ú, ǔ, ù, uī, uí, uǐ, uì, ūn, ún, ǔn, ùn"进行练习。

④教师传达"开始"的指令后，各组第一位同学记住卡片上的音节，然后迅速用耳语将纸条上的音节传给本组的下一个同学。

⑤传话结束后，如果使用的是同一个音节卡片，则每队的最后一个学生同时大声说出听到的音节；若使用的是不同的卡片，则每队最后一位学生依次大声说出听到的音节。由教师检验是否正确。若正确该组得一分，若错误，教师应逐个询问，查找错误出在哪个环节。

⑥进行多轮反复练习，得分最多的全组获胜，教师进行点评和奖励，并强调要掌握的内容。

说明：游戏时长和次数由教师灵活控制，游戏中，为了增加活动的难度和挑战性，可以让最后一名学生听到音节后迅速走到前面，在黑板上写出听到的音节，又快又准的组获胜。此游戏开展时，需要将本堂要求掌握的"u, ui, un"熟练掌握后，再复习旧课内容。需要注意的是，在分组时，为了保证公平和每组成员水平相当，教师需要进行一定的调节。可以每轮替换每组成员的站立顺序，让每位同学都能同时得到听说读写的机会。

此游戏根据《体验汉语》第二册教材的第一部分"读一读"和第三部分"课堂活动"设计，采用了课本上现有的游戏方法，并在此基础上加以改进和拓展，让简单的游戏变得更加有趣味性，同时，通过充分练习，完成对本课语音内容的教学要求，又可以根据实际情况进行难度提升，使教师便于操作。但此游戏也存在一定的缺点，例如小组在传音过程中，为了尽快传到最后一位同学同时保证答案的正确性，可能会通过手势等其他方式向后面的同学传达，可能会都回答正确，由此无法区分各小组的水平。另外，如果传递失误的小组较多，教师需要一一进行核实出错环节，比较浪费时间。

示例 4：听辨声母

（1）教学背景：小学二年级学生已经学习完《体验汉语》第一册，第二册学完第七课，基本掌握了 "a，o，e，i，u，ü" 六个单韵母，及声母 "b，p，m，f，d，t，n，l，g，k，h，j，q，x，z，c，s，r，zh，ch，sh，y，w"，但对这些字母还不熟悉。

（2）教学内容：复习声母中的送气音与不送气音：b-p，d-t，g-h，j-q，zh-ch，z-c。

（3）教学目标：通过听辨反应练习，帮助学生熟练掌握声母的发音，并区分易混音。

（4）游戏形式：分组进行，将全班分为若干组，每组为一个集体。

（5）游戏场所：教室。不需要太大空间，学生坐在座位上进行即可。

（6）游戏教具：教师需要准备好用来提问的拼音表。

以下语音可供参考。

b-p	a, o, ai, ei, ao, an, en, ang, eng, i, iao, ie, ian, in, ing, u
d-t	a, e, ai, ao, ou, an, ang, eng, ong, i, iao, ie, ian, ing, u, uo, ui, uan, un
g-k	a, e, ai, ei, ao, ou, an, en, ang, eng, ong, u, ua, uo, uai, ui, uan, un, uang
j-q	i, ia, iao, ie, iu, ian, in, iang, ing, iong, ü, üe, üan, ün
zh-ch	a, e, ai, ei, ao, ou, an, en, ang, eng, ong, i, u, ua, uo, uai, ui, uan, un, uang
z-c	a, e, ai, ao, ou, an, en, ang, eng, mong, l, u, uo, ui, uan, un

（7）游戏步骤：

①热身准备。教师把送气音和不送气音写在黑板上，如：b-p，d-t，

g－h，j－q，zh－ch，z－c。带领学生反复朗读这六组音，并启发学生发现它们的发音特点。在学生认识到这六组声母的发音方法的区别是送气和不送气后，教师带领学生练习送气音音节与不送气音音节。

②集体游戏。教师发送气音，让学生发相应的不送气音。

（教师）pu——（学生）bu；（教师）tang——（学生）dang；

（教师）qing——（学生）jing；（教师）cheng——（学生）zheng。

教师发不送气音，让学生发相应的送气音。

（教师）gang——（学生）kang；（教师）gou——（学生）kou；

（教师）jia——（学生）qia；（教师）zu——（学生）cu。

③分组游戏。座位相邻的为一组，确保每组人数相同，从第一组开始，全组起立，教师读送气音（或不送气音），学生轮流依次发不送气音（或送气音），回答正确记一分，回答错误的学生需要表演节目。全组累加分数为这组的成绩。

④成绩最高的组获胜。教师进行点评，对表现积极者进行表扬，对表现稍差的学生进行鼓励，同时强调区分送气音与不送气音的重要性。

说明：教师在对组员进行提问时，可以适当加快速度，提升游戏难度，也可以根据学生实际汉语水平在提问时交叉朗读送气音与不送气音，或者加入声调变化。

此游戏可以在学习完所有声韵母后进行，不仅可以使学生认识到汉语拼音的特点，而且可以方便他们记忆。此游戏的优点在于，既可以是集体游戏，又可以是个人游戏，而且不需要学生挪动地方，可以在座位上进行；缺点在于，教师依次提问，提问个人时，其他学生可能会开小差，另外，说错了需要表演节目，如果太多同学出错，表演节目势必会浪费上课时间，学生也会把过多的精力放在观看同学表演上，忘记了游戏的真正目的。

在本部分，笔者通过论述语音教学的重要性，结合泰国儿童学习汉语语音的特点，以《汉语》和《体验汉语》为依据，根据教材设计符合教学规律的游戏活动，以此来提高学生的学习积极性，达到既娱乐身心，又强化语言技能的目的。

三 游戏教学法在泰国儿童汉语课堂词汇教学中的应用

（一）词汇教学在对外汉语教学中的作用

句子都是由词语组成的，如果一个有十几个词的句子里面有一个生词，学习者可以根据上下文猜一猜整个句子的意思。比如在"他在图书馆借了一本书"这个句子中，如果"借"是生词，学习者也许还可以根据上下文的"图书馆"和"书"猜出句子的意思，但如果"图书馆"和"书"也是生词，这个句子的意思就很难弄明白了。不明白句子和词语的意思，也就谈不上对"借"这个词的掌握和使用。所以，教语言的时候，不论是帮助学习者把词的意思弄清楚，还是帮助他们掌握词的用法，都很重要。因此，在对外汉语教学中，词汇教学也就显得格外重要。

"一个词，不仅有声音，有词形，还有词义。这里面，词义是最重要的，对意义的理解是一个认知的过程，在这个过程中学习者的主动性很重要，所以词汇教学时要激发学习者认知词义的兴趣。"[①] 因此，做练习的时候最好由学生自主完成，而且必须进行大量的练习，在不断练习中才能牢牢掌握词汇的意思和用法。但是，对于学生来说，特别是对于中小学生来说，他们不可能自发地研究或者想出学习词汇的办法，尤其是在汉语学习的中高级阶段，对于一些意义或者词形相近的词，他们也难以分辨，需要教师的指导和安排，这就需要教师注意使用合适的教学手段进行教学。

（二）泰国儿童学习汉语词汇的特点

泰国学生在学习第二语言时，同样会因为母语负迁移或者过度泛化等在词汇学习中出现一系列偏误。例如，近义词混淆。近义词在汉语词汇学习中是一大难点，泰国学生在学习词汇时，往往将注意力放在词汇的主要

---

① 王燕晶．"中国风"歌曲流行现状及其在对外汉语教学中的应用 [J].四川理工学院学报（社会科学版），2011（5）.

义素上，忽略了次要义素，而很多情况下，次要义素往往是分辨词义的重要依据。例如：泰国学生会说：我有俩（两）个弟弟。他们没有注意到"俩"和"两"的区别，"俩"的意思是两个，后面不能再跟量词，应该把"个"去掉或者把"俩个"改成"两"。在词汇搭配问题上，泰国学生也常常出现偏误，由于教材对泰汉对译并不十分严格，汉语词汇包含的多个意思在课本上往往只用一个泰语意思标记，这造成了许多学生误以为各词可以任意搭配。另外，在对汉语词汇感情色彩方面的应用，对否定词"不、没"的使用以及对判断动词"是"的使用等，在泰国学生学习汉语词汇时，都会造成一定的偏误。

泰国儿童由于认知机制还没有完全成熟，他们的汉语学习往往采用被动灌输式的方法，对于数量巨大的汉语词汇，学生往往采用死记硬背的方式，将汉语词汇与泰语意思相对应来理解。随着词汇量的增加，这种方法逐渐显示出它的弊端，那就是，学生学了新的忘了旧的，长此以往，必将对汉语词汇产生厌烦心理。

从教师角度讲，在词汇教学上，新上任的汉语教师往往采用直接翻译法来讲解生词，这种方法简单便捷，能让学生在短时间内迅速明白词语意思。尽管翻译法是在汉语学习初级阶段比较常用和有效的方法，但如果将汉语词汇与泰文简单地一一对应，学生会认为汉语中的这个词与泰语解释完全等义。事实上，除了很少一部分词语能够完全等同外，绝大部分词语会在适用范围或者词义上有或多或少的差异，如果长期使用直接翻译法来教授词汇，会让学生在近义词辨析时产生极大的困惑并且难以理解。而且教师使用翻译法来教授，会使学生学习汉语词汇时觉得枯燥烦闷，以开发兴趣为主的泰国的儿童会很快失去学习汉语的乐趣，并对汉语词汇的记忆产生畏难心理。

（三）《汉语》教材中的词汇游戏教学示例与分析

1.《汉语》教材中的词汇编排特点

《汉语》教材中的词汇编排最大的特点是采用"拼音—汉语"的模式，这也是在整个《汉语》教材中唯一出现拼音标注的部分。虽然对学生学习汉语有一定的帮助，但缺少准确的中泰对译，仍然会给学生学习汉语词汇造成不便。

在生词量方面，我们选取儿童初级阶段的《汉语》前四册为统计依据，生词量比较适中，一共为699个，生词总量较为合适，每课平均生词数量为10个，能够满足教学要求，数量也在泰国低年级学生可以接受的范围之内，具体见表2。

表2 《汉语》第一册至第四册生词数量统计

单位：个

	生词总数	每册生词数量	平均每课生词数量
《汉语》第一册		147	9.8
《汉语》第二册	699	164	10.9
《汉语》第三册		187	12.5
《汉语》第四册		201	13.4

在词汇等级方面，《汉语》在前言中提到教学目标之一是要与《中国汉语水平考试大纲》（初、中级）有序接轨，而制定此大纲的依据之一便是《汉语水平词汇与汉字等级大纲》。根据统计我们得出，初级词汇占《汉语》前四册的主体地位，超过90%。总的来说，《汉语》教材中生词量适中，对词汇的编排符合少年儿童的学习要求，不会给学生造成太大的学习压力，每课平均10个生词的教学量也使教师易于操控，可以保证课堂教学的正常进行，在词汇的内容安排上，均以话题为主，从句子中选取相联系的一系列词汇，有利于学生联想记忆。

2.《汉语》教材中的词汇游戏教学示例与分析

尽管《汉语》教材在编排时不是严格按照以话题为编写原则，而是以句子为基本结构，在词汇编排中也并没有将同一类词统一放到一篇课文中来学习，但我们还是可以通过扩展来学习其他相关词汇，这时便非常有利于开展游戏教学来让学生熟记于心，以下两个例子，均取得了很好的效果，可供汉语教师参考使用。

示例5：我说你做

（1）教学对象：小学二年级学生。已经学习完《汉语》第一册，能进行简单的问候。

（2）教学课文：《汉语》第二册第九课《学校前面是马路》（见图1）。

（3）教学内容：词汇（见图2）。前面、马路、对面、银行、后面、超市、邮局、地方、游乐场、门口、车站。补充词：左边、右边、上面、下面。

9

学校前面是马路

学句子

小华的左边是爸爸。
小华的右边是妈妈。

学校对面是银行。
银行对面是学校。

小华家前面是马路。
小华家后面是动物园。

记生词

1.	前面	qiánmiàn	
2.	马路	mǎlù	
3.	对面	duìmiàn	
4.	银行	yínháng	
5.	后面	hòumiàn	
6.	超市	chāoshì	
7.	邮局	yóujú
8.	地方	dìfang
9.	游乐场	yóulèchǎng
10.	门口	ménkǒu
11.	车站	chēzhàn

汉语·第二册

图1　课文　　　　　　　　　　　　图2　词汇

（4）教学目标：训练学生对方位词的掌握，主要训练本课的重点词"前面、后面"以及课文内容中出现的"左边、右边"，另外补充词"上面、下面"，通过听辨反应联系，帮助学生熟练掌握方位词和相关句型。

（5）游戏形式：集体游戏，以个人为单位，5~7人一队，淘汰者由其他学生替补。

（6）游戏场所：教室。不需要挪动桌椅，学生站于讲台前即可。

（7）游戏准备：教师需提前准备好用于热身的句型。可以根据学生的实际汉语水平选择以下词语和句型进行练习。

词语	前（边）、后（边）、左（边）、右（边）、上（边）、下（边）
句型	向/往……走；向/往……看；向/往……转

（8）游戏步骤：

①热身活动。在正式开始游戏前，教师先带领学生反复朗读口令词

语，分清楚"前、后、左、右、上、下"的意思。再练习句型"向前看、向后看、向左看、向右看、向前走、往后走、往左走、往右走"等句型，并要求全班同学起立，在过道内做出相应的动作，等学生熟悉词语与动作的对应关系后，可以正式开始游戏。

②5~7名学生一组，并排站到教室前面的空地上。教师用方位词进行指挥。先从容易的开始，例如教师说"向右看"，这时学生要快速向右看去。学生熟悉了方位词以后，教师再组织学生练习句型，例如教师说"向前走"，则这一队学生需要向前走。

③做错的学生或者反应慢的学生要被淘汰，由剩余的学生补充，坚持到最后的学生获得胜利。可以根据时间和学生水平，进行多轮游戏。

④教师进行点评，强调需要掌握的词汇内容，并对表现好的学生进行表扬，对其他学生进行鼓励。

说明：教师可以在此基础上，加大难度，在学生熟练掌握了这些词语意思的前提下，可以进行听指令，做相反动作的游戏，教师在说出指令后，学生需要做出与教师指令相反的动作方可获得胜利。例如教师说"向左看"，那么学生需要做出"向右看"的动作。教师在发指令时，可以越说越快，以增加活动难度。

此游戏紧密结合教材内容，让学生可以将语音与意思结合起来，同时锻炼学生的反应能力，通过反复练习，学生最终可以熟练掌握方位词及其表达的意思。但此游戏在操作过程中，容易出现部分学生不主动思考，跟着他人做动作的情况，这时教师要给予充分鼓励，让学生认真听指令，如果全班同学汉语整体水平不高，教师可以考虑降低游戏难度，减少汉语词汇和句型的操练。

示例 6：词语争霸

（1）教学对象：小学三年级学生。已经学习完《汉语》第一册和第二册，能进行简单的沟通。

（2）教学课文：可以在教授了任意一篇课文的词汇后，使用此游戏方法，也可以在学生掌握了一定的词汇量后，在复习课上运用此方法对学过的词进行复习。以第三册第六课《陈老师教我们中文课》为例（见图3）。

（3）教学内容：本课所有词汇（见图4），包括书法、功夫、上网、箱子、还、日用品、甜、酸、音乐、生词、句子、课文、开心、大家。

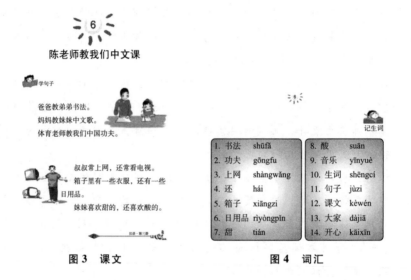

图3　课文　　　　　　　　　　图4　词汇

（4）教学目标：通过认读练习，帮助学生复习所学词语。

（5）游戏形式：小组游戏，可以以男女为标准分为两组，教师也可以根据学生水平灵活安排，但要保证每组水平相当。

（6）游戏场所：教室。不需要挪动桌椅，学生站于讲台前即可。

（7）教具准备：词语卡片。教师需要做好本课所有生词的卡片。教师可以根据班内学生的实际汉语水平，确定游戏难度，将词卡做成汉字词卡或者是汉字加拼音的词卡。

（8）游戏步骤：

①热身活动。在游戏正式开始前，教师通过展示词卡，让学生迅速读出词卡上的内容进行词语复习。

②分组。将全班同学分为男女两组，并在黑板上写下"男""女"，以画红旗的方式计分。

③教师将所有词的卡片并排贴在黑板正中间（注意不要太高，要让每位学生都可以拿到，如果要降低难度，也可以一次贴五张或者由教师根据具体情况决定），男方女方各派出一名学生迎战，站在黑板正中间。

④教师读出黑板上贴的任意词，听到词的男女两位同学需要迅速做出反应，找到这个词的卡片，摘下来大声朗读词并翻译泰文意思。例如，教师说"书法"（也可以说泰文），学生需立刻找到"书法"这个词，摘下来并举起来让全班学生看到并大声朗读，朗读正确方可得一面红旗，朗读错误不计分。

⑤男女双方依次派出一名学生迎战，不能重复，直到所有学生均上台参与。

⑥小红旗多的一方获得胜利，教师给予奖励，并重复所学的词汇内容，加深学生对词语的印象。

说明：据此游戏可以灵活调整难度，加入以前学过的词语，也可以说泰文意思，让学生判断，但黑板上贴出的词的数量保持不变，最好不要超过八个，否则学生会看不过来，若两方成绩悬殊，则教师需要做出一定的调节，多读在其中一方视线内的词，帮助其赢得小红旗。

此游戏适用性极广，既可以用在每堂课的最后十分钟复习词汇环节，也可以在专门的复课上对之前学过的所有词汇进行复习。经过实践，笔者发现此游戏在调动学生的积极性方面取得了很好的效果，在好胜心以及竞争意识刺激下，学生表现得踊跃积极。但此游戏同样存在一定的缺点，就是在教师说出词语后，其他学生为了使团队获得胜利，会以各种不同的方式告知迎战的同学词的位置，帮助他们迅速摘下词卡，造成比赛成绩的不公，因此教师在游戏过程中需要提醒学生不能帮助其他同学。另外，可能会出现两位同学同时拿到词卡的情况，这时应该再进行一轮游戏一决高下。

（四）《体验汉语》教材中的词汇游戏教学示例与分析

1.《体验汉语》教材中的词汇编排特点

通过对《汉语》和《体验汉语》两套教材生字表的观察，我们发现形成强烈反差的就是对于注音的处理，《汉语》采用的是拼音注音的模式，《体验汉语》采用的是既有拼音注音又有泰文注音的模式。由于教学对象为初级阶段的儿童汉语学习者，因此在他们接触汉语之时进行泰文标记，能够使其在短时间内迅速了解课文的结构、排版和内容，能消除一定的语音障碍。

从生词方面来看，《体验汉语》中的生词编写具有一定的针对性。从词汇范围来看，在第一册中，《体验汉语》（泰国小学版）介绍了四个种类，即动物、人物、衣服、数字。学生学完了该册后，除了可以获得简单的常用交际语，如打招呼、介绍自己的名字、询问年龄、告别之外，还能了解不同的动物用汉语如何说。同时，《体验汉语》所选择的词汇也与日常生活密切相关，例如在食品类词汇中，《体验汉语》选用了米饭、面条、包子、饺子、火锅、炒饭、春卷、炒蛋、香肠等。这些词都和中国人的日常生活息息相关。然而对泰国学生来说很多是新鲜的东西，这样既能引起学生的兴趣，同时也介绍了中国的饮食文化。①

2.《体验汉语》教材中的词汇游戏教学示例与分析

在本小节中，我们将根据《体验汉语》第二册的课文内容，结合泰国儿童的学习特点，设计两个游戏活动，可以供对外汉语教师参考。游戏教学的对象为小学二年级学生，已学完《体验汉语》第一册，掌握了基本的日常用语和课堂用语。

示例 7：我来说，你来做

（1）教学课文：《体验汉语》小学版第二册第三课《身体》第四部分"认一认"，如图 5 所示。

（2）教学目标：通过听音辨义的练习，让学生熟练掌握词汇的意思，牢记身体各部位的汉语说法。

（3）教学内容：第三课词汇，包括眼睛、鼻子、耳朵、脚、尾巴、翅膀。

---

① 黄建滨，杜可芸.《体验汉语》泰国少儿汉语教材评价［J］.国际汉语学报，2014（1）.

图 5

根据课文内容，补充身体其他部位的名词：眉毛、嘴巴、手。

重点练习身体部位名词：眼睛、鼻子、耳朵、脚、眉毛、嘴巴、手。

（4）游戏形式：集体游戏，以个人为单位，4~6人一队，淘汰者由其他学生替补。

（5）游戏场所：教室。不需要很大空间，站在讲台前，面向所有学生。

（6）游戏步骤：

①热身活动。教师在教授完本课的所有生词后，与全班学生进行集体游戏，教师说身体部位的词，全班学生必须用手指向身体的部位。反复练习后，进行小组游戏。

②教师随机抽取4~6人站于讲台前面向观众，要求其认真听老师读，并且迅速做出反应，用手指出听到的词所指代的部位。例如教师说"眼睛"，参与的这几位同学需要同时用手指向眼睛，反应慢的学生被淘汰，由其他学生替补。为了增加比赛难度，教师可以加快读词速度，考验学生的反应能力。

③留到最后的学生获得胜利，教师点评游戏，强调重点，进行适当的奖励。

说明：教师在示范了游戏如何做后，可以由学生轮流充当小老师进行指挥，这样既锻炼了学生的读词能力、考验了学生发音的准确性，又锻炼了学生听的能力、活动了身体。

　　此游戏根据教材上原有的课堂活动设计改编而成，但此游戏同样存在缺点，那就是可能会有学生不认真听指令或者记不住词的意思，从而模仿其他同学的动作，或者部分同学在比赛时，其他同学会给出肢体语言的提示，影响游戏的公平性。这些教师都应该在游戏中加以制止。教师在利用《体验汉语》教材上的课堂活动示范时，可以大胆改编，使游戏活动更加丰富，同时增强活动的趣味性，这是吸引儿童注意力非常有效的方法。

示例8：色彩比拼

　　（1）教学课文：《体验汉语》第二册第五课《颜色》第四部分"认一认"（见图6）。

　　（2）教学目标：通过听音辨义的练习，让学生熟练掌握词汇的意思，记住各个颜色的对应词，同时训练课文中出现的句型。

　　（3）教学内容：第五课词汇（见图7）包括红色、白色、黑色、蓝色、绿色、黄色、喜欢以及句型我喜欢……（颜色）

图6

图7

　　（4）游戏形式：集体游戏，以个人为单位，依次进行。

　　（5）游戏场所：教室。学生不需离开座位。

（6）教学准备：让学生提前准备好包含"红色、白色、黑色、蓝色、绿色、黄色"的物品，如果没有，可以用教材上含有这些颜色的图片代替，只要包含这些颜色即可。

（7）游戏步骤：

①热身活动。学生将所有包含"红色、白色、黑色、蓝色、绿色、黄色"的物品放在课桌上可以看到拿到的地方。教师在教授完这些词汇以及"我喜欢……（颜色）"这个句型后，开始说：我喜欢红色，此时全班同学需要拿起包含红色的物品给老师看。教师再说下一种颜色，直到所有的颜色学生都基本掌握。

②让学生扮演教师的角色，在讲台前发出指令，其他学生出示包含该颜色的物品，反应慢或者拿错颜色的学生需要表演节目。

③在进行完集体游戏后，开始个人游戏。由学生按座位次序，一个接一个依次发指令和接受指令，第一位学生起立向第二位学生发出指令，说"我喜欢绿色"，第二位学生迅速做出反应，举起含有绿色的物品，再由第二位学生向第三位学生发出指令"我喜欢黑色"，第三位学生动作正确后向第四位同学发出指令，以此类推。如果出示的物品颜色不正确，则要重新听指令，直到正确为止。

④根据课堂时间或者每位同学都依次说过"我喜欢……（颜色）"这个句子，结束游戏。

说明：在进行教师发指令或者学生发指令的集体游戏时，可以根据课堂实际情况，加快说词速度，或者补充其他颜色的词，增加游戏的难度。

此游戏锻炼了全班学生听、说、做动作、反应等方面的能力，让学生能够既明白词语意思，又掌握句型。但此游戏在进行时，容易出现学生跟风的情况，不认真听教师读和思考词的意思，另外，回答错误的学生表演节目比较耽误课堂时间。在个人游戏环节可能会出现其他学生做游戏时，暂时没参与的学生开小差的问题，这些问题都需要教师注意。

总的来说，游戏教学法是泰国儿童汉语课堂中最好用的教学法之一，可操作性强，教师可以灵活地设计游戏，无论是对于每堂课必须学习的少量词语的复习还是用于大量词语的复习，都比教师领读学生跟读的死记硬背式学习方法强。因此，在实际的课堂教学中，可以多加运用。

四　游戏教学法在泰国儿童汉语课堂其他方面的应用

（一）汉字教学中的应用

　　汉字是汉语学习中最复杂的部分，很多汉语学习者可以流利地说出汉语，也可以听懂汉语，但因在汉字书写方面存在困难，甚至放弃写汉字，导致汉语学习的各个方面不能齐头并进。汉字不同于世界上大多数人使用的拼音文字，它是由笔画组成的方块字，具有形体表意的特征。拼音文字的形体可以方便记忆，而汉字的音形却是约定俗成的。在这一点上汉字和泰国文字有一定的相似性。但不同的是，泰文虽然不使用拼音字母，但本土字母同样可以进行拼读。因此泰国学生在学习汉字时遇到的障碍并不小于其他国家的学生。加上汉字书写从左至右、从上至下的习惯，与泰文从下至上的书写习惯有着很大区别，部分老师将汉字笔画的读音过早地教给小学低年级的学生，让他们觉得汉字晦涩难懂难写。笔者认为，在汉语学习初级阶段，尤其是在儿童初接触汉语时，更重要的是让学生知道汉字的书写顺序。本部分将结合《汉语》教材进行游戏教学的示例与分析。

示例 9

　　（1）教学课文：《汉语》第三册第一课《今天几月几日》。

　　（2）教学目标：通过课后生词的游戏练习，帮助学生熟练掌握汉字的字音、字形、笔画和笔顺。

　　（3）教学内容：复习生词，如月、日、元旦、昨天、圣诞节、国庆节、假期、结束、开学、年、去年、小学、学期、发。

（4）游戏形式：集体游戏，以小组为单位，轮流进行。

（5）游戏场所：教室。

（6）教学准备：由于本堂课主要考查学生对生词的笔顺的书写情况，所以我们将从生词中选取需要学生重点掌握的"月、日、元旦、昨天、假期、开学、年、去年、小学、发"作为考核内容。

（7）游戏步骤：

①热身活动。在教师的带领下，学生拿出纸和笔，跟着老师边读边写，教师注意强调笔画的书写顺序，并大声读出笔画名称，要求学生跟读，达到巩固生词的目的。

②分组。两个学生一组，一次让两组学生分别站在黑板前两边，并拿好粉笔。

③听写。教师说一个汉字，如"月"，两组学生同时在黑板上写出"月"字。要求每位学生每次只能写一笔，同一组的学生可以互相帮忙改错。

④最先正确写出汉字的组获胜，输的一组要回到座位上，换另一组学生到黑板前继续这个活动。

⑤点评与奖励。写出汉字最多的组获胜。教师可以选出写出汉字最多的前三组进行奖励，并强调本节课的教学目的。

说明：教师在分组时要注意强弱搭配，避免两个汉语水平相对较差的学生组合，导致完全写不出汉字的局面。组与组之间同样要进行强弱搭配，实力对比悬殊会让学生对比赛失去信心。另外，教师可以用"看一看"的方式代替"听一听"的方式，比如，教师可以事先准备好词卡，写上需要学生练习的汉字，将图片给四位学生看几秒钟，再由学生比赛写汉字。教师也可以根据学生的水平适当调整所练汉字的难度，每组学生的人数也可以适当增加。

此游戏在设计上考虑到泰国儿童好胜的心理特征，以比赛的形式进行汉字笔顺练习，可以在一定程度上消除学生认为汉字难写的顾虑。另外，游戏中所选取的生词笔画都比较简单，易于低年级学生接受，避免学生因

为汉字笔顺多而写出来的字难以辨认的局面。强弱组合有利于汉语水平好
的学生带动汉语水平较差的学生，使学生从心理上消除自卑的障碍。此游
戏适用于任意一课生词的学习，在学生掌握了词语意思并清楚笔画顺序
后，通过游戏进行巩固和加深，强调笔顺的重要性的同时让学生记住汉字
的写法。

示例 10

（1）教学课文：《汉语》第二册。学生已学习完第六课，掌握了一
定的词汇量。

（2）教学目标：通过课后生词的游戏练习，帮助学生认识合体字的
结构、了解汉字的结构组成。

（3）教学内容：复习第一课到第六课词汇，并选出具有上下结构、
左右结构和包围结构的词供游戏时使用。

结构类型	例字
上下结构	苹、多、男、梨、花、热、筷、蓝、只、它、草、盘
左右结构	短、很、漂、新、旧、脚、狗、忙、聪、明、猫、欢、好、吃、玩、歌、啊、树、绿、湖、桥、双、杯、刷、碗、啦
包围结构	风、座、闹、用、勺、可

（4）游戏形式：集体游戏，以个人为单位，进行比赛。

（5）游戏场所：教室。

（6）教学准备：由于本堂课主要考查学生对词语结构的认识情况，
所以我们将从生词中选取易于分辨结构的词作为游戏内容。

（7）游戏步骤：

①热身活动。教师带领学生复习第一课至第六课的字词，对于有明
显结构特征的词，应强调属于三种结构中的哪一种，并让学生跟着教师
的指令做动作。

②游戏规则。在学生熟练掌握了汉字结构所对应的手势以及名称后，

教师可以请2~5名学生到讲台前做游戏，具体人数可依照班级人数而定。

③教师读汉字，学生听到后迅速做出手势指出该汉字是哪种结构。做对的学生继续留在讲台上，做错的学生被淘汰，留到最后的几名学生获胜。

④教师进行点评，重新强调认清汉字结构的重要性。

说明：教师可不采用读词的方式以降低游戏难度，将游戏要用的词做成词卡，出示词卡，学生看到后迅速做出手势。如果要增加难度，也可以让学生在做出手势的同时说出结构名称。教师也可以一次只请两位学生背对背进行比赛，避免互相干扰和其他学生提示。考虑到学生的接受能力，较为复杂的上中下结构统一归类到上下结构中，半包围结构的汉字也统一归类到包围结构中，以降低游戏的复杂程度。

此游戏在让学生充分认识到汉字结构特征的同时，锻炼其听说动手的能力，对于在课堂上坚持不了十分钟的泰国学生来说，此游戏能够很好地吸引他们的注意力，手势的运用能增加课堂的趣味性，让学生不拘泥于规规矩矩的传统授课方式。选取的也是课文中学过的、有明显区分的词。游戏做完后，教师可布置写字的练习，同时注意书写结构。例如在泰国儿童汉语课堂中，学生总把"多"写成左右结构，在进行了结构游戏练习后，可以让学生充分认识到"多"是上下结构的字。从而通过这个方式从字形上纠正学生的书写错误。

（二）语法教学中的应用

"语法教学是对目的语的词组、句子以及话语的组织规律的教学，用以指导言语技能训练并培养正确运用目的语进行交际的能力。"[①] 学生在学习时往往出现母语负迁移。对于泰国的学生来说，汉语中的语序和虚词都是学习的难点，同时又是必须掌握的内容，不同的语序所要表达的意思也可能不同，加上汉语词类丰富，句法成分复杂，含有大量量词以及语气词，在教授泰国儿童汉语时，考虑到学生的认知能力，这些内容教师往往

---

① 刘珣. 对外汉语教育学引论［M］.北京：北京语言文化大学出版社，2007.

并不刻意提及，而是利用大量的句子反复对同一个句型进行机械训练，造成儿童阶段的学生没有从根本上理解句子的组成，只能靠死记硬背来记住句子，让学生独立造句时，出现的错误也是五花八门。因此，在儿童学习汉语的初级阶段，可以通过做游戏这一趣味的方式让他们理解汉语的语法组合规则并且牢记于心。

示例 11：猜猜我是谁

（1）教学课文：《汉语》第一册第二课《我爱爸爸妈妈》。

（2）教学目标：通过学习课文例句，帮助学生熟练掌握"是"字句的用法。让学生可以独立说出肯定句"我是……"和否定句"我不是……"的句子，并可以使用这个句型介绍自己。

（3）教学内容：句型"我是王小华"。

（4）游戏形式：集体游戏。

（5）游戏场所：教室。

（6）教学准备：准备一条蒙眼布。

（7）游戏步骤：

①热身活动。教师在黑板上写出肯定句"我是……"和否定句"我不是……"，学生用自己的名字依次练习句型，如我是小红，我不是小明。

②教师让一位学生站在讲台前，用事先准备好的蒙眼布蒙住他的眼睛。其他学生排好队依次走上前，并且模仿本班同学的声音用含有"是"的句子做自我介绍，如我是小红。

③蒙眼学生猜测说话者是不是本人，并回答"对，你是小红"或者"不对，你不是小红"。

④如果蒙眼学生猜对，则换被猜中的同学蒙眼，如果没猜对，则说话学生再说一次，蒙眼学生重新猜，一共有三次机会，如果三次都没猜中，则需要表演节目。

说明：此活动开始前，教师可以示范一次，让学生尽快了解游戏规则。教师也可以根据班里学生的汉语水平，增加游戏难度，如蒙住一位学生的眼睛，让另一位学生站起来，但不能发出声音，蒙眼学生可以提问，

用"他是……吗"的句型，如"他是男生吗？他是小明吗？"全班同学一起回答，但回答时只能说"是"和"不是"。直到蒙眼学生猜对为止。能用最少的问题猜中者获胜。

这个游戏通过蒙眼猜人，让每一位学生都有反复练习句型的机会，并熟练掌握一句话介绍自己的方法，非常适合汉语初学者。加上声音模仿的趣味性，能够很快激发儿童的兴趣，但此游戏必须在全班学生彼此熟悉的基础上开展，并且各个同学的名字都可以被其他同学记住。根据笔者经验，在笔者所任教的班级中，大部分学生可以喊出其他学生的名字，这也为游戏的顺利开展创造了条件。

示例 12：抽词连句

（1）教学课文：《汉语》第三册第十一课《我们在海边玩沙子》。

（2）教学目标：通过组词成句的游戏，帮助学生熟练掌握时间状语和处所状语在句子中的位置和出现顺序，强调汉语语句中语序的重要性。

（3）教学内容：掌握句型"时间＋人物＋地点＋动作"。

课文中的句子如下。

　　我们在海边玩沙子。

　　哥哥在中国学汉语。

　　爸爸不在公司工作。

　　今天我不在家吃晚饭。

　　爸爸和妈妈在海边打排球。

　　我和弟弟在海边玩沙子。

　　妹妹在海边晒太阳。

（4）游戏形式：集体游戏。可以参考课后游戏，如图8所示。

（5）游戏场所：教室。

（6）教学准备：教师需要准备四个纸盒和若干张纸片，纸片数量和班级学生数量相同。

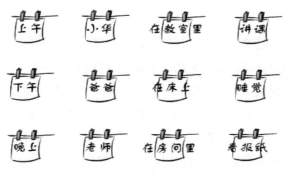

图 8　课后游戏

（7）游戏步骤：

①热身活动。教师带领学生熟练掌握课文中出现的"时间＋人物＋地点＋活动"的句型，并强调时间状语和处所状语在句中的位置。

②分组。教师将全班同学按座位分成四组，这四个组分别命名为"时间组、名字组、地点组、动作组"。

③发给每位同学一张卡片。要求学生根据自己所在组的类别写出相应的词语。时间组的学生可以写"星期天、1 月 3 日、晚上、八点"等。"名字组"的学生可以写班里任意学生的名字。"地点组"的学生可以从学过的词语中写"教室、海边、家里、学校"等词。"活动组"的学生可以写"吃饭、睡觉、洗澡、上课"等。写好后，分别放入教师提前准备好的四个纸盒中。

④从全班同学中任意找出四名同学从四个盒子中分别任意抽取一张卡片，并大声读出来，一起组成一个句子。

说明：教师可以根据班里学生的汉语水平调整游戏难度，可以在读出句子后，要求学生翻译成母语，并对比汉语与母语的区别，加深对汉语语序的认识。教师也可以让全班每位学生都写关于时间、地点、姓名、动作的卡片，这样可以增加卡片数量。

此游戏有一定难度，适用于三年级以上的学生，学生在之前的汉语学习中已经掌握了一定的词汇，在教师的指引下不难开展游戏，但学生的汉语水平不一，部分学生不会写词语，抽词、读词同样需要其他同学帮助，教师在此环节要注意引导。另外，这种练习方式会出现许多不符合逻辑的句子，如小明在教室洗澡，对于这种情况，教师不需要做太多解释，抓住本堂课的重点，强调语序即可。

结　语

尽管游戏教学法在对外汉语课堂中已经成为一种主要的教学方法，无论是刚上任的没有经验的汉语教师志愿者，还是有着丰富教学经历的对外汉语教师，都对在课堂中应用游戏教学法乐此不疲。但正如事物都具有两面性，尽管游戏教学法可以在教学中取得很好的效果，但如果不经过严格的培训，不注意游戏教学法中存在的问题，只会取得事与愿违的教学效果。

在泰国儿童汉语课堂中，尤其是非华校的初级阶段汉语课堂中，一门陌生的语言要想迅速吸引学生的学习兴趣，使其进入学习状态，游戏教学无疑是最佳选择。它不仅将教学内容贯彻到游戏当中，而且减轻了泰国儿童学习汉语的心理压力与负担。在第二语言习得初期，可以很好地引导学生对一门新的语言产生兴趣，随着年龄的增长逐步将外在学习动机转变为内在学习动机，将被迫学习转变为自主学习。

教师在开展游戏教学时，仍需要注意很多问题。首先，必须选择适合泰国儿童的游戏。针对泰国儿童活泼好动的性格特点和好胜的心理特征，教师可选用竞赛式的游戏，这能够极大地激发 7 岁以上学生的竞争意识，同时使其在不知不觉中掌握汉语。同时，手口并用的游戏方法能使儿童在动脑的同时活动肢体，达到放松的目的，也让一成不变的坐听式的学习方式变得有趣。其次，在儿童汉语课堂上，教师还需要把握好度，不仅要严格控制游戏时间，还需要让学生充分认识到游戏的目的。游戏教学重在教学，不能让游戏无休止地进行下去，从而忘了游戏的真正目的。再次，泰国儿童在汉语课堂上的纪律极差，所以教师在教学之初，就需要强调课堂纪律的重要性，让学生能够井然有序地参与到游戏中来，可以迅速进入状态，也可以快速收住，教师要始终扮演好宏观调控者这一重要角色。最后，教师设计的游戏必须符合少年儿童的接受程度，设计的游戏不能过于复杂，否则，非但不能达到教学目的，反而让学生不知所云，对游戏甚至对课堂失去兴趣。

总的来说，游戏教学法的应用范围越来越广，同时研究者也认识到了游戏教学存在的问题，教师自身也在游戏教学法的道路上探索并总结经验。相信这样一种教学法可以吸引学生，让他们放松紧张情绪，激发他们的好胜心和好奇心，克服在学习汉语时遇到的困难，从侧面掌握汉语语言技能，主动参与到汉语学习中来，最终掌握汉语这门语言，增强成就感，以达到教学的最终目的。

参考文献

［1］曹云华．泰国华人社会初探［J］.世界民族，2003（1）.

［2］陈秀珍．泰国汉语教学现状及展望［D］.河北师范大学硕士学位论文，2011.

［3］成令方．学寓于戏——汉语教学游戏举例［C］//第二届国际汉语教学讨论会论文选，1987.

［4］方雪．泰国汉语教学与汉语推广研究［D］.山东大学硕士学位论文，2008.

［5］冯冬梅．试论游戏在对外汉语课堂教学中的运用［J］.消费导刊，2008（17）.

［6］福禄培尔．人的教育［M］.北京：人民教育出版社，2001.

［7］高玛珦．泰国华文教育的现状和前景［J］.八桂侨刊，1995（2）.

［8］何丽英．泰国华侨学校汉语教学研究［D］.西南大学硕士学位论文，2010.

［9］江云凤．泰国华文学校教育［J］.新校园（下旬刊），2010（5）.

［10］金天美．泰国汉语教材对比研究——以《汉语》和《体验汉语》为例［D］.浙江大学硕士学位论文，2013.

［11］李淑珍，萧惠帆.101个教中文的实用妙点子［M］.台北：聊经出版公司，2010.

［12］梁晓瑜，朱海涛．巧用卡片教汉语［M］.永鑫华文、英图国际联合策划，2009.

［13］林崇德．坚持在教育实践中研究儿童心理学与教育心理学［J］.北京师范大学学报，1985（1）.

［14］林浩业．浅谈泰国汉语教学现状及其对汉语教师的要求［J］.湖北电视大学学报，2007（11）.

[15] 刘斌.浅谈对外汉语教学中的汉字教学 [J].云南电大学报，2008（4）.

[16] 刘巍.浅谈对外汉语教学中的汉字教学 [J].安徽文学（下半月），2009（4）.

[17] 刘晓红.泰国的学校德育：目标、内容、途径及启示 [J].外国中小学教育，2009（8）.

[18] 刘珣.对外汉语教学引论 [M].北京：北京语言大学出版社，2000.

[19] 刘亚琪.谈课堂游戏在对外汉语教学中的有效应用 [J].海外华文教育，2009（3）.

[20] 龙伟华.泰国汉语能力标准研究 [J].汉语国际传播研究.2012（1）.

[21] 吕必松.对外汉语教学概论（讲义）[J].世界汉语教学，1992（2）.

[22] 吕必松.关于中高级汉语教学的几个问题 [J].语言教学与研究，1993（1）.

[23] 吕必松.中国对外汉语教学法的发展 [J].世界汉语教学，1989（4）.

[24] 马蓓.魅力游戏，快乐教学 [D].华中师范大学硕士学位论文，2010.

[25] 马国彦.从哲学视角试析汉语作为第二语言的教学以语言游戏说为例 [J].河南大学学报，2006（3）.

[26] 潘素英.泰国中小学汉语课程大纲研究 [D].中央民族大学硕士学位论文，2011.

[27] 皮亚杰.儿童心理学 [M].北京：人民教育出版社，2005.

[28] 齐晓玲.对外汉语初级阶段课堂教学游戏设计 [D].黑龙江大学硕士学位论文，2011.

[29] 任秀芹.对外汉语教学游戏研究综述 [J].中国校外教育，2011（12）.

[30] 司轶旸.对外汉语教学中游戏的应用 [D].河南大学硕士学位论文，2013.

[31] 孙晓飞.游戏式教学在泰国中学生汉语课堂上的应用分析 [D].云南大学硕士学位论文，2012.

[32] 王连辉.运用课堂游戏开展有效汉语教学 [D].华东师范大学硕士学位论文，2011.

[33] 邹鹏.少年儿童对外汉语教学中教学游戏的应用 [D].陕西师范大学硕士学位论文，2012.

[34] 萧素秋.对外儿童汉语教学的游戏方法探讨 [C]//第六届国际汉语教学讨论会论文选.北京：北京大学出版社，2000.

[35] 杨惠元.课堂教学理论与实践 [M].北京：北京语言大学出版社，2007.

[36] 张和生.汉语可以这样教——语言要素篇 [M].北京：商务印书馆，2006.

[37] 张军.论游戏在体育教育中的价值 [J].内蒙古财经大学学报，2013（5）.

[38] 赵金铭.对外汉语教学概论 [M].北京：商务印书馆，2004.

[39] 周建.汉语课堂教学技巧325例 [M].北京：商务印书馆，2009.

[40] 周小兵.对外汉语教学导论 [M].北京：商务印书馆，2009.